2024年版
相続&事業承継で頼りになるプロフェッショナル
セレクト100

ダイヤモンド社（編）

ダイヤモンド社

はじめに

2024年1月1日から、相続税や贈与税に関する法律が変わりました。その背景にあるのは、高齢化等に伴い、高齢世代から若年世代への早期の資産移転による資産の有効活用を通じた経済の活性化を期待するというものです。今後も、社会情勢の変化を受けて、税制が改正される可能性があるでしょう。

令和4（2022）年度分の相続税申告実績によれば、被相続人数（死亡者数）約150万人に対し、申告書が提出された被相続人数は約15万人と、1割弱でした。これには、税額軽減や減税特例を適用した結果、納付額が0円となるケースも含まれます。

ご自身が相続をする立場になったとき、はたして、どのような手続きが必要となり、どのような減税特例が適用されるのか、的確に判断できるでしょうか。

また、中小企業等の経営者の高齢化も進み、事業承継に関してさまざまな問題を抱えている人も少なくありません。

相続や事業承継を円滑に行うにはさまざまな専門家の力が不可欠です。しかし、相続対策を数多くこなしているいわば「相続のプロフェッショナル」はけっして多くはありません。

本書は、全国各地の相続問題・事業承継問題のエキスパートを紹介しています。親身になって問題を解決してくれる専門家に出会う一助となれば幸甚です。

目次

相続＆事業承継で頼りになるプロフェッショナル 2024年版 セレクト100

3章

早めに準備しておきたい相続対策

第2部 事業承継を円滑に進める基礎知識……53

第3部 相続&事業承継で頼りになるプロフェッショナル100 …… 67

＊印は全国の顧客に対応している事務所

東北

関東

東京

近畿

中国・四国

九州

プロローグ

相続・事業承継で頼れる専門家

◎なぜ相続にプロフェッショナルのサポートが必要なのか？

相続はいつ発生するのか、それはだれにもわかりません。相続が発生すると、残された家族は仕事や家庭をこなすいつもの日常が一変して、相続に伴うさまざまな手続きや、作業に追われることになります。亡くなった人（被相続人）の死亡届を提出したり、遺言の有無をチェックしたり、さらには相続人の確定、遺産分割協議、不動産の相続登記、相続税の申告・納付と、悲しむ暇もないほど不慣れな作業が連続します。

しかも、相続で受け継がれるものは被相続人の預貯金・株式・不動産のみならず、さまざまな権利・義務も含まれます。仲の良い家族・親族といえども、相続人の間で揉めるケースは珍しくありません。相続は予定通りに、スムーズに進むとは限らないのです。そこで頼りになるのが、相続に関する実務経験が豊かなプロフェッショナルです。「相続のプロ」のサポートが相続の不安や負担を軽くすると同時に、トラブルを防ぐためにも有効なのです。

◎相続のプロフェッショナルとは？

相続の手続きや作業には、多くの専門的な法律の知識が求められます。「知らなかった」では取り返しのつかない手続きも少なくないのです。たとえば、被相続人の遺産について財産よりも借金のほうが大きい場合、家族は遺産を受け継ぐのか、それとも放棄するのか、すみやかに決断しなければなりません。なぜならば、相続放棄は「相続開始を知った日から3ヵ月以内」に家庭裁判所に相続放棄の申述書を提出する必要があるからです。期限を過ぎてしまったら、原則として相続放棄はできません。借金も含めて相続するほかないのです。

また、遺産の額が基礎控除額を超える場合には、相続開始から10ヵ月以内に相続税の申告・納付の義務があります。万が一、申告しなかったり、申告した税額にミスがあると、加算税などのペナルティを受けるリスクがあります。確実で適正な税務処理が欠かせません。

「相続のプロフェッショナル」となる専門家には、税理士はもちろんのこと、ケースによっては、相続業務に精通する司法書士、弁護士などの助けが必要となる場合もあります。ただし、こうした士業ならば、だれでもOKというわけではありません。相続に関連する手続きは専門性が非常に高く、相続税の申告業務、不動産の相続登記業務、遺言書の取り扱いなどに慣れている「相続実務の経験豊富なプロ」が心強い味方になります。

～大きな決断から、財産の移転手続きまで～

●相続放棄

申述人	申述先	必要書類など
放棄する相続人 （未成年者または成年被後見人の場合は法定代理人）	被相続人の最後の住所地の家庭裁判所	･相続放棄申述書 ･申述人の戸籍謄本 ･被相続人のすべての戸籍謄本 ･被相続人の住民票除票または戸籍附票　など

●不動産の相続登記

財産の種類	手続き先	必要書類など
土地･建物	登記する不動産の所在地を管轄する法務局	･登記申請書 ･被相続人のすべての戸籍謄本 ･相続人の戸籍謄本 ･新所有者になる相続人の住民票 ･遺産分割の場合は遺産分割協議書、各相続人の印鑑証明書など

●名義変更手続き

財産の種類	手続き先	必要書類など	
預貯金	各金融機関	●払戻し請求書（各金融機関に備え付け） ●被相続人のすべての戸籍謄本 ●相続人全員の戸籍謄本および印鑑証明書 ●預金通帳、キャッシュカード ●相続形態により遺産分割協議書、遺言書など	
株式	証券会社･信託銀行など	協議分割	●相続手続依頼書 ●遺産分割協議書 ●被相続人のすべての戸籍謄本 ●相続人全員の戸籍謄本および印鑑証明書など
		指定分割または遺贈	●相続手続依頼書 ●遺言書 ●被相続人の死亡記載のある戸籍謄本 ●遺言執行者または承継者の印鑑証明書など
自動車	運輸支局、 自動車検査登録事務所	●申請書 ●被相続人のすべての戸籍謄本 ●相続人全員の戸籍謄本および印鑑証明書 ●新使用者の住民票 ●自動車検査証 ●保管場所証明書 ●自動車税申告書 ●相続形態により遺産分割協議書、遺言書など	
ゴルフ会員権	ゴルフ場	●名義書換依頼書（所定のもの） ●被相続人の死亡記載のある戸籍謄本 ●相続人全員の印鑑証明書 ●相続人の同意書または遺産分割協議書など	

◎相続のプロフェッショナルとなる専門家の種類と特徴

「相続のプロフェッショナル」となる専門家の種類とその特徴を紹介します。相続に関する作業や手続きは広範囲にわたるため、状況により頼る専門家も異なります。

【相続に関するお金の悩みを解決する税理士】

税理士は税金の専門家です。相続税の申告業務は税理士のみが行うことができます。相続税の基礎控除額を超える相続財産を取得した場合は、相続税を申告・納付しなければなりません。「配偶者の税額軽減」や「小規模宅地等の特例」など、相続税の負担を軽減する優遇措置を適用する場合も、相続税の申告が必要なので注意しましょう。

【スムーズな遺産相続を支援する司法書士】

司法書士は不動産の名義変更（相続登記）ができます。所有権移転登記、担保権の設定登記といった、相続・贈与によって取得した不動産に関する法的手続きを行います。司法書士は、裁判所に提出する書類を作成したり、遺言書の検認、相続放棄のための書類作成も代理できます。家族信託や成年後見制度の活用を支援する司法書士も増えています。

【土地などの不動産を相続した場合は不動産会社】

遺産分割時の資料にするために、相続不動産の査定が必要となる場合があります。また、不動産を相続し、名義変更をしたものの、住む人がいないなどの理由で売却するケースも増えています。こうした場合、不動産会社に相談・依頼することになります。

【相続トラブルで頼りになる弁護士】

弁護士はあらゆる法律問題を取り扱うことができる法律のエキスパートです。遺産の範囲や分け方をめぐり、相続人の間で意見が対立している、いわゆる〝争族〟になってしまった場合は、裁判所での調停・審判によって決着を図るケースがあります。この場合、代理人として手続きを行えるのは弁護士のみです。弁護士は、代理人となって相手方と交渉することや、すべての裁判所において代理人として出廷することができます。

【相続に関する書類のことなら行政書士】

行政書士は役所などに提出する相続に関する書類の作成をしてくれます。遺言書、遺産分割協議書の作成などが主な業務になります。ただし、行政書士は代理人となることはできないので、相続人に代わって裁判所に申し立てしたり、交渉を行ったりすることはできません。

【相続後を見据えた資産運用相談なら金融機関】

近年では、金融機関も相続業務に積極的に取り組んでいます。遺言信託業務や遺産整理業務、遺言執行業務などが多いことが特徴です。また、資産運用商品の開発もできることから、相続後を見据えた財産に関する相談ごとの窓口的な役割もはたしています。

◎「経営者の相続」は事業承継のプロと一緒に進めていく

事業を営むオーナー経営者、個人事業主の相続では「事業承継」が大きなテーマとなります。事業を引き継ぐ相手としては子どもや親族のほか、社内のベテラン社員を後継者に抜擢する、後継者がいない場合はM&Aによって社外の第三者に事業を引き継ぐ方法などがあります。

子どもが事業を継ぐ場合、自社株式・事業用資産の取得に伴う税金対策、経営権の集中、事業承継後の運転資金の確保といったお金の問題に加えて、後継者教育、経営理念や取引先・人脈など経営資源の引き継ぎも重要な課題となります。事業承継や相続は、長い時間をかけて準備を進めなければなりません。事業承継のサポート経験が豊富なプロのアドバイスを受け、早い段階から計画的に準備することが成功につながります。頼りになるのは、日ごろ相談している顧問税理士のほか、事業承継支援に特化した専門のコンサルタントなどです。

【顧問税理士】

顧問税理士は自社の税務や会計支援を通じて、経営者を取り巻く現状、そしてこれまでの経営者の苦労、家族構成などもよく理解しています。お互いの信頼関係ができているので、会社の良いところ・悪いところも本音で話し合える貴重な相談相手です。

ただし、事業承継を進める上では、通常の法人税務や個人所得に関する業務とは異なる、事業承継に精通した知識・ノウハウが求められます。事業承継のサポートを専門に手掛けるコンサルタントをチームに加えて、より着実に事業承継を進める方法もあります。

【事業承継に特化した士業事務所】

事業承継を専門に取り扱うコンサルタントとしては、相続・事業承継に強い税理士事務所・税理士法人に加え、司法書士事務所、法律事務所、専門のコンサルタントやコンサルティング会社などが想定されます。後継者の育成、自社株式の取得スケジュール、経営権の移行時期などを盛り込んだ事業承継計画の作成から納税資金対策まで、事業承継に伴う一連の作業を長期間にわたってサポートしてくれます。

【M&A専門会社・M&Aアドバイザー】

後継者が見つからないなどの理由でM&Aによる事業継続を目指す場合は、専門会社と仲介契約を締結したり、M&Aに詳しいアドバイザーに依頼したりして、事業譲渡の可能性を模索します。希望に沿ったM&Aを成功させるためには、会社の「見える化」「磨き上げ」といった経営改善を実施して、企業価値を高める取り組みが効果的です。

【豊富なネットワークを持つ金融機関】

金融機関は、地域において緊密な人材ネットワークを構築し、M&Aの仲介案件が豊富にあるのが強みです。また、後継者育成やM&A統合後の支援にも力を入れています。

◎相続のプロフェッショナルに依頼する際の注意点

税金の専門家といえば税理士ですが、相続税を取り扱っている税理士はかなり少ないのが現状です。そのため、相続税に関してはいつもお願いしている顧問税理士から思うようなサポートが受けられないケースを想定しておかなければなりません。

相続に強い専門家を選ぶ際は、次のポイントをチェックしましょう。

【ポイント1　相続税の申告実績】

どの程度の相続税の申告業務を取り扱っているのかを確認しましょう。月5件、年間50件以上であれば、相続税の申告業務に関する豊富な経験を持つ税理士といえます。

【ポイント2　故人の想いを大切にする相続支援】

故人が理想としていた相続は、残された家族の公平性なのか、後継者の負担を減らす節税を目指す対策なのか、その想いを踏まえた相続の提案・支援が円満な相続につながります。

【ポイント3　報酬額を明示している】

どの業務に対していくら支払うのか、事前に報酬額を明示してもらいましょう。相続税の申告業務に対する税理士の報酬は、一般に相続財産の0・5～1・5％といわれます。相続財産が5000万円ならば最大50万円程度、1億円ならば最大150万円程度が目安になります。

◆◇◇

第1部

いざというとき役に立つ相続の基礎知識

1章 はじめての相続

相続税が発生する！

CASE 1：父親が所有していた都心部のマンションを相続

相続が発生したとき、残された家族にとって気がかりなことは、「相続税がかかるのだろうか？」という点でしょう。相続税はすべての相続で発生するわけではありません。相続した財産の総額が「相続税の基礎控除額」を超える場合に相続税が課税されます。

相続税の基礎控除額＝3000万円＋（600万円×法定相続人の数）

法定相続人1人のケースでは、相続財産の総額が3600万円以下ならば、相続税はかかりません。**CASE 1**では、法定相続人は母、子の2人なので、相続税の基礎控除額は「3000万円＋（600万円×2人）＝4200万円」になります。

相続税を計算する際の相続財産の評価は原則として時価です。不動産は現金や預貯金と違い、「時価」を算定する特別な評価方法があり、不動産市場で取引される価格より通常は低い評価額となります（30頁参照）。CASE 1では、相続税の課税対象となる相続財産は「都心部のマンション8000万円（評価額5000万円）」、「現金2500万円」、「上場株式1500万円」なので、総額9000万円です。相続税の基礎控除額を超えるので相続税の申告が必要です。家族は相続税の申告・納付に向けて準備を進める必要があります。

相続財産の評価は総額9000万円ですが、この価額にそのまま相続税が課税されるわけではありません。相続税額を引き下げる軽減措置を適用することができます。「配偶者の税額軽減」を適用すると、被相続人の配偶者は自分が取得する相続財産が1億6000万円以下であれば、実際に納付する相続税は発生しません。このような場合は、二次相続も踏まえた遺産分割の方法を検討することになります（52頁参照）。

CASE1

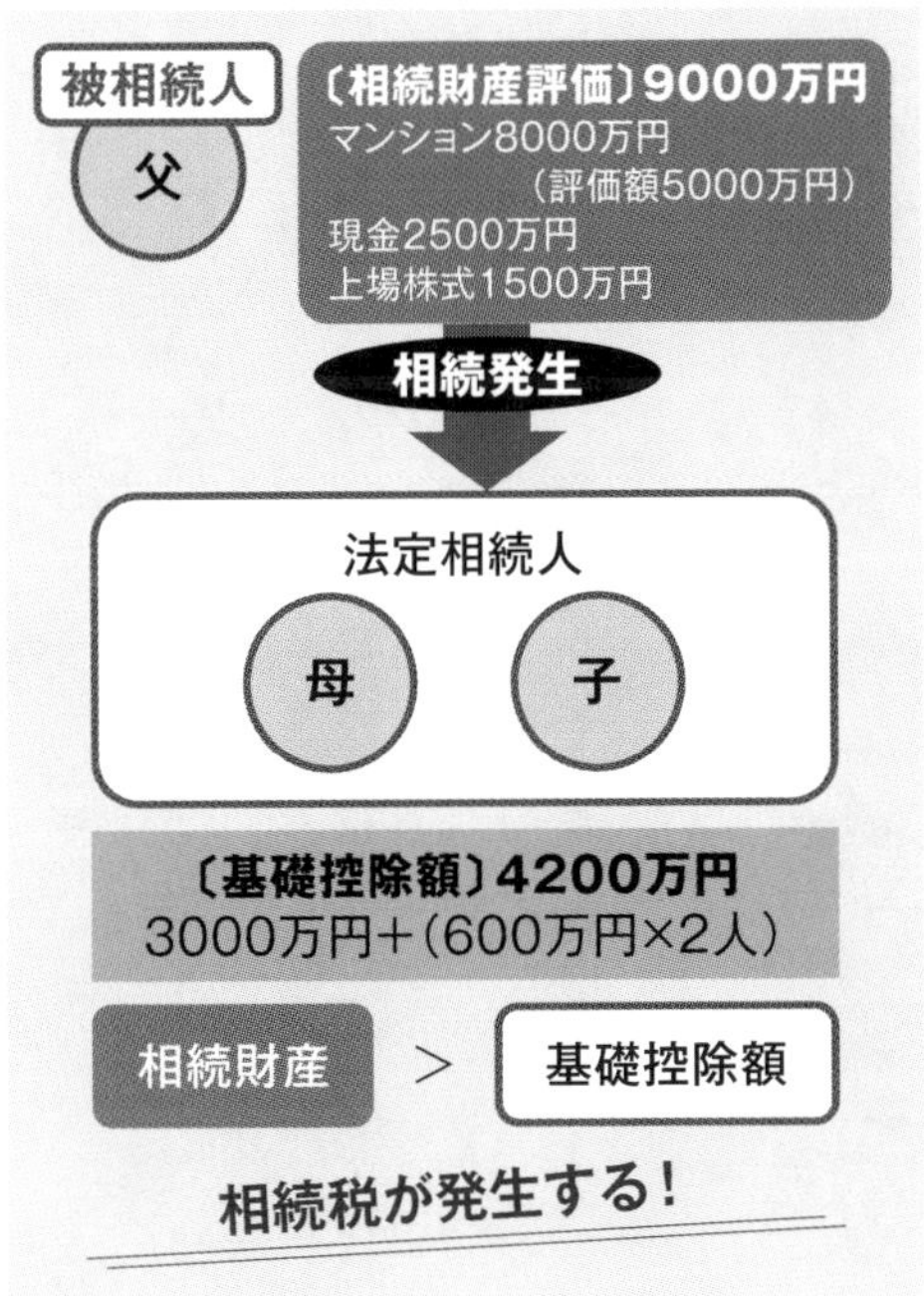

相続税が発生しない

CASE 2：実家の母が1人で暮らしていた戸建てを相続

CASE 2では、相続財産が基礎控除額よりも少ないので、相続税は発生しません。相続税の申告がないので問題なく相続を進められそうですが、トラブルの火種が隠れています。

遺産相続というと、お金持ちの莫大な資産を得るために、仲の悪い兄弟たちが勝手な主張を繰り広げるような姿を想像する人も多いでしょう。しかし、現実の相続争いは、お金持ちよりもごく普通の、一般家庭の相続で起こりやすいといわれています。

一般家庭の相続では、遺産は自宅の家屋と敷地だけといったケースも多くあります。現金や上場株式であれば、相続人はそれぞれの法定相続分に従って、シンプルに

CASE2

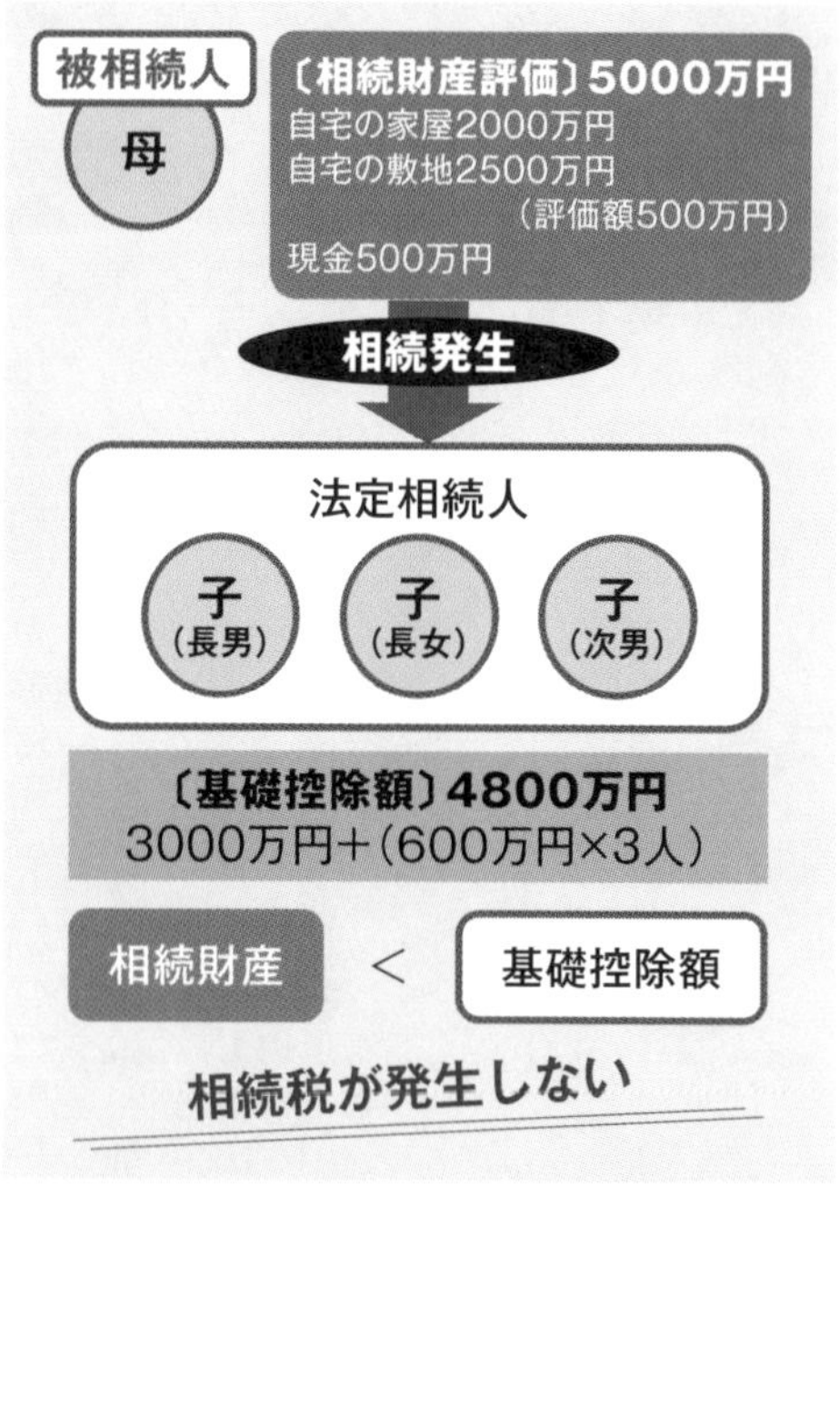

分割して取得できるでしょう。

しかし、自宅はそのままの状態では分割できない財産です。CASE 2では、長男が自宅を相続して自分が住みたいと考えて、長女や次男は自宅を売却して自分の相続分をお金で受け取りたいと主張すれば、遺産分割できない状況に陥ってしまいます。

相続財産の時価総額は5000万円。長男が話し合いをまとめるために、長女、次男の相続分として1666万円余ずつ、自分の貯金から用意できれば問題ありません。しかし、長男にそのような余裕はあるでしょうか。建物や土地の相続は、トラブルに発展しやすいのです。

また、2024年4月からは相続した土地や建物に関する登記が義務化されます。正当な理由なく、相続登記を行わない場合は「10万円以下の過料」といったペナルティもあります。

◎相続対策は生前からの早めの準備が大切

相続トラブルを防ぐためには、まず被相続人が遺言書を作成して、自分の想いを残しておくことがとても重要です。ただし、法的に無効な遺言書、内容があいまいな遺言書はかえって家族を混乱させる材料になってしまいます。相続の実務に長けたプロフェッショナルのアドバイスを受けながら、被相続人が相続発生後の道筋を付けておくことが大切です。

2章

相続手続きのスケジュールと基礎知識

◎相続開始から2週間以内に行う手続き

相続は被相続人の死亡によって開始します。相続が開始すると、さまざまな手続きを行う必要がありますが、それぞれの手続きには期限が設けられています。大きく分けると、相続開始から2週間以内、3カ月以内、4カ月以内、10カ月以内と、4つの期限があります。

被相続人が死亡して最初にしなければならない手続きが「死亡届」の提出です。死亡届は被相続人の死亡を知った日から7日以内に役所に提出します。死亡届を提出しないと、役所から埋火葬許可証の交付を受けられないので、被相続人を火葬することもできません。

また、被相続人が死亡すると、健康保険証を返還しなければなりません。会社員の場合は勤務先に、年金暮らしの高齢者は市区町村役場に返還します。被相続人の年金の支給も止める必要があります。厚生年金の場合は10日以内、国民年金の場合は14日以内に「年金受給権者死亡届」を最寄りの年金事務所に提出します。

相続開始から相続税の申告・納付までのスケジュール

被相続人の死亡
相続開始

2週間以内
- 死亡届の提出
- 健康保険証の返還
- 年金の支給停止
- 遺言書の有無をチェック

3ヵ月以内
- 遺言書の内容を証明する（検認）
- 相続人の確定
- 相続財産の把握
- 相続財産よりも負債が多い場合は、相続放棄の手続き

4ヵ月以内
- 被相続人の所得税の準確定申告

10ヵ月以内
- 遺産分割協議
- 遺産分割協議書の作成
- 相続した不動産の登記
- 遺産分割協議がまとまらない場合は家庭裁判所に調停の申立て

相続税の申告・納付

相続税の申告後に、相続税額に誤りや変更があった場合
- 修正申告
- 更正の請求

◎相続開始から3カ月以内に行う手続き

遺言書保管所（法務局）に保管されている遺言書、あるいは公証役場に保管されている公正証書遺言以外の遺言書が見つかった場合、家庭裁判所に提出して「検認」を受ける必要があります。検認とは、遺言書の形状や日付、署名など遺言書の内容を明確にして、偽造・変造を防止する手続きです。

検認後、遺言書の内容を確認し、被相続人の財産を把握する作業、相続人を確定する作業を進めます。被相続人に資産よりも大きな債務（借金等）がある場合、相続放棄をするという方法があります。放棄を行う場合は、被相続人の死亡および自分が相続人になったことを知った日から3カ月以内に、家庭裁判所に申し出なければなりません。相続放棄は相続人1人でも行うことができます。プラスの財産とマイナスの財産、どちらが多いかわからない場合に有効な「限定承認」という方法もありますが、この場合は相続人全員が共同で行う必要があります。

◎相続人が決まらなければ、遺産分割は進まない

遺産分割を進めるうえで、まず相続人の確定が欠かせません。民法では、相続人になれる人

と、その順番を定めています。これを「法定相続人」といいます。被相続人の配偶者は常に相続人になります。子がいる場合は、配偶者とともに第1順位の相続人になります。

ここで注意しなければならないのは、被相続人に、家族も知らない認知した子、あるいは養子縁組している人物がいた場合です。相続人は家族・親族だけと思って遺産分割を決めたところ、後になってから新たな相続人が登場すれば、それまでの遺産分割の話し合いは無効となってしまいます。遺産分割協議を一からやり直しすることになるのです。

相続人を確定するためには、被相続人のすべての戸籍を調べる必要があります。戸籍は婚姻、転籍、改姓などによって新しい戸籍が編製されるので、相続人を確定するには、被相続人の出生時から死亡時までの戸籍を調査しなければなりません。

法定相続人の範囲

◎相続財産を把握して相続税が発生するか否かをチェックする

相続税は「相続税の課税価格の合計額」が「相続税の基礎控除額」を超える場合にかかります。基礎控除額は「3000万円+(600万円×法定相続人の数)」です。債務や葬式費用は課税される相続財産の総額から差し引くことができます。

被相続人から相続した財産は、原則としてすべて相続税の課税対象になります。現金・預貯金はもちろん、貸付金や売掛金といった債権、著作権や特許権などの知的所有権まで金銭的な価値があるものはすべて課税対象です。被相続人が保険料を支払っていた生命保険金などは「みなし相続財産」として相続財産として扱われます。

さらに、相続時精算課税制度を利用して受けた贈与財産(2024年1月1日以降の贈与については、毎年110万円までの贈与は含まない)、相続開始前7年以内に生前贈与された財産※など、生前贈与された財産も相続財産に含まれるものがあります。

一方で、相続税の課税対象にならない財産もあります。お墓や仏壇、香典などはその代表的なものです。死亡保険金や死亡退職金は「法定相続人の数×500万円」までは非課税となります。また、相続人の住所が国内にないなど一定の場合は、相続した財産のうち、国内にある財産だけに相続税がかかります。

※2024年1月1日以降の贈与の場合。

相続税 早見表

( )内は相続人が子どものみの場合

遺産総額	配偶者＋子ども1人	配偶者＋子ども2人	配偶者＋子ども3人	配偶者＋子ども4人
5,000万円	40万円（160万円）	10万円（80万円）	0（20万円）	0（0）
6,000万円	90万円（310万円）	60万円（180万円）	30万円（120万円）	0（60万円）
7,000万円	160万円（480万円）	113万円（320万円）	80万円（220万円）	50万円（160万円）
8,000万円	235万円（680万円）	175万円（470万円）	138万円（330万円）	100万円（260万円）
9,000万円	310万円（920万円）	240万円（620万円）	200万円（480万円）	163万円（360万円）
1億円	385万円（1,220万円）	315万円（770万円）	262万円（630万円）	225万円（490万円）
1.5億円	920万円（2,860万円）	747万円（1,840万円）	665万円（1,440万円）	587万円（1,240万円）
2億円	1,670万円（4,860万円）	1,350万円（3,340万円）	1,217万円（2,460万円）	1,125万円（2,120万円）
2.5億円	2,460万円（6,930万円）	1,985万円（4,920万円）	1,800万円（3,960万円）	1,687万円（3,120万円）
3億円	3,460万円（9,180万円）	2,860万円（6,920万円）	2,540万円（5,460万円）	2,350万円（4,580万円）
5億円	7,605万円（1億9,000万円）	6,555万円（1億5,210万円）	5,962万円（1億2,980万円）	5,500万円（1億1,040万円）
10億円	1億9,750万円（4億5,820万円）	1億7,810万円（3億9,500万円）	1億6,635万円（3億5,000万円）	1億5,650万円（3億1,770万円）

※法定相続分で遺産分割したと仮定して相続税を計算。
※遺産総額基礎控除前の相続税の課税価格。

課税財産と非課税財産

課税対象となる財産の範囲

相続財産
土地・借地権・建物・立木・書画骨董・株式・公社債・現金・家庭用財産・電話加入権 ほか

みなし相続財産
生命保険金・死亡退職金 ほか

相続開始前7年以内[※1]の贈与財産
（相続開始前4年～7年以内については総額100万円を超える分）

相続時精算課税制度の適用を受けた贈与財産
（毎年110万円までは含まない）

相続税の課税価格の算定

非課税財産
（生命保険金の非課税枠など）

債務・葬式費用

相続税の課税価格①[※2]

遺産にかかる基礎控除額②[※2]

課税遺産総額

※1 2024年1月1日以降の贈与。同日前の贈与は3年以内のものが対象。
※2 ①が②を下回る場合は相続税の課税はない。

Column

不動産の評価

不動産の評価額は状況を考慮して個別に算出する

相続税がどのぐらいかかるのかを計算するためには、相続財産の相続税法上の評価額を知る必要がありま す。相続財産は原則、課税時期の時価で評価されます。課税時期とは通常、被相続人が亡くなった日を指します。

現金預金はそのままの金額または既経過利子を考慮した額で評価されますが、国税庁では「相続税財産評価に関する基本通達」により、相続税を計算する上での評価方法を明らかにしています。

不動産の場合、土地などの広さや形状だけでなく、場所、用途、権利関係などを考慮して評価額を算出することになります。

相続税の申告・納付の期限は相続開始から10カ月以内です。相続税の発生の有無を判断するためにも、不動産など金額の大きい相続財産については、まず財産評価の基本を押さえて概算額を把握しておきましょう。

宅地の評価には路線価方式と倍率方式がある

宅地の評価方法については路線価方式と倍率方式の2つがあります。どちらの評価方法を採用するかは、所轄の税務署にある財産評価基準書で確認できますが、通常、市街地にある宅地は路線価方式で評価されます。対象となる宅地が接する路線価に、土地の面積をかけて評価額を求めます。さらに、土地の形状や条件

土地評価

評価方法の種類	計算式	適用される宅地
路線価方式	路線価×宅地面積（㎡）＝評価額	市街地など
倍率方式	宅地の固定資産税評価額×倍率＝評価額	路線価のない宅地

※路線価とは、道路に接する土地1㎡あたりの標準的な価額のこと。実際の評価では宅地の形態、接道状況など利用価値を考慮しながら、評価額を調整する。
※倍率方式で適用される倍率は、国税庁のホームページや税務署にある評価倍率表で閲覧できる。

などを考慮しながら1㎡当たりの評価額を調整します。

路線価については毎年7月、国税庁が全国の路線価を公表しているので、国税庁のホームページから閲覧できます。

居住用や事業用の宅地は評価額が減額される

自宅や事業用の宅地については評価額を減額できる「小規模宅地等の特例」があります。小規模宅地等の特例は、相続開始前に被相続人等の居住用、または事業用の宅地等であったことが要件となります。一定の面積までその評価額を50%〜80%まで減額できます。

特例を利用するためには、相続税がかからない場合でも相続税の申告書を提出しなければなりません。

マンションの相続税評価が2024年1月から変更

相続税の節税対策として、被相続人の生前に不動産を購入するケースは少なくありません。これまで特にマンションに関しては、戸建てよりも市場価格（時価）と相続税評価額が大きく乖離していました。国税庁の資料によると、市場価格の半額以下の評価額となっているマンションは約65%にも上るとされています。

こうした実態を踏まえて国税庁は、2023年7月、「マンションの評価額を最低でも市場価格の6割の水準に引き上げる」とする通達案を公表。この案を2024年1月1日からの相続・贈与に適用するとされました。

ただし、市場価格との乖離率が高い都市部のタワーマンションなどへの課税強化が行われる一方で、地方あるいは築年数の古いマンションは、市場での価格が付きにくい現状を踏まえて、相続税評価を引き下げる救済策も同時に行われます。

宅地の種類

宅地の種類	限度面積	減額の割合
特定居住用宅地等	330㎡	80%
特定事業用宅地等	400㎡	80%
特定同族会社事業用宅地等※	400㎡	80%
貸付事業用宅地等	200㎡	50%

※法人の貸付事業用の宅地等については貸付事業用宅地等として扱われる。

◎相続開始から4カ月以内に行う所得税の準確定申告

被相続人の亡くなった年の1月1日から死亡日までの分の所得については、相続人が代わって所得税の申告・納付を行わなければなりません。これを「所得税の準確定申告」といいます。所得税の確定申告は毎年3月15日までに、前年分の所得にかかる所得税の確定申告をしなければなりませんが、もし被相続人が1月1日から3月15日までの間に亡くなって、前年分の所得税の確定申告を済ませていない場合は、その分も合わせて準確定申告を行います。

ただし、被相続人が会社員だった場合で、勤務先の年末調整で所得税の申告関係が完了するときは、準確定申告の必要はありません。準確定申告は、被相続人が所得税の確定申告をする必要があった場合に行います。たとえば、被相続人が自営業者、給与の年間収入金額が2000万円を超える会社員だったケース、あるいは医療費控除などが多くて所得税の還付を受けたいケースなどが該当します。

所得税の準確定申告の期限は「相続開始を知った日の翌日から4カ月以内」です。申告書の提出先は、被相続人の納税地（住所地）の税務署長です。期限までに申告・納付を行わないと、無申告加算税や延滞税が課されるので注意しましょう。2020年分以降は、準確定申告もe－Tax（国税電子申告・納税システム）で申告することもできます。

◎相続開始から10カ月以内に「相続税の申告・納付」を行わなければならない

被相続人が亡くなってから、残された家族は被相続人の死亡届を提出したり、年金の支給を停止する手続きを行ったり、遺言書の確認、相続財産の内容の把握、相続人の確定、所得税の準確定申告――と、慣れない作業に追われます。しかも、それぞれの作業には期限が設けられていて、息つく暇もないほどに忙しいでしょう。こうした一連の相続手続きの最後のハードルとなる作業が「相続開始を知った日の翌日から10カ月以内」とされている「相続税の申告・納付」です。

そして、相続税の申告書を作成するためには、相続財産をだれがどのように取得したかをはっきりさせておかなければなりません。相続税額を計算する方法は複雑で、相続財産の総額に一定の相続税率を乗じて計算するわけではありません。相続税法特有のルールがあり、誰がどの財産を取得したかにより異なるため、同じ遺産でも全く異なる税額が算出されることもしばしばあります。

相続財産をどのように分けるのか、遺産分割協議はいつまでに行わなければならないという決まりはありません。しかし、相続税の負担を減らす軽減特例を効果的に利用するためにも、相続税の申告までに遺産分割協議をまとめておきたいものです。

【遺言がある場合】

被相続人が遺言書を作成して、相続財産についてだれがどのように取得するかを定めていた場合は、「指定分割」として、遺言の内容に従って遺産分割します。遺言がほかの相続人の遺留分を侵害している場合は、その相続人から遺留分侵害額請求をされる可能性もあるため、遺言作成時はこの点にも配慮する必要があります。

【遺言がない場合】

遺言がない場合は、相続人全員が話し合いによって遺産分割を進めなければなりません。遺言がない場合だけでなく、遺言の内容があいまいでどのように分ければよいのかわからない場合や遺言にもれがあった場合なども遺産分割協議をする必要があります。相続人の間で意見がぶつかる場合は心理的にも大きな負担となります。半面、相続人全員の合意があれば、法定相続分に縛られることなく、自由に相続分を決めることができます。

話し合いがまとまらない場合は家庭裁判所に調停を申し立てることができます。調停には法的な拘束力はありませんが、調停委員などの立ち合いのもと、お互いの意見や希望を述べながら、合意に向けた話し合いを行います。調停でもまとまらない場合は、家庭裁判所の審判に移行して、裁判官が内容を審理しながら遺産分割の審判を下します。

Column

遺言書

被相続人が自分の意思を残すことで相続争いを防ぐ

遺言の最大の目的は、残された家族が相続争いに陥らないようにすることです。

遺言にはその内容に家族を従わせる法的な拘束力があります。配偶者や後継ぎに法定相続分を超える財産を相続させることや、遺産を渡したくない相続人を廃除することもできます。

よく行われる遺言の方式としては「自筆証書遺言」「公正証書遺言」があります。それぞれにメリット、デメリットがありますが、公正証書遺言は公証人が形式および内容をきちんと整理してくれるので、最も確実な遺言の残し方です。

自筆証書遺言と公正証書遺言の比較

	自筆証書遺言	公正証書遺言
作成方法	本人が自筆で作成	本人の口述を基に公証人が作成
費用	不要	必要（相続財産の額によって金額変動）
作成日時や場所	いつでも、どこでも可能	日時は公証人などの都合に合わせる必要あり、場所は原則として公証役場
証人	不要	2人以上
署名押印	本人	本人、公証人、証人
メリット	●自分だけで作成できるので手軽 ●思い付いたときに書き換えることが可能 ●費用をかけずに作成できる ●遺言の存在や内容を秘密にすることもできる	●形式や内容の不備で法的に無効となるリスクがない ●偽造、変造、紛失のリスクがない ●検認手続きが不要
デメリット	●形式や内容の不備で法的に無効となるリスクがある→財産目録の形式要件緩和で少しだけリスク減少 ●偽造、変造、紛失のリスクがある ●発見されないおそれがある ●検認手続きが必要→法務局の保管制度を利用すれば解消	●作成･書き換え手続きが煩雑で手軽に作成や書き換えができない ●費用がかかる ●口述の際に遺言の内容を知られてしまう ●証人2人を確保しなければならない

◎相続税の申告期限はあっという間にやってくる

相続税の申告書は国税庁のホームページからダウンロードできます。しかし、相続税の申告書を目の前に準備して、実際に作成をはじめると、手が止まってしまう人が多いはずです。相続税額を求める計算は想像以上に複雑で、相続税の負担を軽くする特例措置や税額控除などを適用して考えなければなりません。税務署や税理士に確認しながら、何とか書き進めていくというのが実情です。ましてや不動産や事業用資産の相続税評価ともなれば、素人には手に負えません。

相続税の申告書作成は時間と手間がかかります。申告書の提出に合わせて用意しなければならない添付書類もあります。慣れない相続手続きに追われながら、相続財産の内容や状況をチェックしたり、ほかの相続人と話し合うための日程を調整したりしているうちに、10カ月以内とされる申告期限はあっという間にきてしまいます。相続税申告に伴う一連の手続きは、早めに相続サポートの経験があるプロフェッショナルに任せてしまうのが現実的な選択です。

また、相続税の申告書はそれぞれの相続人が申告書を提出しても構いませんが、相続人らがひとつの申告書で済ませることもできます。

◎富裕層への課税体制を強化している国税当局

税務当局は近年、富裕層への課税強化に力を入れています。2016年には富裕層の資産状況に関する情報収集を目的に、「財産債務調書制度」がスタートしています。一定以上の所得と財産がある人は財産と債務の状況を税務署に届け出なければなりません。

【財産債務調書の提出義務がある人】

財産債務調書を提出しなければならないのは、次のすべてに該当する場合、またはその年の12月31日において10億円以上の財産を有する場合です。

・所得税の確定申告書の提出義務がある
・その年の所得の合計額（退職所得を除く）が2000万円を超える
・その年の12月31日時点で総資産3億円以上または1億円以上の有価証券等を保有している

【相続で取得した財産】

相続した年の12月31日時点で遺産分割が行われているかどうかで記載する価額が変わります。

・遺産分割が行われていない場合 ↓ 法定相続分で按分した価額
・遺産分割によりそれぞれの取得分が定まっている場合 ↓ それぞれの取得分に応じた価額

なお、相続開始の年分の財産債務調書については、相続または遺贈により取得した財産・債務を記載しないで提出できます。この場合、財産債務調書の提出義務については相続財産を除外して判定します。財産債務調書の未提出や記載内容にミスがあった場合は過少申告加算税などのペナルティがあります。一方で、期限内に提出した人には、所得税・相続税の申告漏れがあったときに過少申告加算税・無申告加算税を5％軽減するといった優遇措置があります。

【2024年4月変更】

●相続した土地や建物がある場合は登記申請が義務化

２０２４年４月からは、相続（遺言による遺贈を含む）で土地や建物を取得した相続人は、取得を知った日から3年以内に相続登記の申請が義務化されます。また、遺産分割協議の成立により不動産を取得した相続人は、遺産分割協議が成立した日から3年以内に登記申請しなければなりません。正当な理由なく、義務に違反した場合は10万円以下の過料が科されます。

【正当な理由の例】

・数次相続が発生して相続人が極めて多数に上り、戸籍謄本等の資料の収集やほかの相続人の把握に多くの時間を要する
・遺言の有効性や遺産の範囲等が争われている

Column

税務調査

隠している相続財産はないか？ 相続税専門の調査官がやってくる

　相続税の申告を済ませ、安堵する相続人に、ある日突然、税務署（国税局）から、「相続税の申告内容について確認させてほしい」という連絡がくる場合があります。税務調査です。

　相続税申告書の記載内容にミスがある、申告していない相続財産がある、といったことが疑われる場合、税務当局の調査官が相続人の自宅などを訪問して、申告が適正であるかどうかを調査します。

　相続税の申告は、個人所得税などと比べても、申告額が高額となるケースが多く、相続税の調査を行う担当者はいずれも税務当局の強者ぞろい。調査に入る段階で、何らかの証拠を掴んでいる可能性が高いといえます。

　万が一、相続税を逃れるために財産を隠していたり、意図的に少なく見せかけていたりする行為は「仮装・隠ぺい」として、厳しい重加算税（本税の35％）が課せられることもあります。

相続税の修正申告にも 税務当局の鋭い目

　相続税の申告期限までに遺産分割協議を完了できなかった場合、苦肉の策としてとりあえず申告書の提出だけは間に合うようにして、その後、修正申告によって納める相続税額の適正化を図ろうとするケースがあります。

　しかし、相続税の申告・納付は期限内が原則。期限後申告では延滞税なり、過少申告加算税なり、期限内に申告できれば、本来、負担しなくて済んだ税金が発生してしまいます。

　しかも、修正申告の場合、税務当局に対して少なからず疑念を抱かせてしまうこともあります。

疑われないためにも 申告期限までに完了させる

　つまり、修正申告を行う背景として、税務調査を恐れての行為ではないか、重加算税などが課せられる事態を回避したいから修正申告したのではないか――、というわけです。税務当局から、「○月△日に、税務調査に入る」という連絡を受けてから、慌てて修正申告するのは、まさに怪しまれるケースです。

　相続税の申告期限までに遺産分割協議を完了して、仮に間に合わなかった場合でも修正申告はできるだけ早期に行いたいものです。

◎相続税の納税資金を用意できない場合は？

相続税は相続開始から10カ月以内に、金銭で一括納付が原則です。納期限までに現金で用意できそうにない時は、相続した有価証券や不動産を急いで売却して、納税資金を作らなければならないケースもあります。納期限までに納税資金を確保するためにも、遺産分割をスムーズに行うことがとても重要になるといえます。

もし、納期限までに納税資金を用意することが困難な時は、納税額を分割払いできる「延納」という方法が認められる場合があります。ただし、延納する場合は、納期限までに納められなかった部分の納税額について利子税が発生します。

【延納の要件】

延納するためには次の要件が必要になります。

- 相続税額が10万円を超えている
- 金銭で納付することが困難な理由がある。かつ納付が困難な金額の範囲内
- 延納税額および利子税の額に相当する担保を提供する
- 納期限までに申請書および担保提供関係書類を提出する

【延納できる期間】

延納できる期間は「相続財産価額に占める不動産価額の割合」により定められています。

・不動産等の割合が75％以上の場合 ↓ 不動産等にかかる部分について20年
・不動産等の割合が50％以上75％未満の場合 ↓ 不動産等にかかる部分について15年
・不動産等の割合が50％未満の場合 ↓ 5年

【物納】

相続財産を納付する「物納」が認められる場合もあります。しかし、実際に物納が行われるケースは相続税申告全体で0・1％にも満たない水準です。これは、物納が許可制であること、必ずしも相続税評価額での物納が認められるわけではないことに加え、手続要件も煩雑であることが理由に挙げられます。令和6年度税制改正大綱で今後、見直しが提案されていますが、このような場合こそ、相続のプロフェッショナルに相談することが必要です。

延納で担保にできる財産

国債、地方債
社債などの有価証券で税務署長が確実と認めるもの
土地
建物、立木、船舶などで保険に付したもの
鉄道や工場などの財団
税務署長が確実と認める保証人の保証

※相続や遺贈で取得した財産に限らず、相続人の固有の財産、共同相続人や第三者が所有している財産でも可能。
※税務署長が延納の許可をする場合に、延納申請者の提供する担保が適当でないとされて変更を求めることもある。
※延納する税額が100万円以下で、かつ延納期間が3年以内の場合は、担保の提供は必要ない。

◎納めた相続税額が多すぎてしまう場合も

相続税の申告を済ませたものの、後になって相続財産の評価額を改めて調べてみたら、「実は宅地の評価額を高くしすぎていた」といったケースもあります。不動産の財産評価は難しく、専門家の間でもその評価額に大きな開きが出ることは珍しくありません。やはり相続税の申告業務を数多く手掛けているプロフェッショナルのほうが、より安全で適正な不動産評価が行えるといえるでしょう。

たとえば、一定以上の面積を持つ広い土地の財産評価では、「地積規模の大きな宅地の評価」という特例を適用することで、評価額をグッと低く抑えることができます。広さの基準は三大都市圏ならば500㎡以上、それ以外は1000㎡以上の宅地です。一般に、100㎡程度の土地であれば、戸建て用の宅地として買い手が見つかりやすい大きさです。しかし、都市部で500㎡以上となると、マンションなどの建設用地を扱うデベロッパーでなければ手が出ません。そこで、広い宅地は分割して売ることになりますが、分割した土地の間には道路部分など売却できない「つぶれ地」が発生します。こうした土地取引の実態を踏まえて、広大な宅地に関しては評価額が引き下げられているのです。

◎「修正申告」と「更正の請求」は何が違う？

相続税申告書を提出した後に、申告内容を訂正する手続きとして2つの種類があります。まず、申告した相続税額が少なすぎた場合は「修正申告」を行います。申告後に相続財産の評価額を低く見積もり過ぎていたことに気付いたり、新たな相続財産が見つかって相続財産の総額が増えたりした時は、すみやかに修正申告を行います。税務署からの指摘を受ける前に、自ら修正申告を行うと、加算税などの負担がかからないケースもあります。

反対に、申告した相続税額が多すぎた場合は「更正の請求」を行います。相続財産の評価額を本来よりも高く見積もっていたり、申告後に別の相続人が現れて遺産分割協議をやり直すことになったりした場合は、更正の請求を行うことで納付しすぎていた相続税が戻ってくる可能性があります。更正の請求は、原則として申告期限から5年以内です。ただし、未分割となっていた遺産について分割が行われたケースなど、後発的な理由などによって更正の請求を行う場合は、その事情が生じたことを知った日の翌日から4カ月以内です。

修正申告は提出と同時に納税義務が確定しますが、更正の請求は提出しても、必ず還付されるとは限りません。

3章

早めに準備しておきたい相続対策

◎相続対策をスタートするタイミング

相続対策を進める上で知っておきたい大前提があります。それは、いざ相続が発生すると、それからできる相続対策というものは、実はほとんど残されていないということです。相続対策は「相続が発生する前」に準備することが効果的なのです。

相続税は「超過累進課税」といって課税される財産の額が大きくなればなるほど、高い税率が適用されます。そのため、相続税の負担を少しでも軽くするためには、被相続人の生前から子どもや孫への財産移転、財産を現金のまま残しておかないで収益性のある不動産に替えるといった対策が必要です。当局から租税回避と見なされないように、できるだけ早い段階からアクションを始めることが重要になります。

遺産承継をスムーズに進めるためには、被相続人が法的に有効な遺言を作成しておく、配偶者や後継ぎとなる相続人には必要な資産を計画的に移転しておく、あるいはほかの相続人には相続で遺留分などを主張しないように、あらかじめ相続財産の代わりとなる資産を贈与しておくといった対応が、相続発生後の対立や無用の争いを防ぐために大切です。いずれも相続発生前に行うべきアクションです。

【2024年の改正ポイント】

◎相続をめぐる法律やルールが大きく変わっている

円滑な相続を後押しするために近年、相続に関係する法律やルールの整備・改正が行われています。「あれ、こんなはずじゃかなった！」と後から戸惑わないように、相続税の負担や遺産分割に大きな影響がある変更については、あらかじめチェックしておきましょう。

◎暦年贈与の相続財産への加算期間が7年に

相続税は前述のとおり、課税される財産の額が大きいほど、高い税率が適用され、相続税額は多くなります。相続開始前から少しずつ子どもたちに贈与していくことで、相続発生時の相続財産を軽くしておくことができます。

財産の贈与については贈与税が課されますが、「暦年課税」として年110万円までの贈与に関して非課税枠（基礎控除額）が設けられています。子どもが3人いる場合は、年110万円ずつ贈与していけば、「年110万円×3人＝330万円」の財産を税金がかからずに移転できます。15年間かければ、「年330万円×15年間＝4950万円」を無税で移転できるわけです。相続税の基礎控除額に匹敵する額です。

これまでは相続開始前3年以内の贈与額は相続財産に含めるとされていました。しかし、2024年1月以後の贈与からは「相続開始前7年以内」に延長されています（延長された4年分に受けた贈与については総額100万円を超える部分を加算）。生前贈与に関して課税強化の見直しが行われています。

ただし、暦年贈与もあまりにも計画的に一定の金額を贈与し続けると、租税回避と見なされるケースもあります。相続税に詳しい専門家のアドバイスを受けながら実施しましょう。

暦年相続の変更点イメージ図

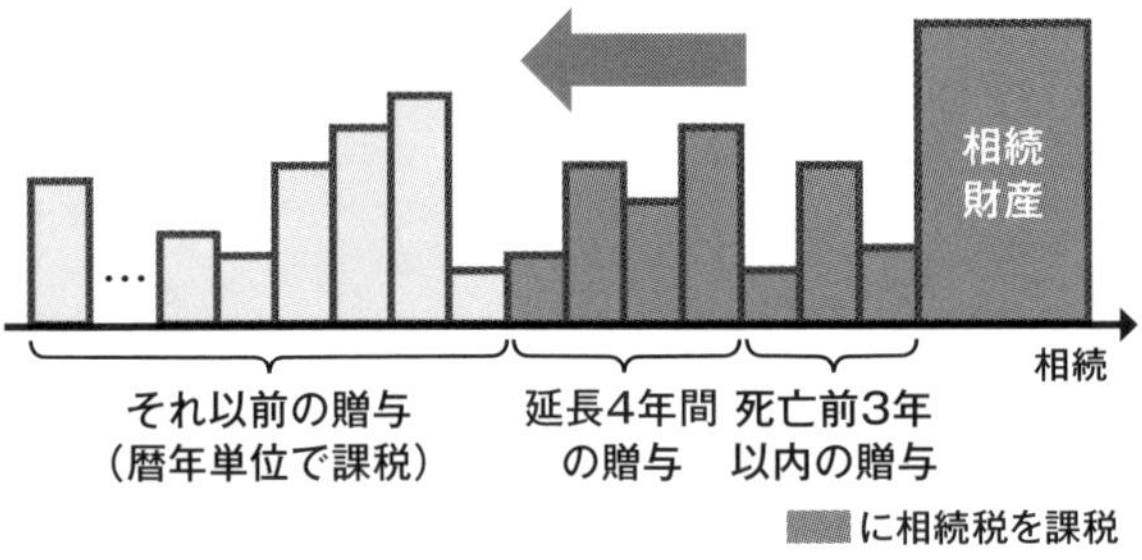

- 加算期間を7年間に延長
- 延長4年間に受けた贈与については総額100万円まで相続財産に加算しない

資料：財務省「令和5年度税制改正」（令和5年3月発行）

◎相続時精算課税制度に年110万円の基礎控除枠

贈与税の課税方式には暦年課税のほかにもう一つ、「相続時精算課税制度」があります。

この制度は相続するときに贈与により取得した財産と相続により取得した財産を合わせて、相続税額を計算する課税方式です。累積2500万円までの贈与について非課税（先延ばし）となるため、世代間の財産移転をより円滑にすることが制度の目的の一つです。相続時精算課税制度を使える要件は「60歳以上の親や祖父母等から18歳以上の子や孫への贈与」です。相続時精算課税は、贈与時の価額が課税価格となるため、将来的に値上がりが見込まれる土地や株式を早めに贈与することで、節税対策として有効です。

ただし、相続時精算課税制度を適用すると、暦年課税には戻せません。相続時精算課税制度を利用するかどうかは、被相続人の財産構成などを踏

精算課税の変更点イメージ図

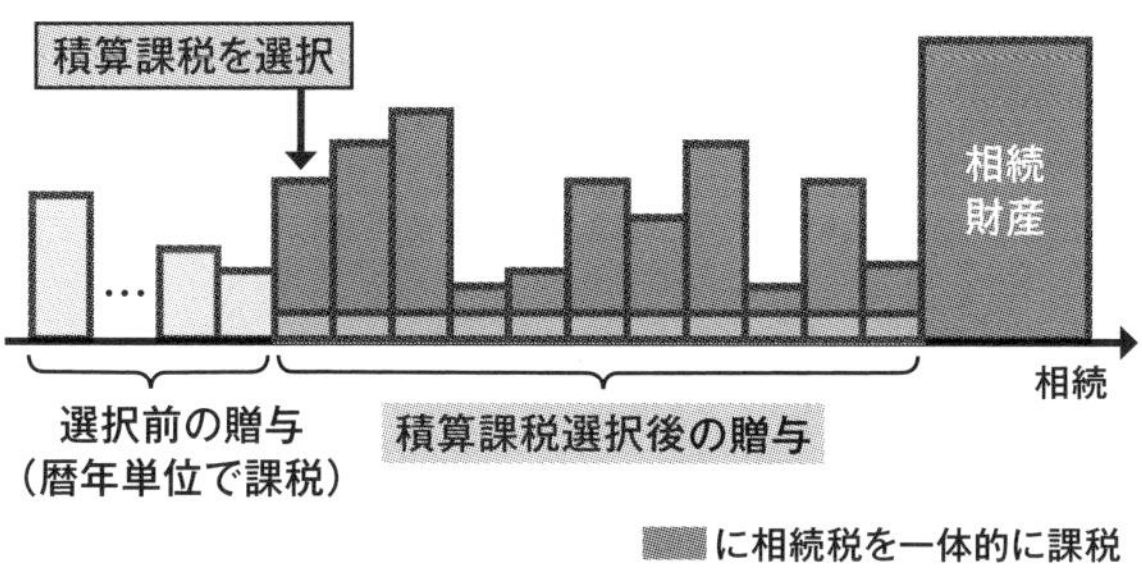

- 毎年、110万円まで課税しない（暦年課税の基礎控除とは別途措置）
- 土地・建物が災害で一定以上の被害を受けた場合は相続時に再計算

資料：財務省「令和5年度税制改正」（令和5年3月発行）

まえて、税理士とよく検討する必要があります。

相続時精算課税制度については2024年1月以降、毎年110万円まで課税しない基礎控除が設けられました。さらに、建物などの贈与に関しては贈与後に自然災害などでその価値が低下した場合、相続時に評価額を再計算できるようになっています。相続時精算課税制度を利用する際の不安を減らして、より使いやすい制度にするための見直しです。

◎残された配偶者が自宅に住み続けられる居住権

相続人は自分の相続分に応じて相続財産を取得しますが、配偶者は被相続人と一緒に住んできた自宅にそのまま住み続けることも多く、自宅が配偶者の相続財産のほとんどを占めてしまうケースがあります。しかし、自宅を相続することでそれ以外の現金などを相続できない場合、現実の生活資金が得られないという状況に陥ります。

そこで、配偶者は自宅を所有するのではなく、居住権を取得できる制度が創設されています。所有権よりも金額が抑えられた居住権を取得することで、ほかの相続財産も取得できるしくみです。

◎遺産分割対策は遺言書の作成が出発点になる

相続対策の具体的な中身としては「遺産分割対策」と「相続税対策」の2つの柱があります。遺産分割対策のベースとなるのが被相続人の遺言です。遺言は財産の処分や相続に関する事柄について法的な拘束力を持っています。法定相続分とは異なる相続の配分の指定、相続人または相続人以外の人に財産をどのように受け継がせるかといった遺贈、被相続人が財産を相続させたくない人物を相続人から廃除することもできます。被相続人は財産をどう処分したいのか、自分の意思を明確にしておけば、家族たちが迷うことなく遺産分割を進められます。

反対に、法的に無効な遺言書はかえってトラブルの元となります。次のような遺言書はスムーズな遺産分割を妨げてしまうリスクがあります。

- ・相続分に極端な差があって、特定の相続人に不利な内容
- ・指定している分割方法があいまいで、不明確

遺留分は相続人が最低限、受け取れる財産として法律で認められています。遺留分を侵害された相続人が遺言の内容に納得しなければ、結局、遺留分侵害額請求権を行使して取り戻すことになります。また、遺言書に記載している財産に記載漏れがあれば、その相続財産に関して

はみんなで話し合って決めなければなりません。

◎相続税対策はプロのサポートを受けながら取り組んでいく

相続税対策にはさまざまな方法がありますが、効果が大きい方法としては①財産評価の引き下げ、そして確実な節税策として②生命保険の活用――があります。

①財産評価を引き下げるアクションとしては、現金・預貯金はそのままの金額が相続税の課税対象になってしまうので、宅地やマンションに替えておくことで節税が期待できます。土地は賃貸マンションなどを建てるための事業用宅地にすれば、相続評価額はさらに低く抑えられますが、事業の経営なのでリスクが伴います。節税のためにそれ以上の赤字が出てしまうようでは本末転倒です。専門家のアドバイスを受けながら検討していきたい取り組みです。

また、②生命保険の活用として、生命保険金については「500万円×法定相続人の数」が非課税とされています。つまり、相続人それぞれの相続財産のうち少なくとも500万円分は生命保険金として取得させれば、その分だけ相続財産を圧縮できます。ただし、保険の契約者および被保険者を被相続人、保険金の受取人を相続人とする契約形態であることが要件です。被相続人の生前から準備を進めることが効果的な相続対策になります。

◎認知症への対応策として注目される家族信託

本格的な高齢化社会を迎えている現在、相続対策を考える上で避けて通れないのが「認知症」への備えです。認知症と診断されると、民法上は「意思能力のない人」として契約行為が基本的に無効となります。財産は凍結されて預金の引き出しや解約、生前贈与や生命保険の加入、不動産の売買などはすべてできなくなります。遺言書の作成もできないので相続対策は事実上、行えません。

現在、認知症への対応としては一般に、「成年後見制度」が利用されています。意思能力のない人に代わって成年後見人が財産を管理します。後見人の裁量で財産を動かすことはできますが、その範囲は限定的で預貯金の出し入れなど、あくまでも「本人のため」になることにのみ財産を使えます。

認知症対策としては「家族信託」も注目されています。たとえば、被相続人が娘を受託者として所有するアパートの経営を一任し、被相続人が家賃収入を得ることもできます。成年後見制度のように財産の管理に縛りがないので、受託者が信託の目的の範囲内で財産を管理・処分できます。家族信託で財産を継がせる人を定めれば、遺言と同様の効果も得られます。ただし、受託者以外の相続人の遺留分を侵害する場合は、遺留分侵害額を請求される場合もあります。

Column

二次相続

遺産相続は〝次の相続〟を見据えた相続プランを

夫が亡くなり、夫の財産を妻と子どもたちが取得する最初の相続を「一次相続」といいます。一次相続では、妻の相続税負担をかなり軽減してくれる特別制度「配偶者の税額軽減」が用意されています。

妻が法定相続分に従って、相続財産の半分を取得するような分け方であれば、一般的な家庭では多額の相続税は発生しないでしょう。

ところが妻にも固有の財産がある場合、しばらくして相続財産の半分を取得した妻が亡くなり、その財産を子どもたちが取得する相続、「二次相続」になると、妻固有の財産と夫から相続した財産を合わせて課税されるので、子どもたちにはかえって多額の相続税が課される場合もあります。被相続人の配偶者が亡くなる二次相続までを考慮した相続税対策をすることがより重要です。

二次相続への対策としては一次相続と同様に、生前贈与や生命保険の活用による課税対象額の圧縮、現金・預貯金を不動産に替えるといった方法があります。

しかし、相続はいずれ、また発生することになります。そこで、相続の発生回数を少なくする相続税対策もあります。一次相続の相続人を「妻と子ども」ではなく、そこに「孫」を加えてしまうのです。妻には「配偶者の税額控除」があるので相続税の負担を抑えることができます。また、孫を養子にすれば、法定相続人の人数が増えて相続税の基礎控除額もアップします。あるいは、遺言書で財産を孫に遺贈してしまうという手もあります。

なお、孫養子の相続税額については2割加算される決まりがあります。全体として税負担が安くて済むのか、それほど変わらないのか、相続税務に強い税理士と相談しながら相続プランを作ることが賢明です。

配偶者の税額軽減

$$\text{相続税の総額} \times \frac{\text{①、②のうち いずれか少ないほうの金額}}{\text{課税価格の合計額}} = \text{控除額}$$

①課税価格の合計額×配偶者の法定相続分（1億6000万円以下のときは1億6000万円）
②配偶者の課税価格

※最初の相続から10年以内に再び相続があった場合は、一定の相続税額が控除される相次相続控除制度がある

第2部

事業承継を円滑に進める基礎知識

1章 事業承継の実状

◎事業承継をめぐり明暗が分かれる日本の中小企業

２０２３年版「中小企業白書」によると、経営者年齢のピーク（最も多い層）は２０００年には「50～54歳」でしたが、２０１５年では「65～69歳」にシフトしており、経営者の高齢化が進んでいる状況です。２０２２年のデータでは、これまでピークを形成していた団塊世代の経営者が事業承継や廃業などによって引退している一方で、75歳以上の経営者の割合も高まっています。白書では、「経営者年齢の上昇に伴い、事業承継を実施した企業と実施していない企業に二極化している様子が見て取れる」と指摘しています。

東京商工リサーチのまとめによると、２０２２年に全国で休廃業・解散した企業は４万９６２５件に上ります。休廃業・解散をした企業の代表者の年齢は70代が最も多く、全体の42・７％です。国は現在、中小企業・個人事業主の事業承継支援を強化しています。60代までの経営者が公的なサポート制度を活用し、事業承継を進めている半面、70代以上になると事業承継を実施するための時間的制約に加えて、業績低迷などから事業の譲渡先が見つからない経営状況もあって、廃業以外の選択肢を失っている経営者も少なくないようです。

【経営者が事業承継を実現する意義】

経営者にとって事業承継を行う意義は、一つには「従業員の雇用を守る」ことにあります。同時に、営業ノウハウ、販路、技術、担い手と経営資源を地域経済に継承していく重要なアクションになります。そして、経営者本人や配偶者、家族にとっては自社株式・事業用資産の譲渡、あるいはM&Aによる事業譲渡によって得られる対価は、自分たちのゆとりある老後を支える資金になります。仕事が忙しい、会社での影響力を維持したいなどの理由で事業承継を先送りしていると、せっかくの好機を逸することにもなりかねません。

【事業承継を困難にしている背景】

事業承継は一朝一夕で完了する作業ではありません。後継者の選定・教育、計画的な自社株式の譲渡による段階的な経営権の移行、金融機関・取引先と後継者の橋渡し、経営者交代後の事業安定化に向けた体制作りなど、経営者が本腰を入れて取り組む一大プロジェクトです。事業承継計画は通常5～10年といった長いスパンで進めていきます。さらに、事業承継計画のそれぞれの工程で、事業承継支援に長けたプロフェッショナルと連携しながら、着実に実施していく必要があります。

2章 事業承継は3つの形態に分類できる

◎早めの着手がより実のある事業承継を実現する

事業承継をスムーズに進めるためには、自社株式の引継ぎに伴う相続税・贈与税の負担軽減、経営権の分散リスクへの備え、事業承継後の経営安定など、さまざまな課題をクリアしていくことが求められます。事業承継を実施するまでの準備としては、経営状況の把握・事業承継に向けた経営改善を行い、後継者・譲渡先企業にとって承継する価値のある状態に引き上げておくことが大切です。経営者が早めに着手することで、後継者の適性などを見極める時間も作れます。事業承継計画の見直しが必要になった際には柔軟な対応がしやすくなります。

事業承継の方法としては、これまで自分の子などに事業を引き継ぐ「親族内承継」が一般的でした。しかし、現在は経営者と親族関係にない役員・従業員などが承継する「親族外承継」も増えています。また、経営者の周りに適当な後継者がいない場合は、社外の第三者に事業譲渡するM&Aによって事業存続を目指すケースもあります。

いずれにしても経営者が発言権や決定権を持っているうちに、事業承継の方向性や道筋を付けておくことが理想です。「会社を継ぐ気はない」と言っていた子どもが突然、気が変わって経営に興味を持ち始めるケースも珍しくありません。後継者と対話を重ねながら、時間に余裕を持って準備を進めることが事業承継を成功させる条件です。

【親族内承継】

子どもなど親族が後継者になる場合、社内や取引先などからの理解が得られやすい特徴があります。親族内承継で課題となるのは「経営権の集中」です。後継者に経営権を集中させるためには、経営者が早い段階から自社株式を後継者に贈与するなど、計画的に準備を進めることがポイントです。また、事業承継税制を利用することで相続税・贈与税の負担なしに、自社株式を後継者に引き継がせることができます。自社株式の移転がスムーズに行えれば、会社の「所有と経営」が分離してしまうリスクも回避できます。

中小企業は得てして現金がないために自社株式の分け方が遺産相続で揉める原因になります。後継者以外の相続人にとって目ぼしい相続財産は自社株式になるので、遺留分を主張する可能性もあります。その場合、経営権を分散させない方法として「種類株式」が使われることもあります。会社の実状に合わせた種類株式を発行して、後継者には議決権のある普通株式を、後継者以外の相続人には議決権のない「無議決権株式」を取得させて経営には口出しできない状況を作ります。

【親族外承継】

身内に後継ぎがいない場合は、会社を長年支えてきた役員・従業員を後継者にするケースもあります。現場を理解している人物なので、事業承継後も経営の一体性・継続性を保ちやすい特徴があります。社内の有能な人材を後継者にできる点もメリットです。

子どもが後継者の場合、経営者から自社株式が相続・贈与されて経営権が移行するケースが多いですが、役員・従業員が後継者になる場合は、経営者から自社株式を買い取る形の事業承継が多いです。その際、壁となるのが自社株式を取得するための資金調達です。自社株式を取得するだけのまとまった資金がない場合、役員による株式取得（ＭＢＯ）、従業員による株式取得（ＥＢＯ）では、次のような資金調達方法があります。

- 金融機関からの借り入れ
- 後継者候補の報酬の引上げ
- 経営承継円滑化法に基づく金融支援を活用
- ファンドやベンチャーキャピタルからの投資

場合によっては、経営者からの遺贈や贈与によって役員・従業員が自社株式を取得することもあります。その際は、経営者の家族・親族との事前の合意形成をまとめておくことが遺産分割でのトラブルを防いで、事業承継を円滑にするために欠かせないアクションです。

なお、親族内・親族外いずれの事業承継でも、後継者が金融機関や取引先などの利害関係者に認知されるかどうかが、事業承継の成否に大きく関わってきます。後継者の経験不足などを理由に、金融機関が融資審査を厳しくしたり、取引先が支払条件の変更を迫ったりするケースもあります。事前に経営者が丁寧な説明を行い、関係者の協力を取り付けておくようにするとともに、後継者を社内外に公表するタイミングも適切な時期を考える必要があるでしょう。

【M&Aによる事業存続】

経営者の周りに後継者がいない場合は、M&Aによって社外の第三者に引継ぐことで事業の存続を探る道もあります。かつてはM&Aに対して「身売り」といったネガティブな捉え方をする人もいました。しかし、現在では譲渡先企業との融合によるシナジー効果に期待するなど、事業を飛躍させるチャンスになるといったポジティブな見方が多くなっています。

経営者にとっては事業譲渡によって対価が得られるほか、会社の借り入れに対する個人保証・抵当権を外すこともできるので、安心して経営者としての立場に区切りが付けられます。M&Aによる事業引継ぎが完了した後は、顧問といったポストで新たな立場で自分の知見を生かせる場が用意されるケースもあります。

◎M&Aは信頼できる仲介会社選びが成功のコツ

M&Aを実行する際は、情報が外部に漏れないように秘密厳守が絶対条件です。M&Aを進めていることは、取引先はもちろん、社内の役員・従業員にもわからないように注意して、公表時期はよく検討する必要があります。M&Aは専門の仲介会社のサポートを通じて行われるケースがほとんどです。仲介会社の実績や評判をチェックして、信頼できる仲介会社を選ぶことが大切です。M&A交渉で肝に銘じておくことは、仲介会社にも交渉相手にも隠し事は一切しないこと。ごまかしやウソがあとから出てくると、相手方の信頼関係を大きく損なうことになりますし、契約違反として損害賠償を請求されることになりかねません。

M&A仲介会社への支払費用は企業規模によって変わりますが、着手金の相場としては100万~200万円です。交渉がまとまらなくても着手金は返還されないのが一般的です。基本合意時に中間金を求める仲介会社もあります。成功報酬は譲渡金額の1~5%が目安です。

3章 事業承継を支援する優遇措置を活用する

◎事業承継・引継ぎ補助金

事業承継はやり直しが非常に難しい作業になります。後継者が事業をスムーズに引き継げるようにするためにも、会社の財務状況や経営体質を改善しておくことが重要です。M&Aを実施する際も同じように、会社の「見える化」、会社の「磨き上げ」といった作業を進めて、自社の客観的な評価を高めておけば、より経営者の希望に沿った譲渡先企業とマッチングできる可能性が高まります。

事業承継に向けたこうした経営改革のための取り組みは、専門的なノウハウを持つ税理士など、プロフェッショナルの支援が欠かせません。税理士など専門家へ支払うコンサル費用のほか、引継ぎ後の設備投資にかかる費用などに「事業承継・引継ぎ補助金」が利用できます。この制度では、補助の対象となる取組内容や経費の種類に応じて3つの枠組みが設けられています。

【①経営革新事業】

後継者が事業承継やM&Aによって引き継いだ経営資源を活用して取り組む「新規設備の導入」や、「新たな販路開拓」などにかかる経費の一部について補助が受けられます。ただし、経営革新の取り組みが「デジタル化」「グリーン化」「事業再構築」のいずれかに資するものであることが条件です。第8次公募（2023年12月～2024年2月）では、補助の上限額は800万円（賃上げを実施しない場合は600万円）、補助率は1／2以内（一定の場合、補助額600万円以内の部分は2／3以内）です。

【②専門家活用事業】

後継者がいない、あるいは経営力強化のためにM&Aを進めている経営者が、M&Aのために活用する専門家（FA・仲介業者等）のコンサル費用などについて補助が受けられます。ただし、補助の対象となるのは「M&A支援機関登録制度」に登録された専門家への委託に限られます。第8次公募では、補助の上限額は600万円（廃業費は最大150万円上乗せ）、補助率は買い手

経営革新事業の補助対象となる経費の区分

店舗等借入費	設備費	謝金	外注費	廃業費（併用申請時） ・廃業支援費 ・在庫廃棄費 ・解体費 ・原状回復費 ・リースの解約費 ・移転、移設費
産業財産権等関連経費	原材料費	旅費	委託費	
マーケティング調査費	会場借料費	広報費		

支援型が2／3以内、売り手支援型が原則1／2以内（一定の条件に該当する場合は2／3以内）です。

登録されている専門家は中小企業庁の同制度ホームページで確認できます。

【③廃業・再チャレンジ事業】

M&Aによって事業を譲渡できなかった経営者が、現在の事業を廃業して新たな法人を設立したり、事業主として活動したりする場合に、既存事業を廃業する場合にかかる経費の一部について補助が受けられます。第8次公募では補助の上限額は150万円、補助率は2／3以内（併用申請の場合は1／2以内）です。

廃業・再チャレンジ事業の補助対象となる経費の区分

産業支援費 廃業・清算に関する専門家活用費用および従業員の人件費	**解体費** 廃業・清算に関する専門家活用費用および従業員の人件費
リースの解約費 リースの解約に伴う解約金・違約金	**在庫廃棄費** 既存の事業商品在庫を専門業者に依頼して処分した際の経費
原状回復費 借りていた設備等を返却する際に義務となっていた原状回復費用	**移転・移設費** 効率化のため設備等を移転・移設するために支払われる経費

専門家活用事業の補助対象となる経費の区分

委託費 ※フィナンシャルアドバイザー・仲介業務に係る委託費用はM&A登録専門家への支払いのみ補助対象。	**謝金** **旅費**
廃業費 （併用申請時） ・廃業支援費 ・在庫廃棄費 ・解体費 ・原状回復費 ・リースの解約費 ・移転、移設費	**外注費** **システム利用料** **保険料**

◎事業承継税制

事業承継税制を利用すれば、後継者が相続・贈与によって取得した自社株式などにかかる相続税・贈与税（先代経営者が死亡した場合）について、最大で全額が納税猶予または免除されます。中小企業の事業承継で利用できる法人版のほか、個人事業主の事業承継で利用できる個人版があります。

【以前よりも利用しやすい制度に改正されている】

事業承継税制を利用できる要件として、後継者が事業を一定期間継続する「継続要件」、事業を引き継いだ後も雇用を維持する「雇用確保要件」が設けられています。そのため、以前は「もし、会社の経営が要件を満たせない状態になってしまったら、相続税などの納税猶予は取り消されて一度に多額の相続税を支払わなければならないのか」といった不安の声も多く、事業承継税制の利用をためらう経営者・後継者もいました。確かに、経営をめぐる状況は常に変化していきます。将来にわたって経営や雇用を維持できる保証はありません。

そこで、2018年度税制改正で事業承継税制を経営の実状に合わせて、利用しやすくするための見直しが行われました。法人版事業承継税制は「特例措置」「一般措置」の2つの段階が設定されて、特例措置を使えば、一定の手続きを取ることで「事業承継後5年間は平均で雇用の８割を維持しなければならない」といった雇用確保条件などはクリアできるようになりました。特例措置を利用するためのポイントは次の通りです（※２０２４年１月時点）。

①事前に「特例承継計画」を提出する
……２０２６年3月31日までに「特例承継計画」を都道府県に提出する。
②10年間限定の特例措置
……特例承継計画を提出した事業者で２０１８年１月１日から２０２７年12月31日までに、贈与・相続により会社の株式を取得した経営者が対象になる。

事業承継税制の仕組み

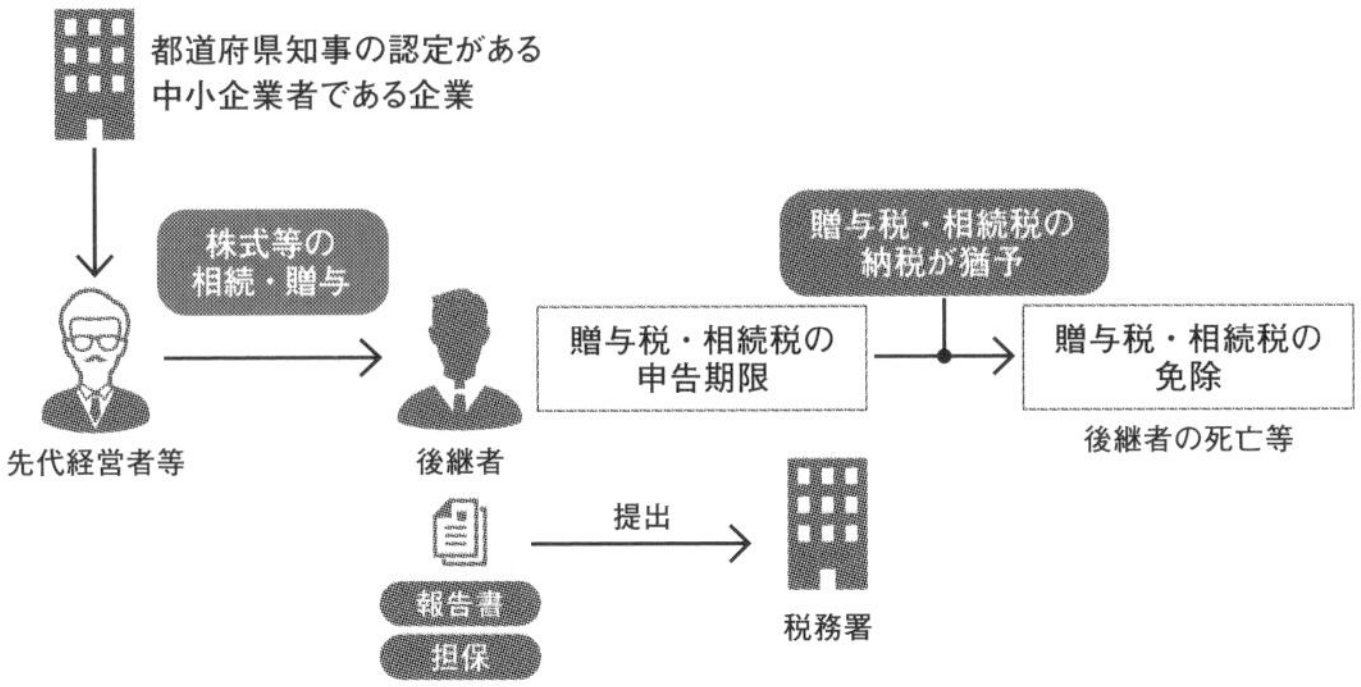

【個人事業主のための事業承継税制】

個人事業主の事業承継は、事業用の土地や建物、設備などが後継者に引き継がれることで行われます。個人版事業承継税制を利用すれば、事業用土地（４００㎡まで）・建物（床面積８００㎡まで）、機械・器具などの相続・贈与にかかる相続税・贈与税の負担が全額猶予されます。後継者が死亡した場合は猶予税額の全額が免除されます。

ほかにも、農業を営む場合に農地などの相続について相続税の納税猶予が受けられる制度、個人所有の重要文化財の相続にかかる納税猶予制度もあります。

◎M&Aによる不動産の権利移転にかかる税務特例

M&Aによる事業承継を税務面で支援する制度も実施されています。2026年3月31日までに、国から経営力向上計画の認定を受けていることなどを要件に、次のような優遇措置を受けることができます（※2024年1月時点）。

①M&Aによる不動産の権利移転等で生じる「登録免許税・不動産取得税の適用税率を軽減」
②M&A効果を高める設備投資などについて「投資額の10%を税額控除または全額即時償却」
③M&A実施後のリスク（簿外債務等）に備えるために「積み立てた準備金の損金算入」

事業承継税制をはじめ税務特例は税務署や役所に提出しなければならない申請書や届出書がたくさんあります。負担する相続税・贈与税、法人税額にも大きな影響があるので、事業承継に詳しい専門家のサポートを受けながら、確実に利用していくことが大切です。

第3部

相続&事業承継で頼りになるプロフェッショナル100

01

アイユーコンサルティンググループ

顧客満足度98・29%！豊富な実績が信頼の証

総勢約140名・10拠点体制で全国をカバー。累計案件は4350以上

代表

税理士・行政書士・宅地建物取引士

岩永 悠

1983年生まれ。京都大学経営管理大学院上級経営会計専門家（EMBA）プログラム修了。26歳で税理士登録後、国内大手税理士法人入所。13年独立開業。創業者としてグループ経営に携わる一方で、自身も組織再編を活用した高度な事業承継、相続対策を提案・実行している。

相続・事業承継に特化 実績は毎年右肩上がりで推移中

2013年に創業した弊社は、法人化やグループ化を経て、現在全国10拠点、総勢約140名体制で業務にあたっています。2023年の年間相続・事業承継案件数は過去最高の1000件を達成。創業11年で累計4350件以上の案件数を誇ります。

資産税を専門とする弊社では、在籍する27名の各税理士が組織再編や相続税申告など、異なる分野で力を発揮しています。特に株式交換や会社分割、株式移転といった、組織再編を活用した事業承継対策は、弊社の得意とする分野です。会社法や税法が複雑に絡み合う業務において、最適なプランをご提案し、実行できる税理士事務所は、全国でも稀有な存在です。国内トップクラスの案件数を誇る私たちだからこそ、将来的な財産承継を見据えた上で、よりお客様のニーズにマッチした事業承継対策をご提案できるものと自負しています。

初回面談は無料 顧客満足度は驚異の98・29%

弊社では初回のご面談は無料とし

ています。初めて相続を経験される方が大半ですから、初回面談では可能な限りご相談者様の不安を取り除くことを心掛けて対応しています。

アイユーコンサルティンググループ組織図

正式に依頼いただいた後の報告の際には難しい専門用語をできるだけ分かりやすい用語に置き換えた資料でご説明し、お客様に寄り添った丁寧なサービスを心掛けています。

　また、公式ＬＩＮＥのチャット機能をお客様との連絡ツールとして導入しており、スピーディな意思疎通、および連携体制を整えています。

　相続・事業承継は、次世代に対して「財産」だけではなく「想い」を引き継ぐ大切な節目です。事前に適切な対策ができていなかったことが原因で、その節目にご遺族が多額の税金を負担することになった、親族間で争いが起こった、などの問題が生じることも多くあります。重要なのは現状を見つめ直し、浮き彫りになった課題を解決すること。それが各企業やご家庭の、背景や想いを汲み取ったご提案や実行へとつながるものと考えています。

　相続・事業承継にお悩みの方は、ぜひご相談ください。

事務所DATA

○**代表者**　岩永 悠、出川裕基
○**設立**　2015年4月1日(創業2013年4月1日)
○**所属**　九州北部税理士会 小倉支部
○**職員数**　140人(税理士27人、公認会計士2人)
○**所在地**　〒171-0022　東京都豊島区南池袋2-28-14大和証券池袋ビル3階
○**TEL**　03-3982-7520　○**URL**　https://bs.taxlawyer328.jp/
○**支所**　東京事務所、横浜事務所、山梨事務所、大阪事務所、広島事務所、北九州事務所、福岡事務所、佐賀事務所、埼玉営業所(株式会社IUCG)、沖縄営業所(株式会社IUCG)
○**関連法人**　株式会社IUCG、税理士法人アイユーコンサルティング、税理士法人IU Management、株式会社アイユーミライデザイン、株式会社アイユーアソシエイツ、未来プラス監査法人、社会保険労務士法人アイユーマネジメント、アイユー行政書士事務所

初版時にAmazon税法部門1位を獲得した著書の改訂版。同業の税理士だけでなく経営者にも好評の一冊。

02

株式会社あおいFAS

数多くのM&Aを成功させた支援実績が強み

事業承継と事業再生のプロによるハイブリッドサポート

代表

税理士

横江正三

1972年滋賀県生まれ。事業承継・事業再生支援を行う上では、「経営者の志を残す」、「従業員の雇用を最大限確保する」、「取引先とともに地域経済へ貢献する」の3点を重視したコンサルティングを心掛けている。「楽しくなければ仕事じゃない」がモットー。

頼れる専門メンバーが企業オーナーを支える

弊社は事業承継問題と事業再生問題を抱える企業オーナー様のコンサルティングサポートを行っています。事業承継支援の取り扱いは多数実績があり、卸売業、小売業、製造業以外でも医療法人、学校法人、インフラ産業、出版、ITなど、50種を超える様々な業種のサポート実績を有しています。

近年、企業の倒産・廃業が相次いでおり、その勢いはコロナ禍前を超える状況です。倒産・廃業に至る大きな原因の一つとして、後継者や事業引継ぎ先が見つからないという事業承継の失敗があります。

事業承継に悩む企業は同時に、業績不振による事業再生の必要に迫られているケースが少なくありません。弊社はこれまで事業再生サポートを数多く手掛けてきました。事業再生によって企業価値を高めることで、後継者がより魅力的に感じる企業、あるいはオーナー様の希望に近いM&Aを実現する企業として、事業の存続、そしてオーナー様の豊かな将来を目指します。

弊社の事業承継支援の強みは、国

内大手コンサルティングファームで実務経験を積み、事業承継に関する専門的知見を持つプロが多数在籍していることです。経営コンサルティング業務、M&Aアドバイザリー業務の提供のみならず、両面を経験してきた専門メンバーがクライアントに合わせて多角的に支援します。

M&Aで業績アップ 後継者も従業員も活躍

一方、事業承継はオーナー様だけでなく、ご家族、従業員、株主、債権者ら多くの関係者にとっても、重大なターニングポイントです。誰かの意思に偏ることなく、客観性・合理性をもって柔軟に実行していくことが求められる場合もあります。

ある食品メーカーのケースでは、創業者の息子さんが会社を継いだものの、経営者としての適性が不足していて業績が年々悪化していました。

そこで、弊社が事業再生とさらなる事業発展を目指してM&Aをサポートすることになりました。専門メンバーがアドバイスを行いながら業務改善に向けた取り組みを進めた結果、成長著しい後発のメーカーとのM&Aが成就しました。

譲渡先の経営者のもと、従業員の士気も上がってわずか数カ月で黒字化を達成しました。現在、息子さんは譲渡先企業で従業員として奮闘されています。

事業承継には時間がかかります。業績不振の企業では、「業績が回復してから後継者に譲ろう」と考える経営者もいますが、後継者自身が業績改善に取り組むことで次期経営者として成長する良い機会になります。事業承継を成功させるために、早くから着手することをおすすめします。

『ハイブリッド』ファーム ならではのトータル支援

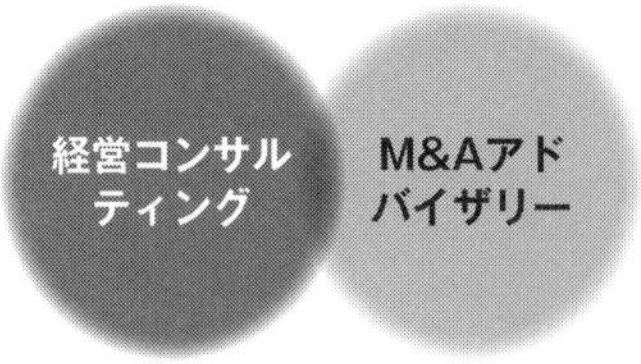

- 弊社は「経営コンサルティング」のみ「M&A アドバイザリー」のみではなく、両面を多数経験したメンバーにより、多面的にクライアントをサポートする「**ハイブリッドコンサルティングファーム**」
- 売手思考ではなく、あくまで「**ご相談いただいたクライアントの状況に応じて、ソリューションを提案する**」クライアントニーズによる支援体制を確立
- 経営コンサルティング業務では、「**スピード対応**」「**現場巻き込み**」「**実行支援**」に強み有り
- M&Aアドバイザリーでは、全国規模でのアライアンス先探索能力はもちろん、「**様々な立ち位置支援体制**」やM&Aのみではない「**複数選択肢の提示**」およびコンサルティングとM&Aの両面の知見が必要な「**再生型M&Aの実績多数**」といった強みを有する

事務所DATA

○**代表者**　横江正三
○**設立**　2021年4月5日
○**職員数**　16人
○**所在地**　〒541-0042　大阪府大阪市中央区今橋4-4-7 京阪神淀屋橋ビル9階
○**TEL**　06-6484-7322
○**支所**　東京オフィス、福岡オフィス
○**URL**　https://aoi-fas.co.jp/

03

株式会社　青山財産ネットワークス

相続・事業承継・不動産ソリューションの専門家

「目に見える財産」と「目に見えない財産」の両面から承継を支援

代表取締役社長
公認会計士・税理士
蓮見正純

（株）日本資産総研代表取締役会長、（株）青山ファミリーオフィスサービス代表取締役社長、一般社団法人不動産特定共同事業者協議会代表理事会長などを務める。モットーは「仕事とは、人の助けになること」。

専門家集団による全体最適コンサルティング

青山財産ネットワークスは、個人資産家と企業オーナーの方々を対象に、相続、事業承継、資産の運用・管理等の総合財産コンサルティングサービスをご提供しています。この業界では希少な独立系の上場コンサルティング会社として、約30年にわたりお客様一人ひとりに合わせたコンサルティングサービスをご提供。

公認会計士・税理士・司法書士・社会保険労務士・一級建築士・不動産鑑定士など、１５０名以上の国家資格保有者が在籍しています。２代先・３代先を見据えた「１００年財産コンサルティング」で中長期的な視点でお客様の問題を分析し、問題解決のための計画立案と実行をお手伝いします。

「目に見える財産」対策に留まらないコンサルティング

当社は、現金・株式・不動産といった「目に見える財産」と、創業者の理念やご一族の関係性といった「目に見えない財産（非財産）」両方の承継に対して包括的に準備することが重要であると考え、財産分野と

株式会社 青山財産ネットワークス
Aoyama Zaisan Networks Company,Limited

非財産分野のご支援を統合的に行うコンサルティングに力を入れています（ファミリーオフィスサービス）。

円滑な財産・事業承継の実現のため、部分最適に陥らないための「全体最適コンサルティング」で、5つの視点での承継プランを立案し、実行いたします。

一方で、創業一族が未来にわたって幸せであり続けるためには、事業の所有や承継する財産の極大化や税コストの極小化だけにこだわるのではなく、世代を重ねても一族の仲がよいことが大切です。ファミリーオフィスサービスでは、一族が円滑にコミュニケーションをとり、共通のビジョンに向かって進んでいただくための仕組みの構築と運営のお手伝いを行います。

タックスプランニングに限定せず コンサルティングを実施

近年は、親族への経営承継を前提としないケースが増加しています。現在は所有と経営を一致させた形で会社経営を行って順調に企業成長を果たしていても、将来にわたり成長を続け、企業を永続させるために、所有と経営を分離する選択肢も視野に入れて考えざるを得ない方も増加しています。私どもは、そのようなご一族に対して、タックスプランニングだけに限定しないコンサルティングを実施しており、多くのお客様に共感をいただいています。

「財産」「非財産」に対する解決策を包括的にご提供できる日本で数少ないコンサルティング会社として、今後、さらに多くのお客様にコンサルティングサービスをご提供してまいります。

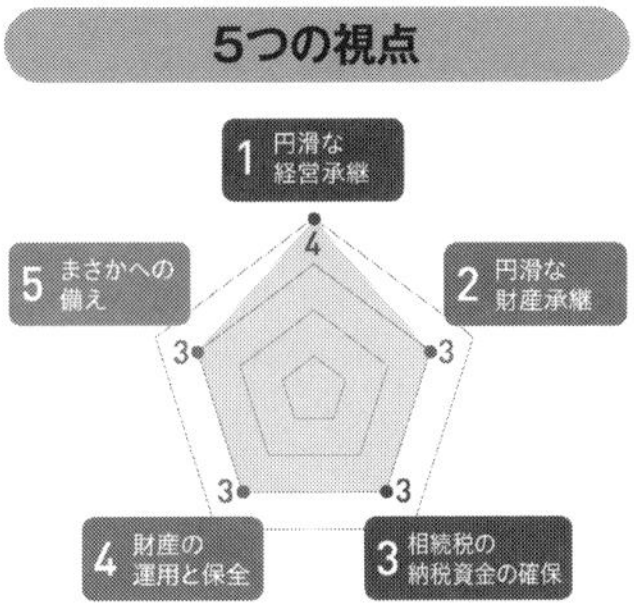

相続や事業承継に悩んだときに役立つ刊行物も、多数発表している。

事務所DATA

- ○**代表者** 蓮見正純
- ○**設立** 1991年9月17日
- ○**職員数** 298人（グループ連結）※2023年12月31日現在
- ○**所在地** 〒107-0052 東京都港区赤坂8-4-14 青山タワープレイス3階
- ○**TEL** 03-6439-5800
- ○**URL** https://www.azn.co.jp/
- ○**関連法人** （株）日本資産総研（株）青山綜合エステート、（株）青山フィナンシャルサービス、（株）青山ファミリーオフィスサービス、（株）青山財産ネットワークス九州、（株）青山財産インベストメンツ 他4社

04

株式会社アレース・ファミリーオフィス

富裕層の相続・事業承継を専任者がフルサポート

顧客一族の末永い繁栄に資する

代表取締役
1級FP技能士・宅地建物取引士
江幡吉昭

相続終活専門協会理事。「チームで知恵・情報を駆使して、顧客一族の末永い繁栄の担い手となる」がモットー。『プロが教える相続でモメないための本』（アスコム）、『資産防衛の新常識』（幻冬舎）など相続関連の著書多数。

ファミリー全体の相続をトータルサポート

当社は、首都圏の企業オーナー様、地主様を中心に、税務・財務・法務・不動産・資産管理などに関する幅広い支援業務を行っています。

社名にある「ファミリーオフィス」とは、日本では聞き慣れない言葉かもしれませんが、欧米では、富裕層を対象としたマネーに関する総合的なプロフェッショナルサービスの一つです。「ファミリーの相続・事業承継対策、資産運用などを支援する税理士・弁護士などの専門家集団を束ねる事務所」ともいえます。

当社はお客様の「ファミリーオフィス」として、ご本人のみならず、ご家族・ご親族まで含めたより大きな観点からの相続・事業承継支援サービスを提供します。

お客様に合わせて専門家チームを編成

当社が提供するサービスの特徴の一つは、お客様に対して専門家による相続・事業承継支援を長年にわたって、途切れることなくお手伝いするできることです。

一般に、銀行や税理士事務所の相

続支援サービスの場合、担当者が数カ月〜数年で異動してしまうケースが多くあります。当社のスタッフは外資系銀行出身者、資産税専門の税理士が中心となり、長い年月を要する相続・事業承継でお客様に寄り添いながら、悩みやトラブルの解決に向けて伴走者として取り組みます。

お客様の資産を守る 事業承継プラン

オーナー様やご家族が事業承継を進めていく上では、大きく次の3つの課題があります。

1つは、創業家（後継者）への議決権（自社株式）を集約して、企業経営の強化・安定化を図ること。2つ目は、事業承継後の企業の永続的成長を目指して経営改善・経営効率化など財務体質の改善を行うこと。3つ目は、オーナー様とファミリー全体の相続対策を考えることです。当社ではこれらの3つの課題に関する豊富なサポート実績を持っています。

昨今、事業承継において、本業とは別に、不動産の購入やホールディング化によって金融機関からの借り入れが多くなってしまうケースも散見されます。当社は、金融機関などから独立したフラットな立場で、お客様の本業における重要なテーマの解決を最優先にします。オーナー様とファミリーを取り巻く状況に応じて、最適な事業承継プランをオーダーメイドで提案します。

一族が幸せになれる相続・事業承継を実現するには早めの対策スタートが欠かせません。いざ相続が発生してからの事後的な対応は様々なトラブルを招くリスクになります。プロフェッショナルの支援を受けて、事前に準備しておくことでより効果的なアクションをとることが可能です。相続・事業承継のご相談は当社にお早めにお声掛けください。経験豊かなスタッフがお待ちしております。

事務所DATA

○**代表者**　江幡吉昭
○**設立**　2009年3月
○**職員数**　20人（連結）
○**所在地**　〒102-0094　東京都千代田区紀尾井町4-1 ニューオータニ・ガーデンタワー7階
○**TEL**　03-5210-1232
<関西支社>
〒666-0021　兵庫県川西市栄根2-6-1 サイクサ川西第2ビル3階
○**URL**　https://aresfamilyoffice.jp/
https://egonsouzoku.com/（遺言相続.com ）
○**関連法人**　アレース・ホールディングス（株）、（株）アレース・インベストメント、（株）アレース・リアルエステート、アステルフォース税理士事務所

SINCE2009
ARES HOLDINGS

遺言相続.com

05

弁護士法人石川安藤総合法律事務所

相続トラブルを解決に導く〝戦う弁護士〟

全国各地どこへでも足を運び、お客様に尽くすことが使命

クライアントの意向を尊重し妥協せずに戦う

私たちは遺産相続をめぐる紛争解決など相続・事業承継に関する法務サポートをメインに取り扱っている法律事務所です。年間の受任件数は約50件に上ります。

私たちはクライアントの意向を最大限尊重して、クライアントの利益を最大化する〝戦う弁護士〟をモットーにしています。家庭裁判所での調停の際には、対立する相手方の提案を簡単には受け入れません。相続に対するお客様の想いを第一に、妥協せずに戦います。

クライアントの権利をしっかり主張して、当事務所がこれまでに培ってきた相続法務の専門的知見をクライアントにしっかりと還元します。資料が膨大であっても読み込み、全国各地どこにでも足を運んで、お客様のために尽くすことこそ、私たちの使命と考えています。

セカンドオピニオンとして違った視点の解決策を提供

当事務所は遺産分割をめぐる争いをはじめ、使途不明金問題、遺留分侵害額請求、遺言無効確認など様々な相続トラブルを解決してきました。とくに、不動産の遺産分割に関する紛争処理は得意とするところです。複数の不動産をめぐる大型の遺産分割案件の解決実績もあります。さらに、これまでの経験を生かして、紛争を未然に防ぐための「遺言書作成支援」も行っています。

また、相続税務に詳しい税理士など他士業、不動産取引の実務に長けた不動産業者との連携によるワンストップサービスが可能です。安心して当事務所にすべておまかせいただけます。もちろん企業オーナー様の事業承継に関するサポートも取り扱

っています。

相続・事業承継には専門的な知識・ノウハウが求められるシーンがたびたびあります。クライアントが顧問等として普段お付き合いしている弁護士の意見だけでは正直不安があるという場合は、当事務所がセカンドオピニオンという立場でお手伝いすることもできます。

「争族」を解決してきた経験に基づく別な視点からのサポートによって、トラブルの解決や予防のための対策となる場合もあります。相続に関するお悩み・不安がある場合はぜひ当事務所にご相談ください。

相続争いを解決するにはプロの関与が必要になる

相続実務に不慣れな弁護士の中からは、「相続法務は法定相続分が決まっているのだから、どの弁護士がやっても結果は同じだ」という声も聞かれます。

しかし、現実の遺産分割はそんな単純な作業で進むものではありません。それぞれの遺産の評価方法、分割方法は様々な事情を考慮して検討しなければなりません、ほかの相続人が異論を唱えるケースもあります。寄与分、特別受益といった算定が難しい問題が発生する遺産相続もあります。

だからこそ相続支援には専門性の高いプロの関与が必要なのです。クライアントそれぞれに必要なサポートの内容は異なります。当事務所はお客様の「権利」「利益」「気持ち」を大切にしながら戦います。

共同代表・弁護士

石川宏昭（写真右）

「弁護士としての豊富な知識、経験を最大限依頼者に還元する」。

共同代表・弁護士

安藤圭輔（写真左）

元衆議院議員政策担当秘書、陸上自衛隊予備自衛官という異色の経歴の持ち主。

ISHIKAWA / ANDO

石川安藤総合法律事務所

事務所DATA

- ○**代表者** 石川宏昭、安藤圭輔
- ○**設立** 2023年1月6日 2024年4月1日法人化
- ○**所属** 神奈川県弁護士会
- ○**職員数** 5人（有資格者3人）
- ○**所在地** 〒231-0002 神奈川県横浜市中区海岸通2-8-1 プラウド馬車道302
- ○**TEL** 045-263-9196
- ○**URL** https://i-a-law.jp/

06

税理士法人ＦＰ総合研究所

求められる「次の一手」をプロの視点で提案

富裕層の相続対策・事業承継支援に最適なソリューションを提供

代表

税理士

松原健司

関西学院大学卒業。税理士法人FP総合研究所代表社員。税務の世界における「インフォームド・コンセント（説明と同意）」の実践による税務コンサルティングを目指す。

富裕層の相続対策・事業承継対策に豊富な経験と実績

税理士法人ＦＰ総合研究所は、資産税部、医業部、法人部の三部門制による専門特化により、真のスペシャリストを目指し知識の深化を図り、多方面より40年以上に亘る豊富な経験と事績を高く評価いただいております。

その中でも特に資産税分野に関しては、税理士業界の中でもいち早く専門部署を立ち上げ、多くの事例に携わってきました。

相続対策や事業承継対策においては、将来における不確定な要素を織り込みながら、様々な意思決定を行って頂く必要があります。そのため、多角的な視野から分析を行い、お客様にあったオーダーメイドの提案を行うことを大切にしています。

常に「サービス業」としての意識を徹底

相続対策や事業承継対策においては、日頃聞きなれない専門用語が多く登場するだけに、よくわからずに対策に着手できないでいるケースやご自身の思いと異なる方向へ舵を切ってしまったケースをよく耳にします。

私たちは創業者より常に大切にするよう教え伝えられた「税理士の仕事はサービス業である」という言葉を胸に刻み、お客様が理解できるような言葉や資料で十分に説明をし、そのうえで最善の選択肢をお客様が選んでいただけるようサポートする役割を務めることを心掛けています。

遺産整理まで包括的にカバー

相続発生後において相続人を悩ます相続手続に関しても、遺産整理専門部署が担当しているためスピーディーに進めることができます。また、相続税の申告業務と連携しているため、一般的に高額な費用がかかる遺産整理業務をリーズナブルな価格で提供しています。

相続対策や事業承継対策といえば、もちろん相続税を軽減することも大事ですが、それよりももっと重要なことは家族や社員が仲良く幸せであって欲しいと願う「推定被相続人の深い愛情や理念といった心」を資産とともに家族や後継者に引き継いでもらうことと考えています。

そのような大切な資産と心の承継の準備のお手伝いができれば私たちの望外の喜びです。

三部門制による専門特化

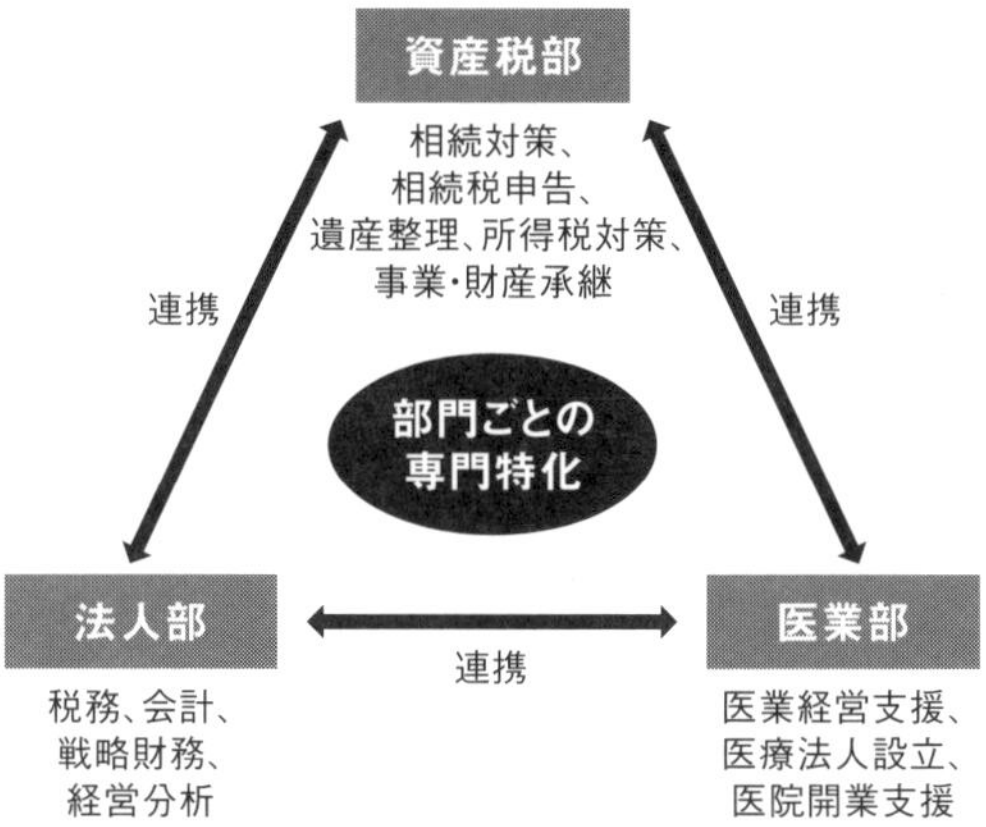

～専門特化による強み～

◎各分野ごとに税務のみに留まらない幅広い専門知識と豊富な経験を身につけたスペシャリストによる高品質なサービスの提供

◎部門間の連携により総合的な提案型のコンサルティング業務の提供

事務所DATA

○**代表者**　松原健司

○**設立**　1982年2月

○**所属**　近畿税理士会 東支部

○**職員数**　142人（有資格者33人）

<東京事務所>
〒100-0011　東京都千代田区内幸町2-2-3
日比谷国際ビル14階 TEL:03-3580-0805

<大阪事務所>
〒541-0052　大阪市中央区安土町3-5-13
本町ガーデンシティテラス10階 TEL:06-6267-0808

○**URL**　https://www.fp-soken.or.jp/

○関連法人　行政書士法人FP総合研究所
社労士法人FP総合研究所　他

07

M&Aキャピタルパートナーズ株式会社

M&A仲介業界主要10部門で1位を獲得

創業以来、クライアントファーストの姿勢を貫く

部長

公認会計士

梶 博義

コーポレートアドバイザリー部 部長。1974年12月生まれ。静岡県出身。モットーは「誠意ある対応をお約束し、ご期待に応えられるよう尽力する」。

株価レーマン方式を採用し支払い手数料率の低さを実現

当社は、約3000社ものM&A支援機関が存在する中、一般社団法人「M&A仲介協会」創設理事の1社として、「正しいM&A」を目指しております。創業以来、クライアントファーストを貫き、M&A仲介業界の主要10部門で業界ナンバーワンを獲得しました。

例えば、お客様から頂戴する報酬率が低い「支払手数料率の低さ」。これは、当社が仲介業界プライム市場企業で唯一、「着手金なしの売り手・買い手同一の株価レーマン方式」を採用し、お客様最優先の料金体系を設定していることが評価につながったと自負しております。

また、成約した案件全体の規模を示す「成約案件の譲渡株価総額」、高い専門的能力を示す「コンサルタント士業資格保有者率」、誠実かつ倫理観の高さを評価する「法令遵守イメージ」などの計10部門でナンバーワンとなりました。

早めに準備することで家族や従業員、取引先を守る

事業承継は、事前の準備が非常に

重要ですが、中堅・中小企業のオーナー経営者の皆様にとっては期限がないため、健康上の問題など切迫した理由がなければ先延ばしにしがちです。しかし、突発的な事情で事業承継を行わなくてはならないこともあり、そうした場合、準備が不十分なため、企業存続の危機を招く恐れもあります。

もしも、後継者不在の企業が事業承継問題に対して何も対策しなければ、残る選択肢は廃業です。各地域の廃業が増えれば、従業員やその家族や取引先、ひいてはその地域経済に大きな悪影響をおよぼします。

永続的な会社の存続・成長や、従業員の雇用や取引先、そして地域経済を守るためにも、早めの検討が重要です。

M&Aはあくまでも事業承継の選択肢の一つ

当社はこれまで、「M&Aはあくまで事業承継の選択肢の一つ」という考えのもと、お客様が期待される課題解決・利益の実現に向け、常に「クライアントへの最大貢献」を念頭に、的確なスキームのご提案・実行をサポートしております。

事業承継は、お客様全てにドラマがあります。株式譲渡が完了した後は、まず、オーナー様と握手をさせていただきます。その際、涙ぐまれる姿を目の当たりにすることもあり、オーナー様のそれまでのご苦労や、ご家族、会社、従業員の皆様に対する想い、葛藤の末にご決断された重みを強く感じる瞬間です。

同時に、そんな一生に一度の大きなご決断に微力ながらお役に立てたことを誇りに思うと共に、M&Aアドバイザーという、社会的意義の高い仕事に関われたことに感謝する瞬間でもあります。

事務所DATA

○**代表者** 中村 悟
○**設立** 2005年10月
○**職員数** 201人(2023年12月31日現在)
○**所在地** 〒104-0028 東京都中央区八重洲2-2-1 東京ミッドタウン八重洲八重洲セントラルタワー36階
○**TEL** 03-6770-4300
○**URL** https://www.ma-cp.com/
○**関連法人** (株)レコフ、(株)レコフデータ、みらいエフピー(株)

08

遠藤家族信託法律事務所

家族のための民事信託を中心に相続手続等に取り組む

家族信託から遺言、任意後見まで「老後の安心設計」全般に関する業務を手がける

代表

弁護士

遠藤英嗣

1971年より法務省検事となり、最高検察庁検事などを歴任。2004年に退官し、翌年より東京法務局所属公証人に。2015年に公証人を退官、弁護士登録し、遠藤家族信託法律事務所を設立。一般社団法人地域後見推進センター理事長なども務める。

本人が望む財産の管理と確実な資産承継を信託で実現

遠藤家族信託法律事務所は、高齢者の老後の安心設計を考え、正しい家族信託および後見実務等の実現を目指し設立された法律事務所です。長年法務省検事の職にあった所長が、10年間の公証人の公証実務を通じて、認知症高齢者や高次脳機能障害者をはじめ障害を有する人々の支援と権利擁護の必要性を知り、遺言に代替し成年後見制度を補完する家族信託契約の活用を先がけて実践し、これをセミナーや書籍で紹介しました。

今日では、家族信託契約は、認知症高齢者の財産管理や大事な家産など資産承継のための重要な制度として、多くの人に利用されています。しかし、一方で信託は日々問題が提起され、それをクリアすることも大事になっています。

家族信託は難しいそこで分かりやすい説明が大事

家族信託は、委託者本人の生活や福祉を確保する仕組みであるとともに、相続争いを回避し、迅速に円滑な相続手続を実行するための仕組みでもあります。しかし、この仕組み

は専門家でも最も難解な法律制度です。当事務所では、法律が改正されて以降、信託を研究し実務を担ってきた代表弁護士を中心に、信託を知り尽くしている司法書士および税理士の助力も得て、家族信託の企画制作や信託変更手続にかかわり、また民事信託の知識豊富な弁護士とも提携し、信託に関する訴訟手続等を担っています。

当事務所では、令和3年9月17日東京地裁での、信託支援業務に携わった専門職が説明責任を十分果たしていないとする不法行為による損害賠償請求事件において、原告訴訟代理人として勝訴判決を得ているほか、信託契約にかかわる争訟事件に関して和解解決等を図っています。

相談者に負担をかけないように出張やZOOMの利用を展開

当事務所のモットーは、「高齢化社会、高齢者も、障害を有する人も、自分らしく生きるために」です。そこで相談者に負担を掛けないように、出張やZOOMでのオンライン相談を行っています。

高齢者には「これからの安心設計」が不可欠です。当事務所は、その安心設計を、家族信託契約、移行型任意後見契約、遺言をセットで提供しているほか、相続人のいない人には死後事務委任契約をも提供するなど多面的に対応しています。ぜひお気軽にご相談ください。

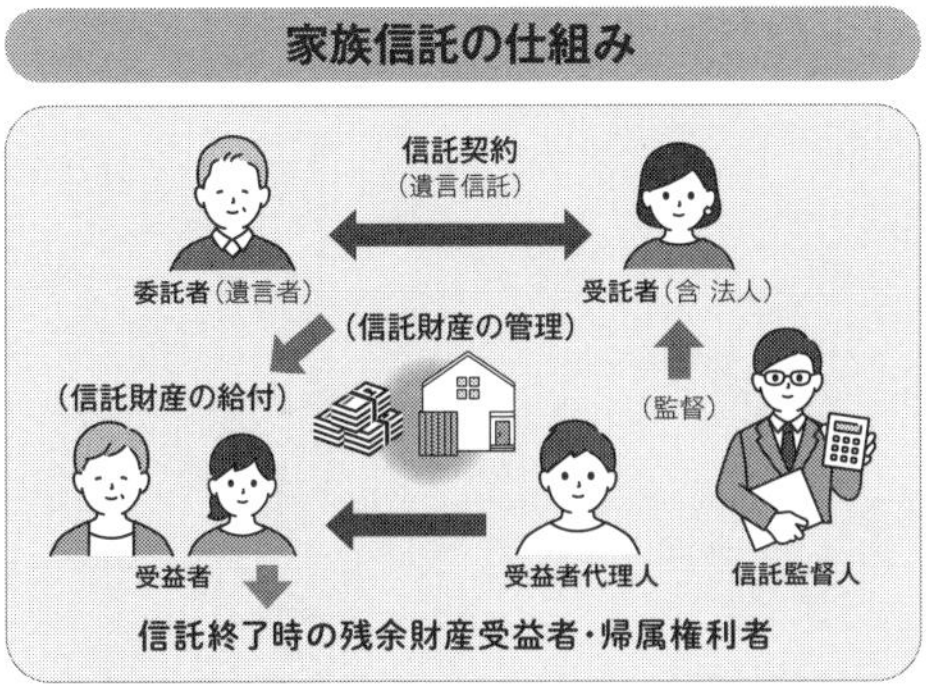

家族信託は「財産管理」と「資産承継」の2つの役割をバランスよく組み立てることが重要。

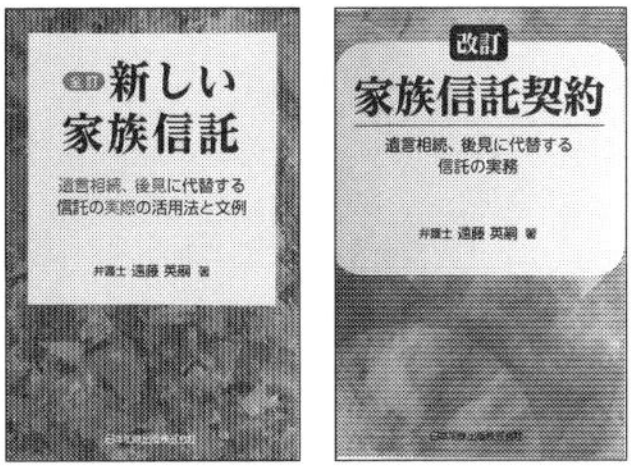

事務所代表は「全訂 新しい家族信託」「改訂 家族信託契約」など、家族信託に関する著書も多数著している。

事務所DATA

○**代表者** 遠藤英嗣
○**設立** 2015年4月16日
○**職員数** 8人（弁護士2人、司法書士1人、行政書士1人）
○**所在地** 〒144-0051 東京都大田区西蒲田7-5-13 森ビル4階
○**TEL** 03-6428-7250
○**URL** http://www.kazokushin.jp/

09

行政書士法人ＯＲＣＡ

複雑化する相続案件に対し「現場力」で解決

相続専門の行政書士法人の実力を示す年間１万件の相談件数

代表

行政書士

倉敷昭久

鳥取県米子市出身。2003年、行政書士として個人事務所を立ち上げる。2010年11月、行政書士法人として倉敷昭久事務所を設立し、2022年1月1日、現名称に社名変更。総合旅行業務取扱管理者の資格も持つ。

バックヤードの充実化を図り膨大な案件に対応

行政書士法人ＯＲＣＡは相続専門の行政書士事務所です。本拠地の鳥取県米子市のほか各地にオフィスを設置し、計16拠点を構え、全国のお客様のご依頼に対応しております。

グループ全体における年間のご相談件数は１万件以上にのぼり、受任件数は６０００件以上という圧倒的な実績を誇っております。

数多くの案件に対応するため、バックヤードの充実化にも力を入れております。鳥取県米子市に構える本部をセントラル化し、全ての案件を一元管理。そのうえ、各セクションを専門スタッフで固めております。また、グループ用に開発した独自システムを導入することで、進捗状況が逐一把握でき、リードタイムの短縮化に成功いたしました。これにより、全国どこで受けたご依頼も、スピーディかつ均一な質のサービスを提供することが可能です。

何よりも重視するのはご遺族に寄り添う気持ち

ご家族が亡くなられた後、ご遺族が避けては通れないのが、年金や保険をはじめとする行政手続きや、振替口座の変更など金融機関の手続き、そして相続手続きです。

これらはご遺族にとって悲しみの癒えない間に次々と処理していかなければなりません。手続きの内容によっては、複雑で時間が掛かる場合もあります。ご遺族の中には困惑される方も多く、あっという間に期限が過ぎてしまい、手続きの機会を逃してしまわれるケースも少なくありません。当グループでは、スピードアップや均一なクオリティを保つため、バックヤードの充実化を図っていることは先に述べましたが、一番重要なのはご遺族の気持ちにしっかり寄り添い、親身になってサポートすることだと考えております。

鳥取県米子市にある本部事務所前。

人生の様々な場面で寄り添う良きパートナーであるために

相続手続きをご依頼いただいたお客様には遺言書の作成をはじめ、家族信託や任意後見契約といった2次相続対策等についてもご提案させていただいております。特に、ご遺族が今後の生活に不安を抱いたり、不自由をきたさないよう、ご事情に合わせて適切なアドバイスをすることを心掛けております。そのため、一般的に相続はスポット業務となりがちですが、当グループへリピートするお客様も少なくありません。

最初は「相続」という1つの業務を通してつながりを持たせていただいたお客様に〝生涯の相談相手〟としてお選びいただけるよう、私たちの最大限を尽くします。ぜひ当グループにご相談ください。

事務所DATA

○**代表者** 倉敷昭久
○**設立** 開業2003年4月(2010年11月法人化)
○**職員数** 305人(有資格者65人)
○**所在地** 〒683-0004 鳥取県米子市上福原235-9(本社)
○**TEL** 0859-38-5155
○**支所** 東京オフィス、湘南オフィス、札幌オフィス、山形オフィス、新潟オフィス、金沢オフィス、名古屋オフィス、三重オフィス、大阪オフィス、西宮オフィス、岡山オフィス、米子オフィス、松江オフィス、高松オフィス、広島オフィス、山口オフィス、沖縄オフィス(準備中)
○**URL** https://www.samurai-kurashiki.com/

倉敷代表が幸せな相続へと導く遺言書の書き方をまとめた『子どもを幸せにする遺言書』(青春新書)。

10

税理士事務所クオリス

事業承継支援に特化したエキスパート

事業承継税制についても数多くの実績

代表
税理士・社会保険労務士・行政書士・CFP
村本政彦
札幌市出身。全国の金融機関からの相談案件も多い。モットーは誠心誠意。

現社長と後継者双方からニーズを聞き取る

私たちの事務所は、事業承継の支援を専門としています。

会社の現在の状況や将来の展望、また経営者の考えは様々です。そのためクオリスは、オーナー経営者や後継者から丁寧にニーズを聞き取り、ディスカッションを重ねることを重視しています。

難解な対策や手法は、なるべく平易な表現で順序立ててお伝えします。依頼者に向き合い、寄り添い、信頼を得ることで最適なプランを導き出します。

組織再編、信託、MBO……幅広い提案が可能

事業承継の課題は、株価対策や相続税対策、〝争族〟対策、少数株主対策など会社によって様々です。私たちの事務所には、大手会計事務所で20年以上も事業承継を専門業務としてきた者が多数いるので、その豊富な経験と幅広い知識を活かし、企業組織再編、民事信託、金庫株、種類株式、持株会、公益財団法人、MBOなどのあらゆる手段を提案することが可能です。

会社を限りなく現状に近い形で後継者に承継するために様々な方法を駆使してサポートいたします。

大幅に改正された事業承継税制についても、特例承継計画の確認だけでなく、贈与税の納税猶予の認定、相続税の納税猶予の認定、贈与税から相続税の納税猶予への切り替えといったすべてのパターンを経験しています。

外国子会社がかかわる難易度が高いケースも手掛けました。そのためデメリットも多いこの制度を、適用を受けるべきかどうかも含めて適切にアドバイスすることができます。

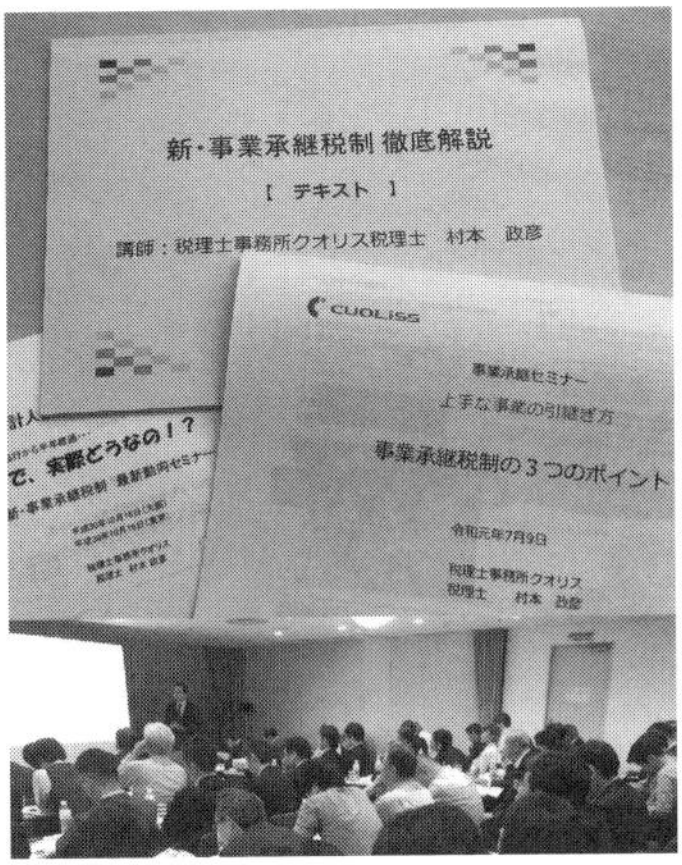

事業承継をテーマにしたセミナーは毎回好評。

遺産総額が数百億円規模の相続にも対応

私たちは一般の方の相続案件は積極的に受けていませんが、事業承継支援の一環として企業オーナーの相続には多数関わってきました。

企業オーナーの遺産は通常の相続と比べて非常に高額になります。過去には遺産総額が数百億円に上る相続にも何度もかかわりました。遺産総額が多ければ多いほど、税務調査は厳しくなる傾向にありますが、これまで数多くの案件にかかわってきた経験がありますので、調査対応にも自信があります。

事業承継の成否は早期着手と専門家の選択次第

利益や純資産が大きな会社ほど、講じる対策によって税コストに大きな差が出ます。その金額は、経営者が毎日頭を悩ませて節税や節約をしている額とは桁違いのものです。

事業承継の成否は、早期着手と、専門アドバイザーの選択にかかっています。特殊な分野なので経験が大きく左右するため、会計業務の片手間に支援している事務所ではなく、経験豊富な専門アドバイザーに依頼することが重要です。

CUOLiSS

事務所DATA

○**代表者**　村本政彦
○**設立**　2017年1月
○**職員数**　6人（有資格者3人）
○**所在地**　〒101-0022 東京都千代田区神田練塀町73 プロミエ秋葉原4階
○**TEL**　03-5207-6153
○**URL**　https://www.cuoliss.com
○**関連法人**　社会保険労務士事務所クオリス、行政書士事務所クオリス、株式会社クオリス

11

コンパッソ税理士法人

問題解決に向けて、決意と熱意と笑顔でお客様に対応

創業100年に向けて全員一体でお客様をご支援

親身な姿勢とチームで顧客に対応

当社は個人会計事務所としてスタートして50年余。数多くのお客様に寄り添い、お客様の成長を願い、誠実かつ親身な姿勢でお手伝いしてまいりました。現在ではお客様からの厚い信頼を得て首都圏を中心に本社以下7つの拠点を設置。グループで250名のスタッフが全力でご依頼に取り組んでいます。

上場企業から中小企業のオーナー経営者様、個人事業者様、農家様まで幅広く、税務・会計支援、相続・事業承継サポートまでチームとして、お客様のあらゆるご相談に対応しています。

相続・事業承継業務を始め、確実な実務経験を持つ専門スタッフが多数在籍。ありとあらゆる案件に対応できるよう、担当者1名で対応するのではなく、経験豊富なメンバーの中から複数名でチームを組み対応しております。

迅速に最善の解決策を提案

相続の基本は「もめない対策」「納税資金対策」「節税対策」ですが、相続に伴う様々な手続きは残されるご家族にとって着実に進めなければならない作業です。事業を経営している場合は混乱を最小限に抑え、迅速に新体制を整える必要があります。こうした状況のなかで、当社はご家族・関係者の方々の気持ちに寄り添い、残されるご家族が仲良く豊かに暮らせるよう、最善の解決策をご提案いたします。

経営者の最後の大事業といわれる事業承継では、その後の経営に関わるご相談までをバックアップするサービスをご用意。多くの事例を扱ってきた当社ならではの豊富な知識と

多数の相続・事業承継業務を取り扱ってきたコンパッソ税理士法人。豊富な知見を積み重ね、最新の相続・事業承継対策にも詳しい専門スタッフが親身に対応いたします。

経験でお客様をサポートいたします。

「お客様の気持ち」を大切に熱意と決意をもって臨む

相続・事業承継というお客様の人生の節目に関与させていただく立場として、お客様からの信頼は欠かせません。お客様の深いところまで踏み込んでお話を聞くためには、時に厳しいこともお伝えしなければなりません。そこには確かな知識と経験、コミュニケーション能力が不可欠と考えており、スタッフの教育・研修に力を入れています。支援業務に必要な個人情報管理等の専門知識の習得・更新はもちろん、小手先ではない「お客様の気持ち」を踏まえた解決策をご提案できるように、親身な姿勢、丁寧なコミュニケーションを徹底しています。

お客様にご安心いただけるよう顧客第一のサポート体制を整え、お客様の信頼に応えるプロ集団として、ご納得いくまで対応させていただきます。ぜひ一度当社にご相談ください。

事務所DATA

○**代表者** 内川清雄
○**設立** 2004年4月1日
○**所属** 東京税理士会
○**職員数** 250人（グループ全体）
○**所在地** 〒150-0043　東京都渋谷区道玄坂1-10-5 渋谷プレイス9階
○**TEL** 03-3476-2233
○**支所** 横浜青葉、川崎、千葉流山、高田馬場、千葉旭、川越、長野
○**URL** https://compasso.jp/
○**関連法人** コンパッソ社労士法人、コンパッソビジネスサポート、コンパッソ行政書士法人、公認会計士・内川清雄事務所
○**出版・協力書籍** 『損をしない、わかりやすい相続・贈与入門』『一目でわかる！ インボイス制度と電子帳簿保存方法』『国際税務のポイント』

12

株式会社財産ドック

不動産のプロが作った「財産の総合診療医」

相続にまつわる問題をワンストップで解決する専門家集団

代表

宅地建物取引士・賃貸不動産経営管理士・ファイナンシャルプランナー（AFP）等

加藤 豊

地方銀行勤務後、1983年、不動産会社第一ハウジング(株)を創業し、1993年、(株)財産ドックを設立。

全国50拠点の相談センターで相続に関する依頼に対応

不動産所有者の相続では、用意周到な準備が求められます。土地評価・運用に専門的な知識を要します。不動産所有者の多くが納税の為の十分な資金を持っているとは限らないからです。また、不動産をどう分けるかの検討も大切で重要です。

納税資金を確保するために、早いうちから不動産を活用した収益アップや資産価値の向上につながる対策をしていれば、不動産を二束三文で売らざるを得ないような事態は防ぐことができます。不動産が絡んだ相続が発生した場合、近い将来発生が予測される場合には、専門家のアドバイスを受けることが賢明です。

ここでいう専門性とは、「相続資産が現在どのような状態にあるのかを診断できる能力」、そしてそれらの「問題を解決するための対応力」を指します。また、問題を解決していくなかで税務や法律の知識が必要になることもあるので、「税理士や弁護士と協力できるコーディネート能力」も欠かせません。

財産ドックは、税理士、弁護士、不動産鑑定士、司法書士、測量士などの士業と力を合わせ、相続にまつわる問題にワンストップで対応する専門家集団です。全国50拠点の相談センターを展開し、各地域の特性を考慮した対策で、不動産に関わる様々な相続問題を解決に導いています。

20年以上にわたって蓄積した相続のノウハウを持つ

財産ドックは、代表者加藤と専門家グループが共同出資して設立されました。人間ドックで健康状態を確認するように、年に1度は財産の状態を検診し、必要な手当を行う、という姿勢を社名に込めています。数多くの相続や不動産の案件に関わってきたため、豊富なノウハウを持っているのが当社の強みです。

例えば、多くの建築会社・銀行などは、相続税対策として、借入による老朽化建物の建て替えや、空き地に建築を勧めますが、最近の建築費の高騰は、適正利回りを確保できない状況にあります。当社は既存不動産の再生や活用の検討によって、効率的、より効果的な相続対策の可能性を検証するなど、納得できるご提案をいたします。

徹底的に相談主に寄り添ったコンサルティングを行う

世の中では、様々な士業等による「相続対策セミナー」が行われていますが、その多くが、節税こそが相続対策だといわんばかりの内容です。しかし、相続対策において重要なのは、相続税の節税対策だけではなく、自分の資産をいかにうまく次の世代へと引き継いでいくか。分け方を含め対策をどのように進めていくかということのはずです。

不動産の相続対策は、時として数年の時間がかかります。日頃から自分の不動産にどんな問題があるのか、どのような対策が必要なのか、定期的に「健康診断」を行い、早めに知っておくことが重要です。

このような哲学のもと、財産ドックは「財産の総合診療医」として、徹底的に相談主に寄り添ったコンサルティングを行うことで、財産を気持ちよく次の世代へと引き継げる手助けをしています。お問い合わせは、専用フォームより24時間受け付けています。

事務所DATA

○**代表者**　加藤 豊
○**設立**　1993年1月18日
○**地域相談所**　50カ所
○**所在地**　〒212-0015 神奈川県川崎市幸区柳町2-2
○**TEL**　044-541-1121
○**URL**　https://www.zaisandoc.jp/

アマゾン

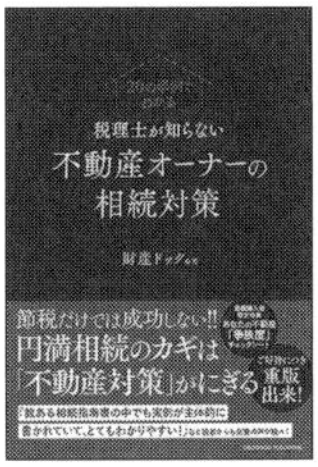

不動産相続の問題点と解決策をまとめた財産ドックの著書『20の事例でわかる 税理士が知らない不動産オーナーの相続対策』(クロスメディア・パブリッシング)が好評発売中。

13

株式会社G&Sソリューションズ

M&AやIPOを中心とした事業承継戦略

経営者に寄り添い心の拠り所となって中小企業の出口戦略全般を支援

企業の成長を次世代につなぐ経営者のよきパートナー

Ｇ&Ｓソリューションズは、企業が成長に必要な戦略を採用し、経営を次世代へと円滑に承継されるよう税務・会計・経営に関する専門家として経営者のよきパートナーとなることを使命としています。

当社は、グループ会社である税理士法人Ｇ&Ｓソリューションズとともに、Ｍ&ＡやＩＰＯ、事業再生、相続対策など特定の業務領域に限定せず様々な業務を提供してまいりました。特にＭ&Ａについては、豊富な知識を持った専門家が柔軟なアドバイスを行い、Ｍ&Ａの実行を強力にサポートしており、年間１２０件を超えるご相談をいただいています。

事業承継の出口戦略を横断的に支援

経営者にとって事業承継の出口戦略は一つではなく、Ｍ&Ａ、ＩＰＯ、事業再生、相続といったように様々な選択肢があります。近年、会計・税務の領域は、高度な専門化・複雑化により専門家の特定領域への特化が進んでいますが、当社はこれらの業務領域を絞り込むことなく、いずれの選択肢も支援することで、フラットな立場で事業承継問題に直面した経営者に寄り添い、ご相談に応じています。

とりわけＭ&Ａ支援業務については、Ｍ&Ａによって顕在化する可能性のある財務上の問題点や課題、事業計画評価の前提となる財務分析等の調査を行うＤＤ（デューデリジェンス）や、取引価格算定や投資意思決定の参考とするため、第三者による公正な企業価値評価を行うバリュエーションにとどまらず、中長期的なＭ&Ａに向けた支援、売り手におけるＤＤ対応支援など幅広いニーズ

代表取締役
山田勝也（中）
公認会計士・税理士

取締役
力示龍臣（左）
公認会計士・税理士

執行役員
国近宜裕（右）
公認会計士・税理士

3名による共著に『M&A 財務デューデリジェンス入門』（税務経理協会）などがある。

に対応しています。

会計事務所との協業でより深い支援が可能に

中小企業の経営者にとって事業承継を相談する最も身近な専門家は税理士であるといわれています。その一方、M&Aを進めていくうちに経営者も不安になり、「このM&A仲介業者や先方はよいことばかり言っているけど本当に大丈夫だろうか」「このままM&Aを進めて本当によいのだろうか」などと考えてしまうこともあります。そうした時、客観的な立場から「大丈夫ですよ」と声をかけ、心の拠り所となる税理士の存在は、経営者にとって大きな安心につながります。増加する中小企業のM&Aにおいて税理士が担う役割は大きく、非常に価値のあることだと考えます。

当社では会計事務所と協業して顧問先に対してサービス提供を行っています。長期にわたって会社に寄り添ってきた会計事務所と当社が共同で顧問先にサービスを提供することで、より顧問先にとって有益なソリューションを提供することができるものと確信しています。

あわせて当社では、近年のM&A市場の急速な拡大を背景に急増しているM&A仲介会社やフィナンシャルアドバイザーに対する支援を通じ、M&Aの品質向上にも寄与しています。

事務所DATA

○**代表者** 山田勝也
○**設立** 2016年4月
○**職員数** 16人
○**所在地** 〒104-0031 東京都中央区京橋 3-12-7 GINZA EAST SQUARE5階
○**TEL** 03-6228-7163
○**URL** https://gss-group.co.jp/
○**関連法人** 税理士法人G&Sソリューションズ

14

ソシアス総合法律事務所

少数精鋭のメンバーで高品質のサービスを提供

安心して取引を進められるよう、ときには〝ブレーキ〟の役割も

パートナー

弁護士・米国ニューヨーク州弁護士

高橋 聖

1971年生まれ、東京都出身。1993年慶應義塾大学法学部法律学科卒業。2006年3月、米国ニューヨーク州弁護士資格取得。2015年1月ソシアス総合法律事務所開設。モットーは「至誠通天」。

事業承継から譲渡後の新事業への取組みまで幅広く支援

ソシアス総合法律事務所は設立以来、事業承継Ｍ＆Ａや相続を中心にさまざまな形態の案件を数多く取り扱っており、個人・法人を問わず、これまでに培った豊富な経験とノウハウを駆使してお客様それぞれに応じたきめ細やかなサービスを提供しています。また、事業承継Ｍ＆Ａで会社を譲渡されたオーナー経営者様の、譲渡後の新たな事業への取り組みや、資産運用、相続対策等も幅広く支援しています。

質の高いサービスをリーズナブルなコストで提供

事業承継Ｍ＆Ａは、オーナー経営者様が我が子のように育てた会社を他人の手に委ねる重大な決断です。売手となるオーナー経営者様の多くは初めてＭ＆Ａを経験されますが、買い手側は仲介会社やサポートする専門家も含め、ほとんどの場合、Ｍ＆Ａに精通しています。このため売手側のアドバイザーとなる弁護士は、買手側と対等にわたりあえる豊富な経験と知識、高度な専門性が求められ、なおかつ、お客様に納得い

ただけるリーズナブルな料金であることも必要です。

私どもは、大手事務所での経験も含め、数多くのさまざまな形態の事業承継M&Aを取り扱ってきた経験と、小規模事務所ならではの機動性と柔軟性を活かした質の高いサービスを、透明性の高いリーズナブルなコストで提供しております。

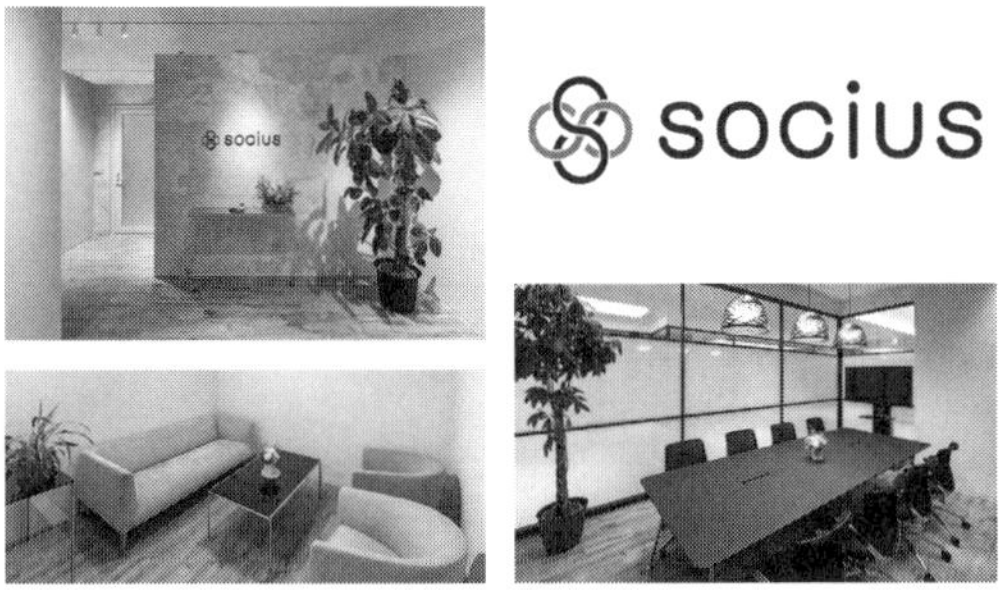

「ソシアス」はラテン語で「仲間」を意味する。また「クライアントの皆様と自由に気兼ねなく話ができる憩いの場、「Social Oasis（ソーシャル・オアシス）になりたい」という思いも込められており、所内は明るく落ち着きのある雰囲気。

安心して取引を進めてもらうため、ときにはブレーキの役割も

事業承継M&Aでは、オーナー経営者様が安心して取引を進められるよう、契約書の条件交渉に入る前には契約書の条項を丁寧に説明し、当該条項が盛り込まれた背景や、相手側の狙いなども十分理解していただけるよう心掛けています。

また、お客様が周囲の意向に流されず合理的な判断ができるよう、アドバイザーとして時には取引を一旦断念するのも選択肢の一つであると提言したり、条件の再考を促したり、〝ブレーキ〟の役割を担うことも重要だと考えています。

相続に関しては、親族間で争いが長期間続く場合もあります。私たちはお客様の経済的利益を尊重しながら、紛争の早期解決やご親族間の関係性の回復等、総合的な観点によるアドバイスをモットーにしています。

どのような相続財産があるのか分からないといったご相談には、資料の精査や他の相続人からもお話を聞き、できるだけ正確に特定を行っています。相続税や不動産登記等、相続に関連して発生する問題については、弊所が紹介する税理士や司法書士と協力しながら解決しています。

相続案件で最も重要なのは、相続人全員が納得して円満に相続を終わらせること。そのためには、法律や税務に精通した専門家に事前に相談し、将来の見通しを相続人間で共有しておくことをおすすめします。

事務所DATA

○**代表者**　高橋 聖
○**設立**　2015年1月
○**所属**　第一東京弁護士会
ニューヨーク州弁護士会
○**職員数**　10人(有資格者5人)
○**所在地**　〒150-0013
東京都渋谷区恵比寿4-20-7
恵比寿ガーデンプレイス
センタープラザB1
○**TEL**　03-6416-9416
○**URL**　https://www.socius.gr.jp/

15

税理士法人チェスター

年間申告実績2300件超、相続特化のプロ集団

300人以上の相続専門スタッフが徹底的にサポート

累計申告数は13000件以上の実績

相続税は税理士業務の中でも特殊で難しく、豊富な専門知識と経験が必要です。加えて、税理士事務所としての知見や、いかにノウハウを蓄積しているかも重要になってきます。

税理士法人チェスターは、業界でも珍しい相続税専門の税理士事務所で、相続専門の税理士が67人、公認会計士10人、相続診断士12人が在籍しています。税理士数が60人を超えるのは、相続業界ではトップクラスで、これが多くの依頼をお受けできる裏付けです。さらに、相続に紐づくご相談に、よりスムーズに対応できるよう、グループ会社に弁護士5人、司法書士10人、行政書士8人、宅地建物取引士39人が在籍し、グループ一丸となってお客様を全力でサポートいたします。

相続税の累計申告実数は、開業以来13000件にのぼり、年間申告数は2300件を超えています。一般的な税理士事務所の年間申告数が約5件程度であるのに対し、この圧倒的な実績件数は、お客様からの信頼の証と捉え、自信を持ってお手伝いをさせていただいています。

高品質の相続税申告サービスを低価格で提供

当グループでは、全スタッフ全員が次の7つを念頭に置き、お客様が満足できるサービスを提供しているのが特徴です。

①最大限の節税を考慮し、1円でも低くなるよう、土地や各種財産の評価を行う
②税務調査で指摘を受けないためにあらゆる対策を行う
③税理士2名によるダブルチェック
④徹底した期限管理を約束（最短1カ月のスピーディーな申告）

⑤最新鋭の調査機器やソフトウェアを駆使した土地評価
⑥常に最新の専門書籍からスキルを担保
⑦300名以上の相続税専門の精鋭チームが対応

申告書類の作成に関しては、必ず2人の税理士が目を通し、さらに審査経験豊富な国税OBが率いる審査部が相続税申告書の審査を行うなど、万全のチェック体制を敷いています。

また、相続税申告に書面添付制度を適用することで適正な申告を行い、税務調査率1%以下という低い数字を実現しています。

お客様にとって、料金も不安材料の一つでしょう。当法人は料金の不透明さを払拭するために、業界でいち早く料金の公開を行いました。初回面談後に報酬額を提示し、なぜこの金額になるのかを丁寧に説明いたします。

代表
公認会計士・税理士
福留正明
神戸大学経営学部卒業後、監査法人トーマツ入所後、辻・本郷税理士法人を経て税理士法人チェスターを設立。

代表
公認会計士・税理士
荒巻善宏
同志社大学商学部卒業後、監査法人トーマツ入所。退所後に福留氏と共に税理士法人チェスターを設立。

お客様目線を心がけ、満足度96・6%の高評価

税理士法人チェスターは、開業以来、常にお客様目線、お客様の満足度を最優先に、相続税申告業務のお手伝いを行ってきました。その努力の甲斐もあり、2021年12月28日に実施した「お客様アンケート調査」では、満足度96・6%という高い評価をいただくことができました。これは私たちの誇りです。

今後も「すべてはお客様にとって最良の相続税申告のために」という理念のもと、「お願いしてよかった」と思っていただけるサービスを提供し続けてまいります。

事務所DATA

○**代表者**　福留正明、荒巻善宏
○**設立**　2008年6月2日
○**所属**　東京税理士会、近畿税理士会、千葉県税理士会、東京地方税理士会、関東信越税理士会、名古屋税理士会、九州北部税理士会　※登録法人番号:1669
○**職員数**　グループ計338人（税理士法人チェスター228人、不動産事業42人、相続・事業承継対策7人、司法書士24人、行政書士24人、弁護士9人　※2024年1月現在
○**所在地**　〒103-0028　東京都中央区八重洲1-7-20八重洲口会館 2階
○**TEL**　03-6869-5040
○**支所**　大阪、新宿、池袋、立川、千葉、横浜、湘南藤沢、大宮、名古屋、京都、神戸、福岡
○**URL**　https://chester-tax.com/corp/

16

辻・本郷 相続センター（辻・本郷 税理士法人）

業界トップクラスの相続税申告実績を誇る

国内88拠点で全国をカバーする国内最大規模のネットワーク

プロフェッショナルチームが高度な相続案件にも対応

辻・本郷 税理士法人は、北海道から沖縄まで国内最大規模となる全国各地88カ所に事務所を構えており、ご家族同士が異なる場所に住んでいる場合でも、各事務所と連携して円滑に手続きを進めてまいります。

また、2000名を超える社員のもと、日々様々な事例や情報を社内に蓄積しており、高度な事案についても適切に対応いたしております。最近では、ご要望に応じてオンラインを活用した面談の取り扱いも増えています。

辻・本郷 税理士法人において、相続業務に特化したサービスを展開するプロフェッショナルチームが辻・本郷 相続センターです。昨年度の相続税申告の実績は4821件（※2022年10月～2023年9月）を数え、これまでに累計41000人以上のお客様にお選びいただいております。

遺族の気持ちに寄り添いきめ細やかなサービスを提供

大切なご家族やご親族がご逝去されると、ご遺族は葬儀やご法要、各種名義変更の手続き等であわただしい日々を過ごすことになります。予期せぬ時期やタイミングのご逝去だ

（2022/10 − 2023/9 実績）

った場合は、悲しみや喪失感を抱えながらの手続きとなり、そのご苦労・ご心痛は大きなものです。

ご遺族によってはお気持ちの整理が付いていないにもかかわらず、手続きを始めなければならない方もいらっしゃいます。

私たちは、ご遺族の思いやお気持ちに寄り添いながらご相談を承り、相続税申告等のお手伝いをさせていただきます。

センター長

税理士 **原 有美**

辻・本郷 税理士法人 パートナー
新宿ミライナタワー事務所・相続センター長。

税務調査対応に豊富な経験とノウハウ

辻・本郷 相続センターは、税務調査対応に対する豊富な経験とノウハウを有しております。

相続税は他の税目に比べ税務調査が入りやすい税目です。そのため当法人では、税務調査において指摘されそうなポイントも踏まえ、財産内容のヒアリングを行っています。

税務調査の立ち会いでは、国税の事情に詳しく税務調査に慣れている税理士が立ち会いますので、安心してお任せいただけます。

税務署へ提出する申告書等についても正しく、かつ丁寧に作成することを心がけています。申告書のダブルチェック体制や、国税OBチームをメインとする「審理室」を構えており、品質を維持するため日々研鑽も忘れません。

税理士にも医師と同じで専門性があり、相続専門・法人専門・特殊法人専門・医療専門など専門分野を持っている税理士がほとんどです。相続は一生の間に何度も経験することではありません。手続きに不安をお持ちの方にもご安心いただけるよう、相続税に精通している専門税理士が丁寧にサポートいたしますので、ぜひ当法人にご相談ください。

事務所DATA

○代表者 徳田孝司
○設立 2002年4月1日
○所属 東京税理士会
○職員数 2007人（有資格者／税理士270人、会計士53人、社会保険労務士19人）※2023年11月現在
○所在地 〒160-0022 東京都新宿区新宿4-1-6 JR新宿ミライナタワー28階
○TEL 03-5323-3301
相続センターフリーダイヤル:0120-912-914
○支所 国内拠点88カ所、海外拠点7カ所
○URL https://www.ht-tax.or.jp/
https://ht-sozoku.jp/
○関連法人 一般財団法人 辻・本郷 財産管理機構、TH弁護士法人、辻・本郷 行政書士法人 他

17

日税グループ

グループ6社が連携しあらゆる相続・事業承継問題を解決

税理士と共に一丸となり入口から出口まで対応

代表

吉田雅俊

1947年生まれ、北海道出身。1972年、日本航空に入社。1979年、安田システムサービスを創業。1982年、日税グループに参画。経営理念は「全国の税理士先生と関与先のお客様のために」。

すべての相談ごとに税理士と共に取り組む

日税グループは、1972年に税理士とその関与先の皆様の福利厚生（保険）制度の普及・促進を目的に設立した「日税サービス」からスタートしました。その後、主に税理士団体からの受託業務を行う「日税ビジネスサービス」、関与先企業に幅広い保険コンサルティングを行う「共栄会保険代行」、不動産案件に特化したコンサルティング・仲介業務を行う「日税不動産情報センター」、事業承継に関わるコンサルティング業務を行う「日税経営情報センター」と、信託業務を担う「日税信託」が加わり、ソリューション提案に必要な機能が揃っています。

最大の特徴は、取り扱う案件は必ず税理士の皆様と一緒に解決することです。税理士が関与先企業の相続や事業継承の問題を取り扱う際は、経営コンサルティングや不動産業務、事業承継や信託など、グループ6社が幅広いサービスをご提供します。

全体的な視野で最適な解決策を提案

経営者の高齢化は事業承継の問題

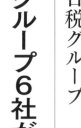

であり、また相続をどう考え、どう備えるべきかという問題でもあります。

特に資産の大半が自社株の場合には、それを次の世代にどう移していくかが大きな課題になります。

「後継者に自社株移転はしつつ、議決権は留保したい」、「不動産の処分で会社ごと売却し、株主の利益を最大化したい（不動産M&A）」など、お客様の状況やご相談は様々ですが、私たちは他社のように株式の対策だけ、M&A対策だけ、といった一面的な対応ではなく、全体を見渡したうえで最適な方法をご提案いたします。

信託を活用することで資産のシームレスな引き継ぎを

認知症対策として、家族信託や民事信託などが一般的に認識されつつありますが、信託は自社株の承継を考える際にも有効です。もし、ご親族に適任の受託者がいない場合でも、日税信託という法人が受託者になることで、信託ニーズに応えられるようになっています。

会社を処分して得たオーナー様の資産を次の世代に引き継ぐ際にも、事業のお金から個人のお金まで、シームレスに対応いたします。

当グループは、今後、さらに信託機能の強化を図っていきます。なぜなら、たとえば遺言は相続が発生したらそれで終わりになりますが、信託を活用すれば2代、3代先まで自分の財産を、さらには「想い」までも伝えることができるからです。

私たちは商事信託、民事信託ともに対応が可能です。相続発生前の平時から、税理士を通じてぜひ、日税グループにご相談ください。

日税グループの事業展開

事務所DATA

○**代表者** 吉田雅俊
○**設立** 1972年3月
○**職員数** 320人
○**所在地** 〒163-1588 東京都新宿区西新宿1-6-1 新宿エルタワー29階
○**TEL** 03-3345-0600
○**URL** https://www.nichizei.com
○**関連法人** （株）日税ビジネスサービス、（株）日税不動産情報センター、（株）共栄会保険代行、（株）日税サービス、（株）日税経営情報センター、（株）日税信託

18

株式会社ネクスウィル

相続に伴い発生する不動産問題をサポート

共有持分不動産などの売るに売れない〝訳あり不動産〟も売却可能

代表取締役

丸岡智幸

1983年茨城県出身。2019年、ネクスウィルを創業。2020年、訳あり不動産の買い取りに特化した不動産買い取り事業を開始。「私たちのサービスをご利用いただくことで、皆さまの“豊かな未来”への足掛かりのきっかけとなれば幸いです」。

専門知識を駆使し あらゆる不動産問題に対応

相続では、「家を相続したものの、売れずに空き家のまま」「兄弟同士や疎遠になった親族同士で共有所有持ち分になっているため、個人で売却できない」「共有者間で使用や処分の方法について意見が合致しない」など、様々な問題が発生します。

ネクスウィルでは、こうした空き家や共有名義の不動産、再構築不可物件の管理・所有に関するご相談に、弁護士、税理士、司法書士とも連携し、すべてまとめて対応しておりま す。不動産におけるどのようなお悩みでも、ワンストップでサポートできるのが私たちの強みです。

共有名義で相続した家も 自分の持ち分だけ売却可能

たとえば、左図のように3人の共有名義で不動産を相続した場合でも、自分の持ち分の三分の一だけを売却することも可能です。その後、他の2人に売ってもらう、または買ってもらうなどの交渉をして、最終的には一人の名義にするか、もしくはすべて買い取った後で売却するなど対応しています。不動産については、

「思い出があるので売りたくない」「早く整理したい」など、ご相続人それぞれに想いが異なります。ご親族だけで売却について話し合っても決裂することが多いので、その場合、売却希望者の持ち分だけ他の共有者には内緒で買い取り、その後の交渉は当社で行うことも可能です。第三者が介入することで話が進み、対応策が見つかる場合もあります。

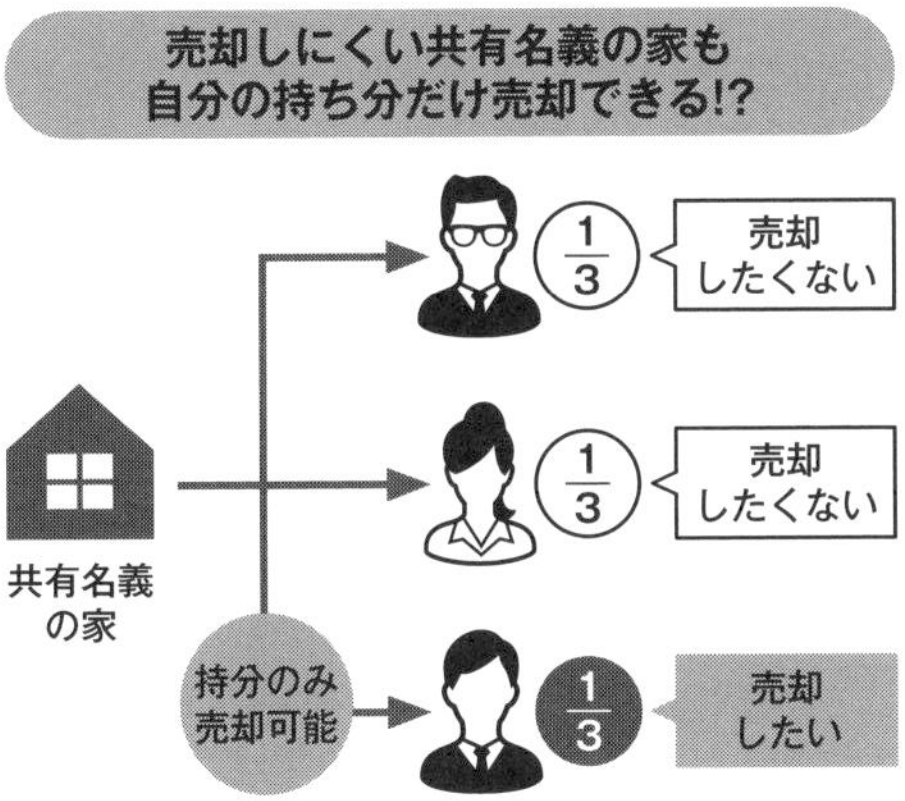

マッチングサイトで仲介を省き直接、売り手と買い手を結ぶ

2018年の空き家数は846万戸。空き家率は過去最高の13・6%に上ります（総務省統計局「平成30年住宅・土地統計調査」）。所有者が特定できない土地や不動産が増加していることも問題になっており、この問題解決のため、2024年から相続登記が義務化されました。これにより、今後、処分できない空き家に悩まれる方が、より増えることが予測されます。

こうした日本の課題である空き家問題を解決するために、当社は2022年、空き家マッチングサイト「URI・KAI」をオープンしました。掲載料は無料。無駄な仲介を省き、売りたい人がサイトに物件を掲載し、買いたい人はサイトのトークルームで直接売り手に問い合わせできます。ご要望があれば、物件の写真撮影や掲載文の作成など、サイトの掲載代行も行い、販売価格の値付けのご相談にものっております。

ワケガイ
通常の市場では売却が困難な不動産も買い取り可能。最短1日、最大3億円の一括支払いもスムーズに買い取り。

URI・KAI
「売りたい人」と「買いたい人」をマッチング。不動産会社から買い取りを断られた不動産や買い手がつかない不動産など、どんな物件も掲載可能。

事務所DATA

○**代表者**　丸岡智幸
○**設立**　2019年1月29日
○**職員数**　25人
○**所在地**　〒105-0021
東京都港区東新橋2-11-4
Mayapada Shiodome Plaza 3F
○**TEL**　03-6435-7950
<大阪支店>
〒542-0081　大阪府大阪市中央区南船場3-6-28
第二芦池ビルディング403号室
○**URL**　https://www.nexwill.co.jp/

19

税理士法人福井・林財産コンサルタンツ

お客様と一緒の目線に立って考え最適解を導く

東京と大阪に2拠点を構え、全国から寄せられる相続・事業承継を親身にサポート

代表

税理士

福井一弘

日本税法学会会員、CFP。上智大学法学部法律学科卒業後、証券会社に入社。その後大学院を経て税理士資格を取得し、大手税理士法人に所属。2016年より福井財産コンサルタンツ税理士事務所として活動を開始。2019年8月に法人化、現在に至る。

『教える』ではなく『一緒に考える』税理士として

当事務所は、東京と大阪を拠点に、全国規模で相続と事業承継をサポートしている税理士事務所です。

当事務所の代表である福井は、これまで数多くの資産税経験があり、主に事業承継や相続を担当しています。また、東京事務所の代表である林は、企業税務全般に加えM&Aを担当しています。このように、各々が専門分野の強みを生かしているのも当事務所の特徴です。

一方で、事務所全体を通して共有していることもあります。それは、「既存の〝税理士像〟にとらわれず顧客目線のサービスを徹底する」というモットーです。

というのも相続や事業承継にお悩みの方々が必要としているのは、「先生業」ではないと感じているためです。もちろん税務や財務の知識は必須ですが、最も重要なのは、お客様が置かれた状況やご希望を正確に把握し、お客様の目線に立って自分事として思考することではないでしょうか。そのため我々は「教える」のではなく、「一緒に考える」専門家集団であることを心掛けております。

代々の想いを大切に 円満な相続を目指す

我々が相続をお手伝いさせていただく際に重視していることは、「いかに税金を抑えるか」よりも、「いかに代々の想いを伝えきれるか」という点です。時に納税する現金が不足し、先祖代々引き継いできた不動産や会社を泣く泣く売却することがあります。これでは代々の想いを承継する円満な相続とはいえず、我々はこれを避けるべきことと考えています。そのため我々はそのような事態を避けられるよう、将来を予測したうえで、適切なアドバイスをできるように努めております。また、弁護士や司法書士、行政書士とも提携しているため、税務以外のサポートも積極的に行えるよう努めています。

事業承継では先代と次代が 納得できる着地点を模索

事業承継の現場でよく見受けられるのが、先代と次代の意識の擦り合わせがうまく行われていないことです。経験値不足の後継者はまだ準備ができていないが、先代は少しでも早く継がせたい。逆に、後継者の準備は万全だが、先代はもう少し現役でいたい。こうした意識の不一致は、コミュニケーション不足だけでなく、一方の心に本音が秘められたままであることを原因とすることが多いように思います。

こうした場合、まずは我々が中間に立ち、両者の本音を聞き出したうえで、双方の希望がバランスよく実現できる着地点を模索いたします。着地点に合意が取れれば、スケジュールを立て、ゴールを一緒に目指してまいります。

また事業承継ではM&Aにも対応しております。ただ、M&Aにおいても、他の業務と同様に、何を目指すのか、何を成し遂げたいのかという意思を確認し、お客様と同じ目線で考えることは変わりません。そのため、税務だけでなく事業計画策定の段階から支援することもあります。この場合も、各方面の専門家と連携しながら、手段や方法論を一緒に考えていきます。

事務所DATA

○**代表者** 福井一弘
○**設立** 2016年1月
○**所属** 東京税理士会 芝支部、近畿税理士会 東住吉支部
○**職員数** 12人（有資格者2人）
○**所在地** 〒105-0001 東京都港区虎ノ門3-18-12 ステュディオ虎ノ門1001号室
○**TEL** 03-6453-0325
<大阪事務所>〒547-0044
大阪府大阪市平野区平野本町5-10-10-102
TEL:06-6777-2102
○**URL** https://fhac.co.jp/

税理士法人
福井・林財産コンサルタンツ

20

税理士法人マインライフ

継続的なサポートで適切な相続対策を支援

各国の専門家と連携し、海外資産、海外居住者の「国際相続」支援も

統括代表社員

税理士
門倉誉士希

1987年、東京都八王子市生まれ。法政大学会計大学院卒。税理士法人山田&パートナーズ東京本社、大手証券会社で中小企業から上場企業の相続・事業承継支援業務に数多く携わる。2021年、税理士法人マインライフを設立し、統括代表社員に就任。

お客様の豊かな人生を専任担当がサポート

当社は、「お客様の一度きりの人生を豊かにするサポートがしたい」という理念で設立した相続支援サービス専門の税理士法人です。

お客様の相続への想い、決断をサポートするために、これまでの相続支援実務で培った私たちの専門的知見を生かして最大限の節税策、最大幸福となる相続プランをご提案します。東京・新宿に本社、千葉・津田沼に事務所を置いて、迅速で丁寧なお手伝いを心掛けています。

当社の強みはなんといっても「所属税理士全員が相続のプロフェッショナル」という点にあります。相続実務には高度な専門ノウハウが求められます。つまり、お客様へのサービス品質、ご依頼の成果は担当する「税理士個人の力」に大きく依存します。

当社では、100件超の相続税申告を取り扱ってきた税理士が専任担当としてサポートに当たります。相続対策の開始から完了までオンリーワンで寄り添い、お客様の要望・ニーズの共有、申告内容・財産評価の報告・フィードバックを行います。

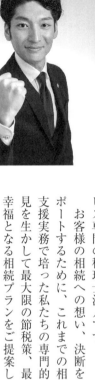

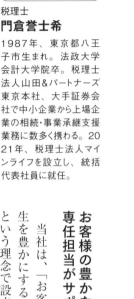

Mine Life
税理士法人マインライフ

何でも話せる家族のような存在として

代表社員
税理士
川崎朝輝
1987年生まれ、
神奈川県横浜市出身。

東京事務所長
税理士
久保佑介
1987年生まれ、
埼玉県川口市出身。

千葉事務所長
税理士
伊藤千尋
1988年生まれ、
千葉県習志野市出身。

相続対策において、一定期間の業務が終わった後、お客様と税理士事務所のお付き合いが終わってしまうことも多くあります。一方、当社は税務顧問としてお客様と継続的なお付き合いが続くケースが大多数です。

税法は毎年必ず改正されて、効果的な相続対策は刻々と変わります。そして、お客様を取りまく環境も家族構成や所得状況など、当然に変化していきます。そのため、適切な相続対策を実施していくためには、継続的なサポートが重要となります。

当社では相続対策も事業承継対策もできるだけ早い段階から、継続的に支援させていただくことをおすすめしています。お客様の生涯のパートナーとして、何でもお話しいただける家族のような存在でありたいと考えています。

海外のプロと連携して国際相続もサポート

海外での相続手続きや相続税申告のサポート業務も取り扱っています。当社はアメリカ、シンガポール、タイ、ベトナム、オーストラリア、香港、台湾、中国、ドイツ、イギリス、フランス、イタリアなど、各国の専門家との協力体制を構築しています。

海外にある財産を相続したお客様、あるいは海外に居住しているお客様の相続にも対応しているので、安心しておまかせください。国際相続の豊かな実務経験に基づいた、お客様に合った適切な支援サービスを提供します。

事務所DATA

○**代表者** 門倉誉士希
○**設立** 2021年1月8日
○**所属** 東京税理士会四谷支部（東京事務所）、千葉税理士会千葉西支部（千葉事務所）
○**職員数** 7人（有資格者4人）
○**所在地** 〒160-0022 東京都新宿区新宿4-3-17 FORECAST新宿SOUTH 6階
○**TEL** 03-6856-4314
○**支所** 千葉事務所 〒275-0016 千葉県習志野市津田沼7-10-8
○**URL** https://www.mine-life.jp/

21

三井住友信託銀行株式会社

遺言信託と死後事務の両分野でサポート

年間数千件に上る遺言執行の経験を活かしてお客さまの円滑な相続を支援

人生100年応援部長

髙橋治彦

“三井住友信託銀行 人生100年応援部長”。高齢者本人やその家族の金融取引に関する資格「ジェロントロジスト」を保有。中央大学客員研究員。

従来の遺言信託に加え死後事務の分野も取り扱う

三井住友信託銀行は、遺言書の作成・保管・執行を行う「遺言信託」を長く取り扱っており、現在、数万件の遺言書をお預かりしています。全国の支店には、相続の相談を専門とする財務コンサルタント、トラストコンサルタント等が在籍。年間数千件を手がける遺言執行の経験を活かして、「実現可能な遺言書の作成」「遺言書保管中の定期的なフォロー」「公正中立な立場での着実な執行」を行うことで、お客さまの円滑な相続を支援しています。

また、相続だけでなく、近年相談の多い死後事務の分野では「一般社団法人安心サポート」を立ち上げることで、お客さまの死後の備えを幅広く支援しています。死後事務は遺言執行と重なり合う領域があるため、委任先をまとめると遺言執行と死後事務の両方が円滑に進むこともあり、遺言信託と併せてご利用いただくことが多くなっています。

経営者・資産家の両面に対し事業承継の課題をサポート

事業承継の課題を抱える企業オー

遺言執行と死後事務の領域イメージ

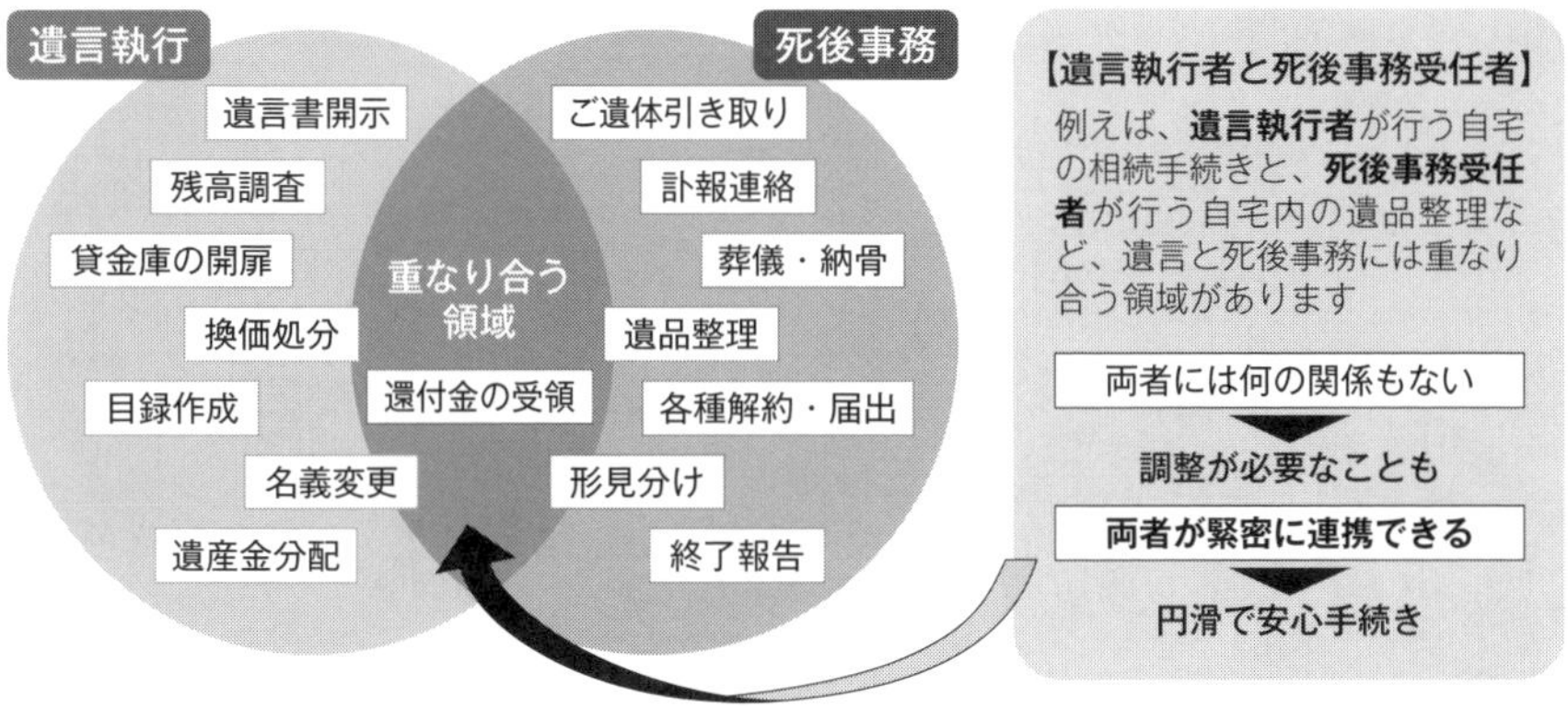

ナーさまには「経営者としての側面」と「資産家としての側面」の両面に寄りそった提案を、関連会社と連携しながら行っています。具体的には、資産管理会社の活用、不動産活用、M&Aによる第三者承継（後継者不在による第三者事業譲渡等）などがあります。

これらの対策に加えて、「後継者に自社株・資産管理会社株式や事業用不動産を集約したい」「後継者以外の相続人が不公平と感じないようにしたい」といったニーズをお持ちの方は、遺言信託の活用をご提案しています。

遺言の案文イメージを確認できる「WEB遺言信託サービス」を提供

相続対策について何から手をつければよいか分からないというお客さまに、WEBで遺言の案文イメージを確認できる「WEB遺言信託サービス」を無料でご提供しています。また、ご希望のお客さまは、作成した案文イメージを使用したより具体的な相続対策をご提案しています。

なお、当社では、すでに起きた相続のご相談も承っています。最近は相続不動産の登記の義務化に伴い、相続不動産に関するお悩みにお応えするケースが増えています。

相続は、ある日突然に起こるものです。そのための「事前の備え」や「万一、対策を講じずに起きた相続」のどちらの場合も、一度当社にご相談ください。

事業所DATA

○**代表者**	取締役社長　大山一也
○**設立**	1925年7月28日
○**社員数**	13,757人
○**本部所在地**	〒100-8233 東京都千代田区丸の内1-4-1
○**TEL**	03-3286-1111（本部代表）
○**支所**	国内/147カ所（支店133、コンサルプラザ他14）、海外/支店5、駐在員事務所5
○**URL**	https://www.smtb.jp/

22

三菱UFJ信託銀行株式会社

信託銀行だから成し得る総資産コンサルティング

一人の担当者が相続、資産に関する全ての相談に対応

執行役員
リテール企画推進部長
城石裕之

お客さまの「相続への想いと大切な資産」を託される存在であり続けたいと考えております。

高齢化や認知症などの不安に対し「安心感」を提供

いま、相続や事業承継をめぐる環境は、高齢化や認知症の社会問題化といった変化の只中にあります。これに伴い、お客さまは資産管理の難しさ、価値観の多様化、不確実性の増大といった不安に直面しています。

このような不安に対して、お客様の大切な資産を「増やす」「守る」「使う」「承継する」ことができる安心感と、多様なソリューションをワンストップで提供するのが当社の役割であると考えます。

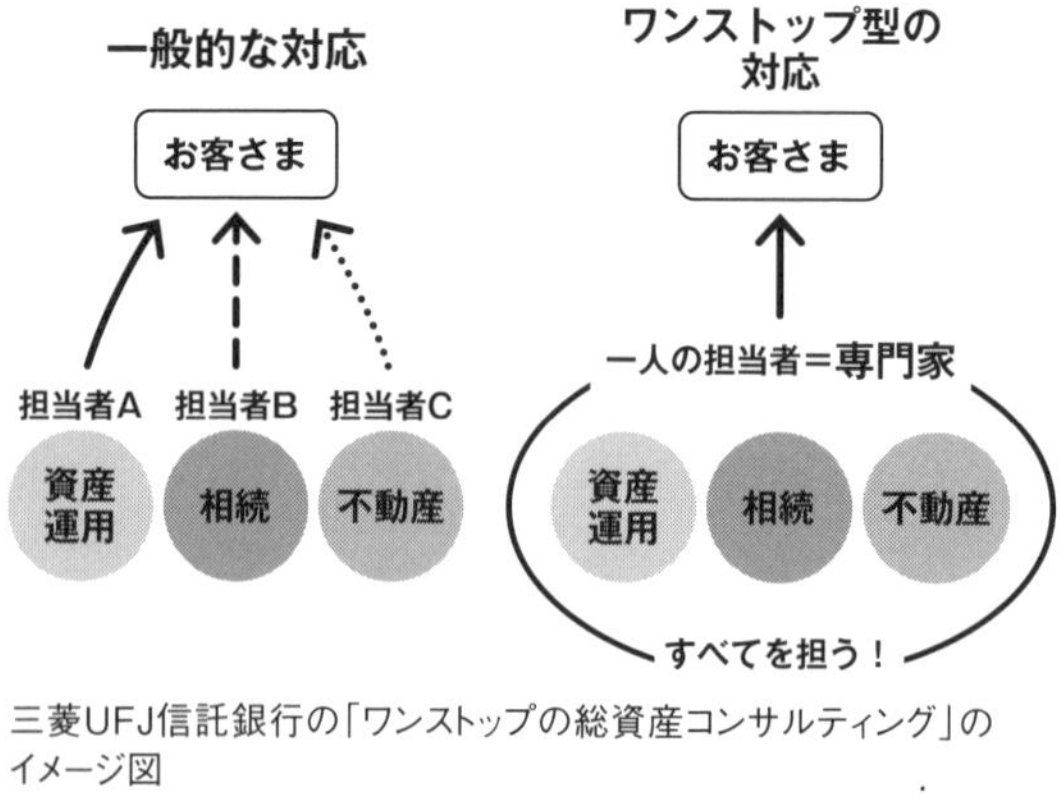

三菱UFJ信託銀行の「ワンストップの総資産コンサルティング」のイメージ図

当社のサービスの特徴は、一人の担当者がワンストップで対応する点にあります。一人の担当者が資産運用、相続、不動産など資産に関する全ての相談を承ることにより、お客さまに対し、資産面についてトータルにアドバイスすることができます。

一方、お客さまが専門的な部分を求める場合、担当者一名で対応できるのか、という懸念を覚える方もいらっしゃるかと思います。当社は、税理士法人・司法書士法人、グループの不動産会社とも連携し、お客さまの相続対策・相続手続をトータルにバックアップできる体制を整えているので安心いただけます。

相続対策や相続対策についての悩みや疑問解消をサポートする相続情報サイト「相続のいろは」のトップ画面。

社会課題解決に向けた取り組み

加えて社会の変化に伴い顕在化する様々な課題を解決するため、遺言信託や、預託金管理信託などのサービスを提供する「おひとりさまライフサービス」、アプリを使って認知症時の資産管理に家族で備えることができる代理出金機能付信託「つかえて安心」などの商品開発を行い、社会課題の解決に繋げています。詳しくは当社HPをご覧ください。

また、個人の方に向けて相続情報を発信するサイト「相続のいろは」や、資産管理・資産承継について中立的な立場で研究を行い、相続の専門家に向けて情報発信を行っているMUFG相続研究所※など、「人生100年時代」において誰もが大切な人へ資産や想いを引き継ぐことのできるよう、多岐にわたって取り組んでいます。

※MUFG相続研究所は、三菱UFJ信託銀行が、資産管理・資産承継に関する調査・研究・レポート作成等の業務を対外的に行う際の呼称です。

事務所DATA

○**代表者**　取締役社長　長島 巌
○**設立**　1927年3月10日
○**職員数**　6218人（2023年3月31日現在）
○**所在地**　〒100-8212
東京都千代田区丸の内1-4-5
○**TEL**　03-3212-1211
○**支所**　国内:51（本支店48、出張所3）
海外:5（支店4、駐在員事務所1）
2024年2月26日現在
○**URL**　https://www.tr.mufg.jp
○**関連法人**　三菱UFJ不動産販売、
日本マスタートラスト信託銀行　他

取り組みの一例

おひとりさまライフサービス	周囲に頼れる人がいらっしゃらない方のお悩みを解決するサービスです
つかえて安心	万が一、認知症になっても安心してお金を使い続けられる口座です
相続のいろは	相続対策や相続手続きの悩み、疑問を解消する情報サイトです
MUFG相続研究所	高齢者が安心して暮らせる社会の実現を目指しています

23

一般社団法人役立つ士業協議会

相続・事業承継の悩みに応じた専門家を全国でマッチング

提案の選択肢を幅広く持ち、お客様の意向に最も沿った方法を提供

役立つ士業協議会
理事長
谷 敦

ファイナンシャルプランナー。年間相続・事業承継関連相談件数は約120件。日経新聞主催セミナー、東京商工リサーチセミナー等で相続・事業承継について講演、定評を得ている人気講師でもある。

グループのネットワークを駆使しワンストップでお悩みに応える

相続・事業承継のお悩みは、人それぞれです。型ぎまりの解決策では成功しません。

私どもが心掛けているのは、お客様の意向に沿った方法を提供することです。また、その方法は「税務面だけ」「法務面だけ」のような一部の解決ではなく、対策に有益な不動産の紹介からそのために融資をする金融機関の紹介、納税資金準備のお手伝いまで総合的な解決を行っています。また、専門用語が多くなりがちな対策内容についてかみ砕いた説明も行い、より安心感のある解決に寄与しています。

事業承継の「本物」の専門家との出会いを提供

役立つ士業協議会は、相続・事業承継でお悩みのお客様に、その悩みに応じた専門家をマッチングさせる事業を展開しています。本物の事業承継の専門家と出会うことは至難の業です。当法人はネットワーク内200余名の中から問題解決できる専門家を無料で紹介します。

私どもは、相続・事業承継専門の

士業を紹介しますが、従来の顧問は変更せず、むしろ連携してワンストップでサポートを行います。

事業承継対策には複数の選択肢がありますが、中には偏ったものもあるため、セカンドオピニオンが大切です。大手・有名な事務所が必ずしもベストな解決法を持っているとは限りません。

実際にこんな事例がありました。有名事務所の先生に納税猶予を提案されている社長に話をうかがったところ、その企業では要件が合わず実行できない内容でした。それにも関わらず、何年も顧問料を払っていたのです。その社長に、再度状況と要望をうかがい提案した結果、当法人の案を採用いただき、事業承継・相続について総合的に任せていただきました。この例からも、セカンドオピニオンの大切さを認識いただけるかと思います。

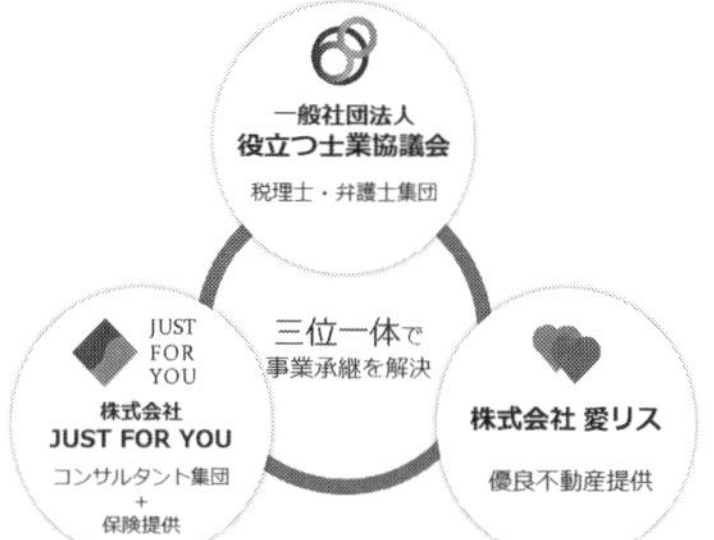

役立つ士業協議会：相続・事業承継に強い税理士・弁護士集団
(株)JUST FOR YOU：相続・事業承継をサポートするコンサルタント集団
納税資金としての生命保険も提供
(株)愛リス：事業承継にも役に立つ希少価値の高い不動産を紹介

経験豊富なプロが在籍する 2つのグループ会社と連携

関連法人の㈱JUST FOR YOUには事業承継の経験豊富なコンサルタントが在籍しています。専門用語が多い提案内容の解説を行う、通訳のような役割も担っています。また、対策において大切な納税資金準備スキームも構築し、定評を得ています。

㈱愛リスでは、対策に欠かせない有益な不動産を紹介しています。不動産は事業承継だけでなく収益にも役立つべきと考えています。対策向きの不動産、不向きの不動産があることから、コンサルタントが厳選した物件を紹介しています。

相続・事業承継のお悩みは多岐にわたります。解決のポイントは、お客様の思いに寄り添い最後まで伴走してくれるサポーターの支援を受け、ベストな対策をつかみ取ることにつきます。

まずは、私どもが開催しているセミナーをぜひ一度ご覧ください。

事務所DATA

○**代表者**　谷 敦
○**設立**　2009年3月19日
（役立つ士業協議会の設立日）
○**職員数**　15人
<本部>
〒553-0003　大阪府大阪市福島区福島7-18-20
シエリアタワー大阪福島2503 TEL:06-6882-4815
<東京事務所>
〒100-0005　東京都千代田区丸の内2-2-1
岸本ビルヂング6階
○**URL**　https://www.npo-tax.org/
○**関連法人**　株式会社JUST FOR YOU、
株式会社愛リス

24

税理士法人山田&パートナーズ

国際相続業務にも強いプロフェッショナルの集合体

地方・海外を問わず均一で高品質なサービス提供が可能

統括代表社員
税理士
三宅茂久
岡山県倉敷市生まれ。香川大の農学部卒業後、山田淳一郎事務所へ入所、アメリカの会計事務所・BDOに2年半出向し経験を積む。帰国後は医療分野も携わる。「会計税務に関わる仕事は限界を作らず何でもやろう」がモットー。

風通しのよい組織から生まれる高品質なサービス

私たち山田&パートナーズは、国内に20拠点、海外に5拠点を置き、相続コンサルティングをはじめ、相続税申告、国際相続業務、親族・株主譲渡コンサルティング、事業承継コンサルティングなど多岐にわたるサービスを提供しています。

当法人の特徴の一つが「サービスライン組織」という組織運営制度を取り入れている点です。全国20の拠点において高品質の業務を提供できるよう、サービス別に組織の横軸を通した組織運営をし、どの拠点でも均一した品質のサービス提供を可能にしています。また、研鑽を積んできたメンバーが国内、海外を通じて仕事の連携ができるため、お客様の窓口が地方や海外であっても高い品質のサービスを提供しています。

大きな組織でありながら個の「人間力」で顧客と向き合う

相続・事業承継の業務はAIやRPAを活用し、法人業務は上場会社対応・税務相談・IPO・M&A・システムコンサル等の複合型の業務にも対応し、大型案件の実績も数多く積んでいます。

　このような大きな規模の税理士法人でありながら、私たちは「人」を大切にしている組織です。「人」の良さ、人間力が強みの法人であることが、相続・事業承継にお悩みのお客様にとっては強い味方となる存在といえるでしょう。

常に研鑽を重ね、最新の税制にも明るいメンバーが顧客に最善の提案を行う。

最善の提案を極限まで追求する姿勢

　当法人では、常にお客様の視点に立ち、一つひとつの論点を明確にし、最善の結果に繋がるようにあくなき追求を続けていくことを心がけています。相続をめぐる法令は社会の変化に応じて改正が多く、財産一つをとっても、税理士の知識や経験によってその取り扱い方に差異が生じることがあります。そのため、お客様の大切な資産を正しく守るためには、メンバー自身が最善を尽くすことにとどまらず、「これ以上は、もう誰も考えることができない」というレベルまで考え抜くことが求められます。そこで、日頃から相続税についての勉強を怠らず、毎年の税制改正についても、どこよりも早くキャッチアップし、専門家としての知識の習得を取り組み続けています。

　私たちの心にいつもあるのは、誠実であること、健全であること。そして、お客様が描く未来や、抱えている悩みを共有し、ともに前へと進むという強い想いです。

　様々な変化をスピーディーに見極めながら、確かな足取りで、未来へと歩み続ける。それが、山田&パートナーズだと考えています。

事務所DATA

○**代表者**　三宅茂久
○**設立**　1981年4月1日
○**職員数**　909人（2023年11月1日現在）
○**所在地**　〒100-0005
東京都千代田区丸の内1-8-1
丸の内トラストタワーN館8階（受付9階）
○**TEL**　03-6212-1660
○**URL**　https://www.yamada-partners.jp/
○**関連法人**　護士法人Y&P弁護士事務所、山田&パートナーズアカウンティング㈱、山田&パートナーズコンサルティング㈱、山田&パートナーズアドバイザリー㈱、行政書士法人Y&P、Y&P社会保険労務士法人

25

株式会社山田エスクロー信託

多様なサービスとワンストップで相続のお悩みを解決する

全国48拠点で金融機関と連携して相続業務を行う

代表取締役社長
篠笛弘一
2010年7月 当社入社、営業部長
2011年7月 取締役
2015年7月 代表取締役。

安心してお任せいただける信頼とネットワーク

当社は、２０２４年１月現在、全国に48の拠点（本社、４支社、43支店）を置き、広範かつ緊密なネットワークを展開。全国83の金融機関と連携し、スピーディーでこまやかなサービスを提供しています。

当社は、M&A取引にかかる金銭信託、遺言代用信託などの「信託業務」の取り扱いに加え、金融庁より兼業の承認を得て遺言信託・遺産整理・民事信託コンサルティングなどの「相続関連業務」や、不動産の代理・仲介業務等を取り扱っています。

当社が多くの金融機関と業務提携をなし全国展開することができているのは、各地でのお客様に寄り添う姿勢と、安全安心なソリューションを一貫して提供し続けてきたことを、評価していただいている証であると自負しております。

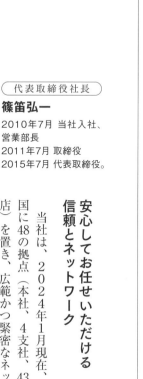

グループ内の専門士業・事業会社と連携して多様な案件をカバー

当社は、相続関連業務として遺言信託・遺産整理・民事信託コンサルティングに加え、任意後見や死後事務など、シニア層のさまざまなライ

フステージや心配事に対応するサービスを取り揃えています。このような多様なサービスを円滑に進めるには、法務・税務・登記など複数の専門士業との関わりが不可欠です。

山田グループは、左図の通り各種の専門士業と事業会社で構成されており、全国規模でさまざまな案件を取り扱ってきました。

当社は、それらグループ内の専門家と連携するとともに、豊富な実績に裏打ちされた知識と経験をベースに、お客様のご意向に沿ってまいります。

お客様の隠れたお悩みを整理し ワンストップで解決を図る

一般的に、相続は一生のうちに何度も経験することではありません。しかしながら、専門的で幅広い知識が必要となります。当社は、お客様の様々なニーズにグループワンストップで対応できますので、お客様の負担を大幅に軽減することが可能です。当社が大切にしていることは、お客様のお困りごとに丁寧に寄り添い、潜在的なニーズをも汲み取ることです。そのうえで、表面的・短期的な解決策ではなく、専門家としての中・長期的な視点でアドバイスいたします。手数料も、良心的な設定ですので、お気軽にご相談いただけます。

当社はお客様と「顔の見える長いお付き合い」を念頭に、お客様ご自身も気づいていないお悩みごとを整理し、課題解決に向けて懇切丁寧に対応いたします。相続に関して、漠然とした不安をお持ちの方は、ぜひご連絡ください。

事務所DATA

○**代表者** 篠笛弘一
○**設立** 2005年2月21日
○**職員数** 313人（2024年1月31日現在）
○**所在地** 〒220-0004
神奈川県横浜市西区北幸1-11-15　横浜STビル15階
○**TEL** 045-325-5081
○**支所** 東日本支社、中部支社、関西支社、九州支社ほか43支店
○**URL** https://www.y-escrow-trust.co.jp
○**関連法人** 株式会社山田債権回収管理総合事務所、株式会社山田資産コンサル、山田事業承継・M&A株式会社、司法書士法人山田合同事務所、土地家屋調査士法人山田合同事務所、税理士法人山田合同事務所、行政書士法人山田合同事務所、社会保険労務士法人山田合同事務所、弁護士法人YMD合同事務所

26

ランドマーク税理士法人グループ

担当者×税理士×国税OBの3名体制で臨む

徹底した調査とチェックで税務調査率1％未満を実現

代表

税理士・立教大学
大学院客員教授
清田幸弘

1962年神奈川県横浜市出身。モットーは「一期一会」。豊富な実績をもとに、都市農家や地主の資産税に特化した経営・節税コンサルティングなどのセミナー講師を多数手掛ける。また「丸の内相続大学校」を開校し、相続実務のプロを育成。

出発は、「相続の負担に悩む人を助けたい」の思いから

ランドマーク税理士法人の代表税理士・清田幸弘は、神奈川県の農家出身です。農家の多くは土地を持ち、収益が不安定であっても、地主として大きな税金を負担します。自身も高い相続税に悩み、「同じように相続税の負担に苦しむ農家や地主を助けたい」、そんな思いから税理士を志しました。1997年、当法人の前身である「清田幸弘税理士事務所」を設立。その後、組織変更を経て、「ランドマーク税理士法人」が誕生しました。現在は東京に4拠点、神奈川に8拠点、埼玉に1拠点、千葉に1拠点の全14拠点で、お客様への対応が可能となっています。相続関連の相談件数は累計2万5000件超、申告数は8000件を超え、全国トップクラスの実績を誇っています。

強固な体制と素早い対応でお客様に安心を

当法人では、一つの申告に対して担当者×税理士×国税OBの3名体制をとり、調査とチェックを徹底。また、全国における書面添付制度の実施率は平均20％ですが、当法人ではすべての申告で活用し、税務調査率1％未満を達成しています。

　さらに、私たちが特に強みとしているのが、「クイックレスポンス」「高品質」「コンサルティング」の3つです。まず、クイックレスポンスを実現するために、全社員にiPad、iPhoneを支給するなど、ITに多額の投資を行っています。チャットアプリや電子決裁システムを導入し、決裁者はどこからでも承認することができるため、決裁待ちに時間がかかりません。また、いくら業務がスピーディでも、品質が悪くては意味がありません。当法人では高品質の申告にこだわり、在籍する7名の国税庁出身のOB税理士が、全ての申告に対してチェックを行っています。そして、最後に必ず行っているのが、節税対策などのコンサルティングです。二次相続も念頭におき、お客様の立場にたって、最適なご提案をいたします。

常にお客様本位の発想でコーディネート

「申告期限に間に合わせたい」「納税資金が足りないので相談したい」「できるだけ適正に不動産評価を下げて欲しい」など、お客様のご要望は様々です。私たちは常に〝お客様本位〟の発想で、お客様のご要望に柔軟にお応えし、少しでもお役に立てるよう、コーディネートさせていただきます。

　相続税務は、相続が発生しているか否かで大きく異なります。相続発生後なら、税法の範囲内で最大限に支払う税金が安くなるよう、特例や評価の減額要素を徹底的に検討することが必要です。なかでも相続財産の多くを占める土地評価に関しては、税理士によって見解が異なるため、高度な専門性と経験が求められます。いずれにしても相続発生後ではできることが限られますので、発生前での入念な対策が肝要です。

　当法人には、多くの専門家が在籍し、外部の専門家とも連携しながら、お客様の大切な財産や思いの承継を、全力でサポートいたします。ぜひ、安心してお任せください。

事務所DATA

○**代表者**　清田幸弘
○**設立**　1997年
○**所属**　東京税理士会　麹町支部
○**職員数**　461人（有資格者235人）
○**所在地**　〒100-0005　東京都千代田区丸の内2-5-2 三菱ビル9階
○**TEL**　03-6269-9996
○**支所**　<税理士法人>新宿駅前、池袋駅前、町田駅前、みなとみらい、横浜駅前、横浜緑、新横浜駅前、武蔵小杉駅前、大宮駅前、新松戸駅前
<行政書士法人>湘南台駅前、朝霞台駅前、鴨居駅前
○**URL**　https: //www.zeirisi.co.jp/
○**関連法人**　ランドマーク行政書士法人、株式会社 ランドマーク不動産鑑定、株式会社 ランドマークエデュケーション、株式会社 ランドマークコンサルティング、一般社団法人 相続マイスター協会

27

株式会社りそな銀行

信託機能を生かし事業承継を強力に支援

承継ソリューション営業部を設け、ベテランコンサルタントが対応

承継ソリューション営業部

グループリーダー・上席
プレミアコンサルタント
安場孝之

1968年9月生まれ、東京都出身。22年間のコンサルタント業務において延べ4千先超の承継をサポート。モットーは「1件のご相談で10のアイデアを考える」。嫌いな言葉は「やっぱりそれしかないですよね」。

不動産、信託、資金調達、資産運用のサービスをまとめて提供

株式会社りそな銀行は、フルラインの信託機能を備えた国内唯一の商業銀行です。主に承継に関するお困りごとを抱えるお客さまに、不動産、信託、資金調達、資産運用についてまとめてご提案できる優位性があり、相続・事業承継において親和性の高いこれらのサービスを、ワンストップでご提供できることが最大の強みです。

また、銀行員は短期間で異動を繰り返し、業務内容や担当するお客さまが変わることも多いですが、りそな銀行は10年以上相続・事業承継に携わるベテランコンサルタントを数多く有しております。このため、短期的な視点ではなく、中長期でお客さまに寄り添ったご提案を行えることも、大きな強みとなっています。

お客さまの相談に200名体制でしっかり対応

当社は、親族外承継が半数を占める外部環境の急激な変化に対応するために、2023年に「承継ソリューション営業部」を設置しました。承継での問題解決を担うプライベー

トバンキング室とM&A・MBOを扱うコーポレートアドバイザリー室を統合し、承継に関わるより広範な問題を解決できる体制を整え、東京・大阪を主要拠点に、全国のお客さまに対応しています。

また、営業部制を敷いて地域に根差した体制を構築し、お客さまのお困りごとについて200名体制でサポートしております。

潜在的ニーズに気づけるよう、ヒアリングに重点をおく

近年、事業承継倒産や後継者不在が社会問題化し、企業オーナーさまの平均年齢も年々高齢化していくなかで、事業承継に関する課題解決は待ったなしの状況です。

当社も体制を増強してこの課題に全力で取り組んでおり、年間約5千件の自社株評価、相続コンサルを実施、主に承継に関するこまりごとの解決策のご提供に尽力しています。

また、私たちは、事業承継・資産承継の双方において「顕在化しているニーズ」だけではなく、まだ表面化していない「潜在的なニーズ」についてもお気付きいただけるご提案を心掛けています。相続・事業承継では、利害が対立する難しい局面になることも多くあります。そうしたなかでも、私たちはお客さまが大事にされているものを守れるご提案をしてまいります。ぜひ、りそなをご用命ください。

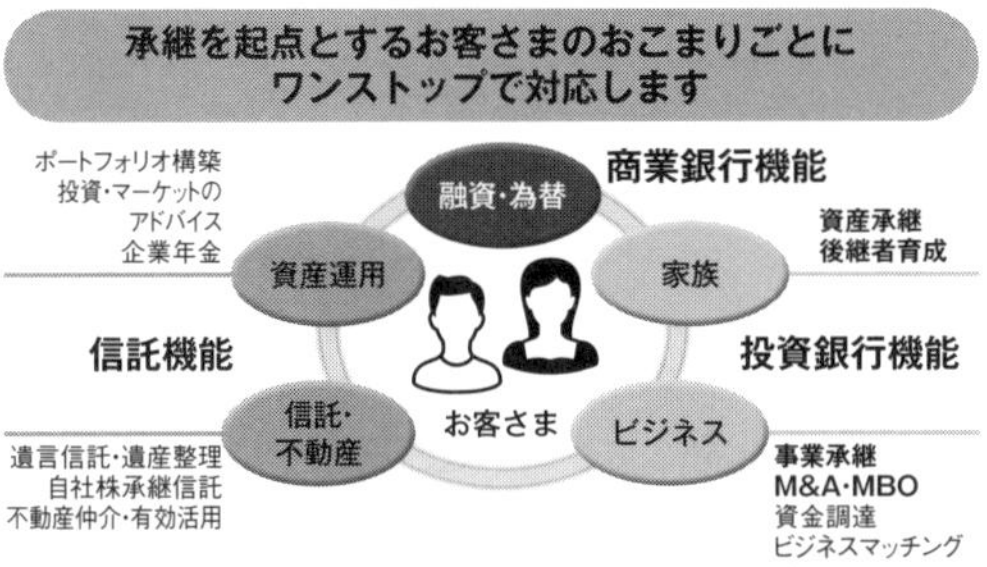

事業承継(M&A、MBO等)

✔企業オーナーさまの事業ビジョンや承継の考え方に合わせて親族内承継・親族外承継(M&A、MBO等)の最適ソリューションをご提案いたします。

資産承継(相談)

✔資産に関するスペシャリストとして、長年蓄積してきた豊富なノウハウ、知識、経験をもとにオーダーメイドのご提案をいたします。

不動産

✔弊社の不動産業務は70年以上の歴史と実績があります。経験豊かな不動産のスペシャリストが、お客さまのご要望を叶える最適なプランをご提案いたします。

資産運用

✔金融資産等のポートフォリオ設計だけでなく、不動産や自社株など多岐にわたる財産の状況を把握し、将来的な承継を見据えたご提案をいたします。

事務所DATA

- ○**代表者** 岩永省一
- ○**設立** 1918年5月15日(営業開始日2003年3月3日)
- ○**職員数** 19840人(2023年9月末現在)(承継ソリューション営業部約200人)

<大阪本社>〒540-8610 大阪府大阪市中央区備後町2-2-1
<東京本社>〒135-8581 東京都江東区木場1-5-65 深川ギャザリア W2棟

- ○**TEL** (大阪本社)06-6268-7400 (東京本社)03-6704-3111
- ○**支所** グループ全体有人店舗数818店(2023年9月末現在)
- ○**URL** https://www.resonabank.co.jp/
- ○**関連法人** りそな総合研究所(株)、りそな企業投資(株)、りそなキャピタル(株)、りそなマーチャントバンクアジア 他

28

税理士法人レガシィ

創業60周年

財産規模が大きく難易度が高い相続に特化

相続専門家歴20年以上のプレミアム税理士がオーダーメードの対応

代表社員

税理士・公認会計士

天野大輔

慶応義塾大学大学院修了。勘定より感情をモットーに、強みである富裕層や士業への支援に注力。また、相続の知恵を武器にデジタルサービス（「相続のせんせい」、「Mochi-ya」）を開発している。

プレミアム税理士がオーダーメードの相続を提案

創業60周年を迎えた税理士法人レガシィが、これまでお手伝いさせていただいた相続のなかには、資産規模数百億円以上の大規模案件や、相続とM&Aなどが入り混じる高度な案件が多数あります。こうした課題に対応できるのは、ひとえに相続専門として培った知恵と経験があるからだと自負しています。

また、レガシィでは相続専門家歴20年以上のプレミアム税理士が多数在籍しています。指名いただき、オーダーメードの相続をご提案します。

さらに、レガシィには税務のプロである税理士だけでなく、お話をお聞きするプロである「レガシィ・コンシェルジュ」がいます。レガシィ・コンシェルジュには、これまでの人生や事業のこと、ご家族への想い、他では相談できないこと、何でもお話ください。お客様の課題とお気持ちを整理し、専門家と連携することで、スムーズな対応を行います。

一つひとつのご家族に合った理想の相続をプランニング

私たちは、〝餅は餅屋〟の考えの

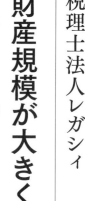

もと、他の士業とも積極的に連携を行っています。相続専門に特化していることもあり、法人にて別の士業の方と顧問税理士契約をされているお客様であっても、レガシィが顧問税理士と連携をとることで、円滑な対応を進めることができます。

プレミアム税理士の面々。創業60周年を迎えるレガシィだからこそできる、オーダーメードのサービスを提供する。

相続や事業承継では、節税をメインにご相談に来られるお客様が多いですが、相続で本当に大切なのは「勘定」よりも「感情」です。どうすれば財産を渡す側のご本人が満足できるか、また財産を受け継ぐ側のご家族が納得できるか、節税のテクニックと感情面のコンサルティングを提供しながら、一つひとつのご家族に合った理想の相続をお客様と一緒にプランニングしています。

最適なスキームを提案するため何度でも面談を実施する

私たちは、一度の面談で最善の相続プランがご提案できるとは考えておりません。真の課題や依頼主様の想いを整理し、親族や関係者の方々と調整を重ね、最適なスキームをご提案するために、ご納得いただけるまで何度でも面談を実施いたします。

遺産分割や人間関係への配慮、遺言作成など、相続はストレスのかかる大仕事です。資産規模の大きな経営者や地主ともなれば、課題はさらに複雑なものになります。

「良い人生だった」と誇りを持って次世代へ財産を受け継いでいけるよう、私たちはこれからも皆様の感情に寄り添い、ウェルビーイングな相続支援を続けてまいります。

事務所DATA

○**代表者** 天野大輔
○**設立** 1964年
○**所属** 東京税理士会 京橋支部
○**従業員数** 143人(公認会計士4人、税理士22人、税理士5科目合格者3人、税理士科目合格者16人、宅地建物取引士17人、弁護士1人)
○**所在地** 〒104-0028 東京都中央区八重洲2-2-1 東京ミッドタウン八重洲 八重洲セントラルタワー12階
○**TEL** 03-3214-1717
○**URL** https://legacy.ne.jp/
○**関連法人** (株)レガシィ、行政書士法人レガシィ、(株)セブンス

29

公認会計士・税理士 清水真弘事務所

花巻・北上エリアでチーム一丸で最善策を提案

スムーズな相続・事業承継に向け信念を持って全力で向き合う

「三方よし」の理念を大切に
相続・事業承継に取り組む

私たち公認会計士・税理士清水真弘事務所は、岩手県の花巻・北上エリアを中心に企業経営における様々な課題の解決策を導き出すお手伝いをしております。

税理士は、お客様に対して税の相談のみならず、企業経営・後継者育成・ご家族のことなど人生そのものの悩みを少しでも解決できる存在でなければなりません。私たちは信頼される職業会計人として、関与先、取引先、地域社会、友人、家族などすべての人々が心豊かに暮らすことができるよう、使命感を持って誠実に仕事に取り組むことを信念としています。それは、近江商人の精神である「買い手よし、売り手よし、世間よし」の「三方よし」の理念そのものです。

職員全員が相続や株価評価の
実務に精通

当事務所は、所長以下すべての職員が「チームＳｈｉｍｉｚｕ」としてワンチームを組み、お客様の課題解決に全力で取り組んでいます。

職員全員が相続や株価評価の実務

開放的な空間が迎えるJR北上駅から車で約5分のオフィス。専門知識に明るいチームShimizuがお客様の相談に真摯に対応する。

所長

公認会計士・税理士

清水真弘（左）

1980年生まれ、北上市出身。大学は理学部を卒業。

副所長

中小企業診断士

吉田和重（右）

1973年生まれ、奥州市出身。プライベートでは農業を営む。

などもマスターしていますので、事業承継と絡めて長期にわたる会社の経営についてご相談いただけます。

また、相続業務を担当するチームが担当者の決定や申告までのスケジュール調整を行い、難しい案件については弁護士や司法書士などの専門家と連携、協議し課題の解決に臨みます。

資産の有効活用や承継計画の策定に対応

相続対策において何より大切なことは、「元気なうちに方向性を定めること」に尽きます。早くから資産状況を把握しておくことで、有効活用されていない資産の売却や生前贈与など、対策の選択肢も生まれてきます。私たちは、お客様の将来の相続に向けての対策について、最良の提案をいたします。

事業承継については「後継者が育たない、育成していない、人材がいない」などの理由で、会社を譲渡するケースが増えています。身近に後継者が不在の場合は、第三者へ会社を譲渡するという選択肢も現実的になってきました。当事務所では、事業後継者に対する承継計画の策定から自社株式評価等の税務対策、事業統廃合等、法人の後継対策のアドバイスを行います。岩手県事業引継ぎセンターや金融機関との連携により、事業譲渡など事業の引継ぎ支援も行なっています。「後継者不在」でお悩みの経営者の方は、ぜひ当事務所にご相談ください。

事務所DATA

- **○代表者**　清水真弘
- **○設立**　1985年7月
- **○職員数**　16人（公認会計士・税理士2人、中小企業診断士1人、税理士科目合格3人）
- **○所在地**　〒024-0021 岩手県北上市上野町1-26-34
- **○TEL**　0197-64-1283
- **○URL**　https://office223.com/

30

株式会社七十七銀行

地銀のノウハウを生かした承継方法に強み

東北を中心とした１１３の拠点でこまやかなサービスを提供

コンサルティング営業部
営業渉外課　リーダー
武蔵悦子

岩手県生まれ。一般社団法人金融協会認定、事業承継アドバイザー。モットーは、「1社でも多くの地域企業の事業承継課題を解決する」こと。

M&Aに関しては東北管内でのマッチング力に自信を持つ

創業期から成長期、成熟期を経た企業にとって、「次世代にいかに事業を引き継いでいくか」という事業承継の課題は避けて通ることができません。株式会社七十七銀行コンサルティング営業部は、あらゆる承継方法（親族内・従業員・M&A）にワンストップで対応できる体制を整えています。また、グループ会社による後継者育成支援やPMI（M&A後の統合）支援も行っており、事業承継に必要な人的承継（社長業の引継ぎ）と物的承継（自社株等の引継ぎ）の両面にノウハウを有しています。さらに、事業承継対策は相続対策と一体で検討する必要があるため、当行は経営者さまの個人資産についても遺言信託等による承継支援を手がけています。

当行は、営業エリアに１１３の拠点があり（２０２３年9月末時点）、各営業店と本部内の事業承継・M&A専担チームが連携した、こまやかなサービスの提供が可能です。特にM&Aに関しては、営業店から展開される地域のタイムリーな情報を活かした、東北管内でのマッチング力に自信を持っています。

地域金融機関としてお客さまの更なる成長・発展を見据える

事業承継は地元企業の存続および発展を遂げていくための重要な課題であり、課題解決のご支援をさせていただくことは当行の使命であると考えています。後継者へのバトンタッチ、M&Aの成約がゴールではありません。地域金融機関としてお客さまの更なる成長・発展を見据えた支援を心がけています。

コンサルティングでは、まずは事業の展望、事業用資産の評価額、経営者さまのご希望などを踏まえ、事業承継にあたって課題となる点を整理・抽出。円滑な事業承継実現に向けて、想定される課題に対して各種のスキームをご提案します。そして、具体的な事業承継プランの策定に加え、当行が提携する外部専門家（税理士・司法書士等）と連携のうえ、対策の実行をサポートします。

七十七銀行の公式キャラクター「シチシカくん」。

具体的な事業承継プランは外部専門家も交えて策定している。

一番身近な相談相手として課題解決に向けて話し合う

当行の強みは、東北を中心とした強固なネットワークを持っていることです。事業承継は重要な企業課題でありながら、経営者さまの中には、社内はもちろん、ご家族にも相談できず一人で悩んでいる方がいらっしゃいます。普段、お客さまのプライベートから経営のお悩みまで共有させていただいている地方銀行だからこそ、できるアドバイスがあります。

私たちは一番身近な相談相手として、何かあればすぐ駆けつけるフットワークの軽さと課題解決に向けてとことんお客さまと話し合うことを大切にしています。いかなる承継方法においても、早めに承継準備に取り掛かることが大切です。まずは私たちにご相談ください。

事務所DATA

○**代表者**	取締役頭取 小林英文
○**設立**	1878年12月
○**職員数**	2,601人（2023年9月30日現在）
○**所在地**	〒980-8777 宮城県仙台市青葉区中央3-3-20
○**TEL**	022-211-9104（コンサルティング営業部営業渉外課直通）
○**URL**	https://www.77bank.co.jp/

31

板倉雄一郎税理士事務所

ハウスメーカーと連携し、不動産保有者の相談を多く手掛ける

不動産の活用や家族信託等、状況に応じた相続をサポート

代表

板倉雄一郎

家族信託専門士、準認定ファンドレイザー、宅地建物取引士（登録予定）。東北税理士会福島県支部連合会総務部特命委員、福島大学非常勤講師なども務める。

不動産を活用した相続税等の対策に強み

当事務所では、大手ハウスメーカーの大和ハウス工業㈱（福島支店の顧問税理士）や積水ハウス㈱（TKC東北会資産活用委員会福島県支部部会長）などと連携を強化し、不動産管理法人の法人税や不動産を保有する個人の所得税の申告をサポートしながら、相続対策や事業承継対策を行う業務を数多く手掛けています。

ハウスメーカーからのご紹介の場合は、不動産を活用した相続税等の対策が行いやすくなります。ハウスメーカー、お客様、当事務所が協力体制を構築する循環を作って、三方よしを実現しています。

他士業と連携しながら質の高いサービスを提供

相続は、相続人の家族構成によっても状況が大きく異なります。したがって、当事務所では依頼者の家族の背景・状況を把握して、アドバイスを行うようにしています。また、弁護士・司法書士・社会保険労務士・不動産鑑定士・土地家屋調査士といった他士業との密な連携ができており、当事務所がコーディネート

して、質の高いサービスを提供できることが強みです。

税理士としては相続税の申告がメイン業務ですが、当事務所は遺言や家族信託の相談にも応じています。家族信託は認知症対策としても必要な制度ですが、地方ではなかなか浸透していないのが現状です。当事務所は、今後家族信託のスキームを広めていきたいと考えています。

被相続人や現経営者自らが道筋を作れるようにお手伝い

被相続人や現経営者には、「相続や事業承継は相続人や後継者の問題で、自分たちには関係がない」と思われている方もいます。しかしながら、相続による遺産の引継ぎや事業承継はバトンパスと同じで、渡す側と受ける側で息を合わせて行わないと、決して上手くいきません。被相続人となるべき方と現経営者には、ぜひ自ら道筋を作っていただき、スムーズに資産承継・事業承継を行ってほしいものです。お客様側でも基本的な仕組みを理解した上で、専門家を活用していただければと思います。

相続対策は十人十色です。我々はヒアリングの内容を前提に判断し、アドバイスを行います。ですから、都合のよい情報だけではなく、個人的な情報も含めて詳細に実情を相談していただければ、結論もより精度の高いものになります。そのためにも、当事務所は、税理士としての最善を尽くしてお客様に対応していきます。

ビジネスモデル

<相関図>

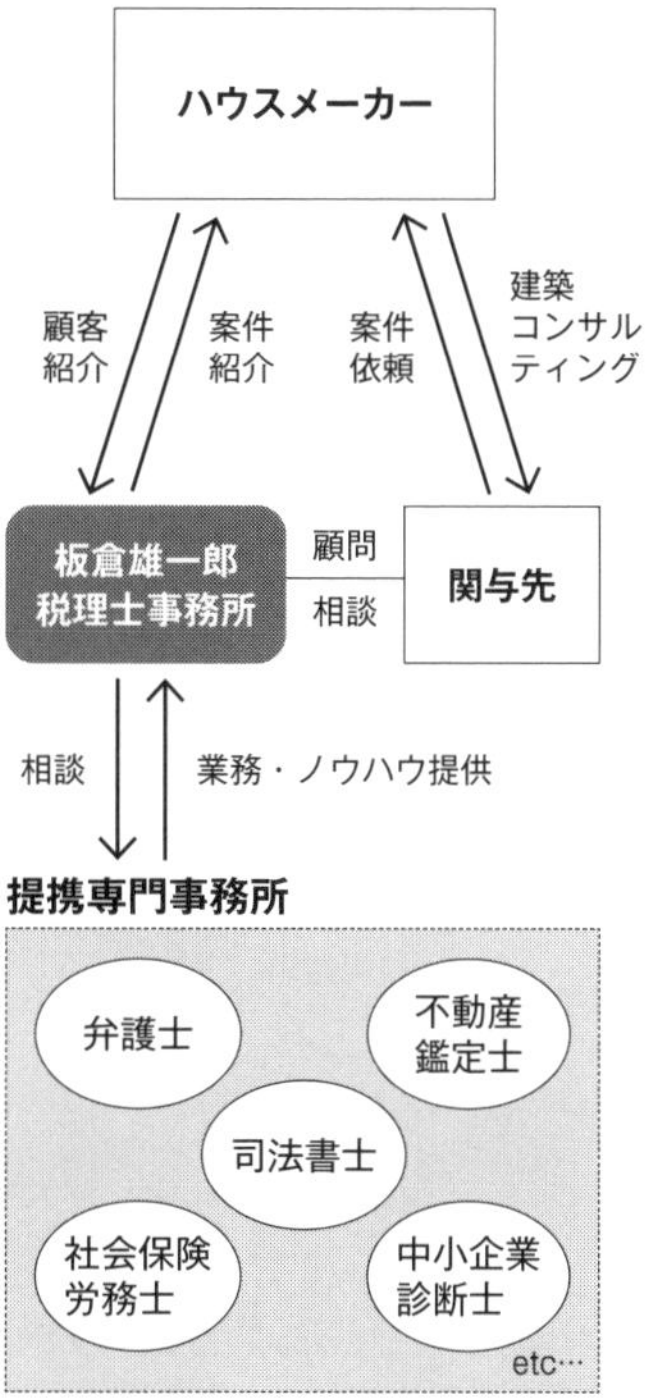

※宅地建物取引士と行政書士は登録手続きを行う予定。

事務所DATA

- ○**代表者** 板倉雄一郎
- ○**設立** 2015年7月（2000年税理士登録）
- ○**所属** 東北税理士会福島支部
- ○**職員数** 4人
- ○**所在地** 〒960-8044　福島県福島市早稲町5-17
- ○**TEL** 024-573-1001
- ○**URL** https://itakuraz.tkcnf.com/page1
- ○**関連法人** 株式会社福島イノベーションパートナーズ、株式会社NA、株式会社Claris、株式会社EthicalVenturesAsia、株式会社ARM

32

司法書士法人城山法務事務所

相続登記の義務化による〝困難手続き〟に対応

難しい案件にも向き合い円滑な解決へと導く地域密着型事務所

代表

司法書士・行政書士

佐川俊輔

1982年福島県生まれ。2008年、東北大大学大学院経済・経営研究科修了。2015年、司法書士法人あい事務所入所。2019年独立、開業。「迅速・正確・丁寧な対応と手続」を心掛ける。

戸籍収集から相続登記申請まで約3～4週間の迅速さ

当事務所は、いわき市・広野町・北茨城市及びその周辺町村のお客様を主な対象に、相続手続き・登記手続きのお悩み解決のお手伝いをさせていただいています。

大手の事務所とは違ってスタッフに一任せず、ヒアリングから案件完了まで司法書士が対応いたします。遺産分割協議が円満に成立し手続きのみをご依頼いただく場合、一般的には手続き処理に約1カ月半を要するところ、戸籍収集から相続登記申請まで平均して3～4週間程度という迅速さで対応、これ以外の場合、初回のヒアリングは最低でも1時間をかけ丁寧に行います。

事務所外観（上）、事務所内観（右）。JRいわき駅から徒歩約5分。

不動産登記法の改正によって2024年4月1日から相続登記が義務化されました。これを受け「所在不明の相続人がいる」「不動産を相続する相続人が外国に居住しているため、印鑑証明書を取得できない」「相続人間の仲が悪く、残念ながら遺産分割協議が成立しなかった、どうしたらよいか」などといった、相続手続きの中でも相当な時間を要する、いわゆる〝困難手続き〟の依頼が多くなってきました。

司法書士法人城山法務事務所における一般的な相続登記の流れ

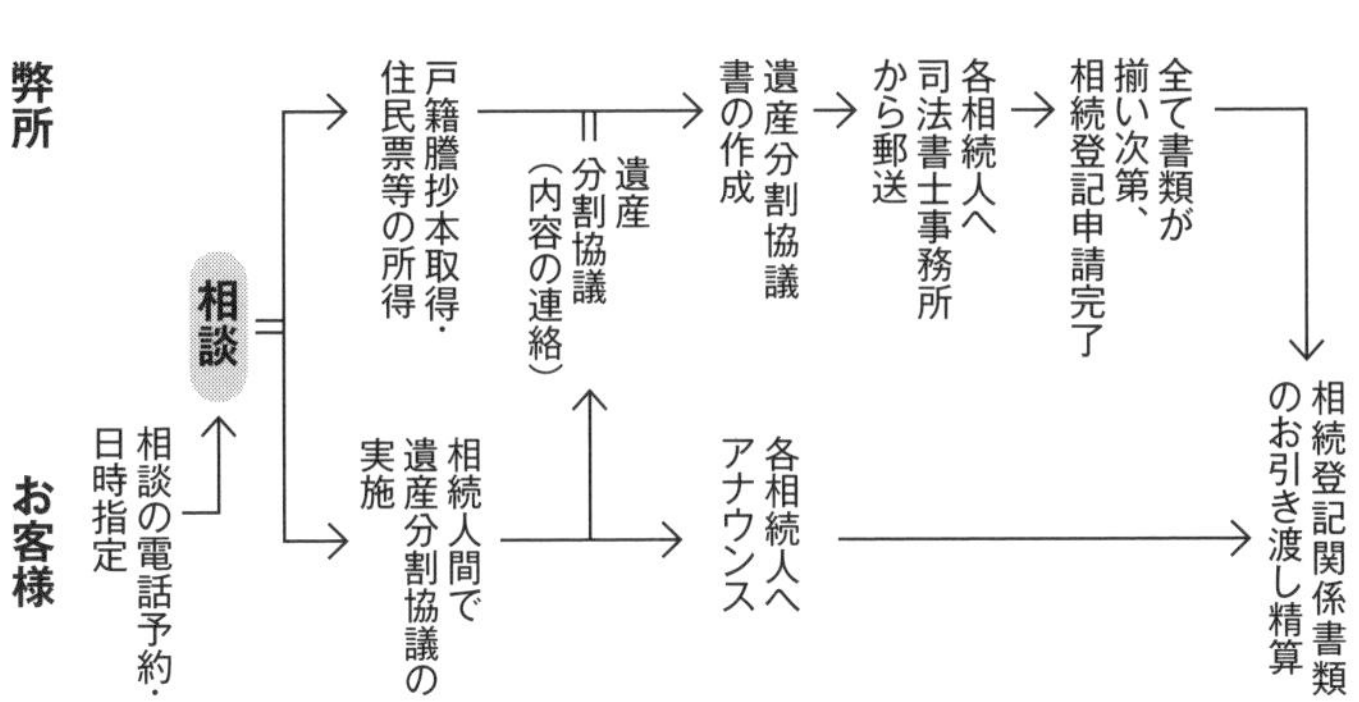

他事務所で断られた案件にも解決策を提案するよう努める

このような手続きを円滑に進めるにあたり、成否を大きく左右するのが事務所の方針や社風です。最終的にどこへ任せればよいか、後悔のないよう全幅の信頼を寄せることができる事務所を吟味した上で依頼することがポイントと考えており、当事務所では〝困難手続き〟であっても積極的かつ丁寧に取り組んでいます。

「対応が難しいと断られた」という案件に対しても丁寧なヒアリングを通してお客様へ最適な解決策を提示しています。最終的にどうしても遺産分割協議がまとまらなかったときは、家庭裁判所での遺産分割調停手続に移行します。その場合の申立書の作成もうけたまわっております。

「けっして心残りのある相続手続きにしてもらいたくない」という強い思いから、休所日であっても、事務所を開ける、車でお客様のご自宅へ出張するという細やかな配慮も行います。ホームページでは無料相談予約も受付中です。お気軽にご相談ください。

事務所DATA

○**代表者**　佐川俊輔
○**設立**　2019年1月設立
2021年8月法人化
○**所属**　福島県司法書士会 いわき支部
○**職員数**　1人
○**所在地**　〒970-8026
福島県いわき市平字
2-27 ひかり第二ビル203
○**TEL**　0246-38-7333
○**URL**　https://www.shiroyama-lso.com/

33

税理士法人紫峰会 阿久津事務所

都市計画法や農地法などの関連法規に精通

大型相続や組織再編などにも対応する地域密着型の税理士事務所

地域トップクラスの相続税申告件数

　税理士法人紫峰会阿久津事務所は茨城県古河市で誕生し40年超。開業当時から法人・個人の確定申告対応にとどまらず、相続・事業承継など資産税分野にも力を入れており、相続税の申告件数は累計1000件以上と地域トップクラスを誇ります。

　相続税の申告は、税務の知識はもちろんのこと、都市計画法や農地法など関連法律の知識や事例経験が必要不可欠です。地域密着型の税理士事務所は、地域の法規制や事例が特に蓄積されやすく、相続税にかかわる土地の評価減の取り漏らしが少ないので、お客様に合ったご提案ができることが強みです。加えて、当事務所には大手税理士法人で財産額10億円を超える資産家・会社オーナーの方の相続税申告・相続対策・事業承継案件を経験したメンバーも在籍しており、大型相続や組織再編などの高度税務にも対応が可能です。

相続手続き完了までのスケジュールを分かりやすく明示

　相続手続きについては、初回面談時に必要書類リストおよび相続税申告までのスケジュール案をお渡しし、いつまでに何をしなければいけないかのイメージを共有します。このスケジュール案は、中間報告の日程の目安や申告までの標準的な作業日数、当事務所の請求額確定のタイミングが記載されているだけでなく、名義変更など税務以外の手続きのタイミングなども記載しており、相続に関する手続き一式が把握できるものとなっています。

　また、二次相続を踏まえたコンサルティングにとどまらず、お子様世代の相続対策についてもご案内・ご提案しています。お子様世代は、ご自身が相続税申告で苦労したという想いがあるため、非常に喜んでいただいてます。

コロナ禍によるオンライン面談や戸籍収集、預貯金の残高証明書取得などの諸手続き代行を依頼される方も増えてまいりました。当事務所では、こうしたご依頼にも対応しています。

また、司法書士などの他士業に依頼する場合も、当事務所が窓口となりワンストップで対応いたします。

税務調査対策については、預金調査の実施に加え、税理士が提出する税務申告書の品質保証の役割を果たす書面添付のご提案もさせていただいております。

スムーズな事業承継に向け多角的な提案を行う

事業承継については、開業40年以上の経験から他社事例が豊富であり、税務上有利なアプローチはもちろんのこと、円滑な事業承継・資産承継に向けての多角的な提案ができることも当事務所の強みです。

具体的には、今後10年間における株価の推移予測を試算したうえで、株式の移転計画を複数パターンご提案し、何年間で株式の承継が完了するか、お客様と共有します。暦年贈与だけでは移転が難しいケースでは、相続時精算課税や事業承継税制の特例措置はもちろんのこと、必要に応じて組織再編や節税商品などのご提案もさせていただいております。

相続・事業承継で何をしたらよいか分からないという方、将来の相続税が不安だという方、個人・法人の確定申告を依頼している税理士が相続や事業承継のアドバイスをしてくれないとご不安な方は、ぜひ当事務所までお問い合わせください。

代表

税理士・行政書士・宅地建物取引士

阿久津邦男（左）

1946年生まれ、茨城県古河市出身。所属税理士の阿久津太伴（右）と共に、茨城県内にとどまらず県外からの依頼・相談にも対応する。「志、創意、工夫の成功は企業の繁栄を導く!」が信条。

事務所DATA

○**代表者**	阿久津邦男
○**設立**	2017年10月1日（個人事業開業日1978年2月22日）
○**所属**	関東信越税理士会 古河支部、TKC全国会
○**職員数**	12人（有資格者2人）
○**所在地**	〒306-0226 茨城県古河市女沼334-3
○**TEL**	0280-92-6558
○**URL**	https://www.akutsu-aaa.com/
○**関連法人**	株式会社スリーエー

34

株式会社常陽銀行

地銀だからできる企業の持続的成長への支援

地域密着で事業承継・資産承継に最善の解決策

相続・事業承継の課題にワンストップで対応

常陽銀行は、茨城県に本拠地を置く地域金融機関であり、事業承継や資産承継に関するコンサルティングや遺言信託等のサービスを幅広く提供しています。年間約２５００件のご相談実績があり、大手税理士法人等で経験を積んだ弊行専門スタッフがお客様のお悩みに対応いたします。スポットでの対策だけでなく、何かあったらすぐにご相談いただけるパートナーとして、継続的にお問い合わせをいただいています。

また、資産運用の延長として、いつものお取引店窓口で資産管理・資産承継のご相談ができることや、相続・事業承継に伴ってご資金が必要な場合においても、ワンストップで対応ができることは金融機関ならではの強みです。

地域密着金融機関として顧客との運命共同体で臨む

地域金融機関と大手コンサルティング会社との大きな違いは、地域密着という点にあります。地域とともに成長してきた常陽銀行は、お客様への支援が、巡り巡って私たちに返ってくるということを、身をもって知っています。地域金融機関は、お客様との運命共同体ともいえ、長い目で見たとき、お客様のためになるご提案ができるよう真摯に取り組むことが使命と考えています。

事業承継問題といっても、単に後継者不在だけが問題になるケースは少なく、家族間の問題や組織の問題、人材の問題、資金に関わる問題等、お客様ごとにさまざまな課題を抱えていらっしゃいます。常陽銀行では、相続・事業承継の専門チームに加えて、戦略策定や業績改善、人材紹介、ＩＴ分野におけるコンサルティングを行うチーム等、お客様の課題に的確な対応をすべく、体制を整備しています。

また、現経営者と後継者だけでなく、従業員やその他の株主・親族等多くの方に関わる問題であるため、利害関係者が多い場合は、時間がかかっても皆様のご意向をよく聴いた上で、全員が納得できる解決策を見つけられるよう努めています。

資産承継問題も同様に、お客様に寄り添ってご相談を承り、ご相談者様の想いを形にできるよう精一杯お手伝いさせていただきます。

大手税理士法人等で経験を積んだ弊行専門スタッフを各地に配置し、お客様の想いに寄り添ったサービスを提供します。

最新の相続・事業承継税制に対応できる万全の体制を整備

相続・事業承継に関連する税制は複雑かつ毎年のように改正され、それに伴い新たな商品やスキームが日々研究されています。常にお客様に正確かつ新しい情報をご提供できるよう、常陽銀行では地元税理士会をはじめ、行政、法律事務所、大手税理士法人、コンサルティング会社、大学院等と連携し情報収集や研究等を行っています。

相続・事業承継に関する検討に「早過ぎる」ということはありません。ご本人様が健康なうちに、会社の業績が好調なうちに、前もって検討しておくことで複数の選択肢から最善の方法を見つけることができます。まずは相続税試算や株価算定等の現状把握から始めてみることをおすすめします。

事務所DATA

○**代表者**　取締役頭取　秋野哲也
○**設立**　1935年7月30日
○**職員数**　3,122人
○**所在地**　〒310-0021　茨城県水戸市南町2-5-5
○**TEL**　029-231-2151
○**拠点**　国内183店(本支店153、出張所30)、国外4駐在員事務所(上海、シンガポール、ニューヨーク、ハノイ)
○**URL**　https://www.joyobank.co.jp/
○**関連法人**　(株)めぶきフィナンシャルグループ、(株)足利銀行、(株)めぶきリース、めぶき証券(株)、めぶき信用保証㈱、㈱めぶきカード、常陽コンピューターサービス(株)、(株)常陽産業研究所、常陽施設管理(株)、(株)常陽キャピタルパートナーズ、常陽グリーンエナジー(株)、公益財団法人常陽藝文センター

35

みとみらい法律事務所

開所から85年の地域に根ざした法律事務所

ファミリービジネスの継続という視点に立ち相続・事業承継を支援

代表

弁護士・事業承継士・経営心理士

後藤直樹

元茨城県弁護士会会長、元日本弁護士連合会常務理事、元関東弁護士会連合会常務理事。現在は茨城県収用委員会会長、水戸家庭裁判所調停委員、茨城調停協会連合会会長、日本司法支援センター茨城地方事務所所長なども務める。

企業の顧問は100社以上 地域のお客様に貢献

みとみらい法律事務所は、開所から85年の伝統を持つ法律事務所です。相続の取り扱い実績数は2023年に173件（相談数）を数えるなど、豊富な経験を持っています。地域のお客様に貢献することを意識しており、地域企業の顧問先は100社以上。ファミリービジネスをいかに継続していくかという視点に立って、中小企業オーナー様の相続・事業承継対策を行っています。

毎月1回土曜日には、相続セミナーと個別無料相談会を開催しており、なかでも事業承継に関しては、法務面から潜在的な問題点がないかをチェックする簡易な無料診断サービスも行っています。

地域の他士業専門家とも緊密なネットワークを構築

事業承継案件は、法律面からのみの提案ではお客様に最善の解決を提供できません。当事務所の代表は事業承継士の資格を取得していますが、これは事業承継の全体像を理解するためです。信頼できる地域の税理士、公認会計士、司法書士、ＦＰ等との

緊密なネットワークを築き、他士業に担っていただく範囲を予想し、法律専門家としてのサービスをどのように提供できるかを考えます。

また、相続や事業承継対策は主に税務対策が強調されがちですが、それだけでは不十分です。ファミリービジネスの観点からは、ご本人も含めて、家族はどう感じるかについても考慮して進めなければなりません。

当事務所の代表自身も、13名という小規模事業者の経営者です。数年前に先代から事務所を引き継ぎましたが、数年後には次世代への承継を考えており、現在、そのためにいろいろなことに取り組んでいるところです。そういう意味では、お客様と同じ視点から、事業承継のお悩みをうかがうことができます。

LINEやチャットツールを使い気軽に質問できる体制を整備

一般的に、弁護士や法律事務所はトラブルになってから頼るもの、どうしようもなくなってから相談するところというイメージがあります。しかし、それでは事態が悪化して、とることができる選択肢が限られてしまいます。弁護士への相談は、早ければ早いほど効果があるのです。お客様にそう感じてもらうためには、心理的なハードルを除かなければなりません。

当事務所では、お客様との連絡はLINE、Chatworkなどのチャットツールを使い、気軽にご質問ができるように配慮しています。また顧問先の経営者様限定ですが、弁護士直通の携帯番号を開示し、いつでも連絡できるようにしています。そして、お問い合わせをいただいてから原則24時間以内に回答するように心掛けています。

相続や事業承継は、多くの人が「うちは大丈夫だから」「うちに限っては問題ない」と考えています。しかし、経営者が亡くなり、奥様も亡くなると相続争いが起こることがあるというのも現実です。

相続や事業承継をトラブルなく円満に進めるためには、何も対策をしていない状況で経営者に相続や認知症が起これば家族や社員に何が起こるのかを、シミュレーションしてみることをおすすめします。当事務所では、無料の相談も受け付けているので、ぜひご利用ください。

事務所DATA

○**代表者**　後藤直樹
○**設立**　1939年
○**所属**　茨城県弁護士会
○**職員数**　13人（有資格者7人）
○**所在地**　〒310-0021
茨城県水戸市南町3-3-33 PS第3ビル 8階
○**TEL**　029-221-2675
○**URL**　https://mitomirai-law-office.jp/

36

株式会社足利銀行

相続・事業承継のスペシャリストが伴走支援

相続・事業承継をトータルにサポート

相続のスペシャリスト「財産コンサルタント」を配置

足利銀行では、「総合的なコンサルティングを行ったうえで、明らかになった課題への最適な解決策をトータルでご提供する」といった姿勢でお客さまへのサポートを行っています。

相続対策では、お客さまのサポートを行う専門部署としてプライベートバンキング室を設置しています。プライベートバンキング室には、お客さまの資産状況の分析から相続対策の立案、実行サポートを行う専門スタッフとして「財産コンサルタント」という相続のスペシャリストを26名配置しています。

また、お客さまの相続対策に関する総合的な分析、対処策の検討を行うツール「資産承継プランニング」をご用意。不動産や保険を含めた資産全体のポートフォリオ、保障・納税資金の過不足、最適な暦年贈与額・配偶者相続割合といった多方面にわたる分析を行い、課題と対処策を報告書にまとめ、ご提供いたします。また、「資産の分割」や「資産の移転」、「納税資金の準備」など多岐にわたる課題についても、足利銀行およびパートナー企業によるサポートを通じ、ワンストップで解決に導きます。

プライベートバンキング室の財産コンサルタントが、相続対策に関するコンサルティングを起点に、お客さまの課題解決を総合的にサポート。

「想い」を実現する事業承継・M&A支援を実践

事業承継・M&A支援において、企業オーナーの会社に対する「想い」を実現することを最大の使命として、経験豊富な事業承継・M&A支援のスペシャリストをクライアントサポート室に20名配置しています。

親族や役職員への事業承継について、「どのように考えて良いか分からず漠然と悩んでいる」、「何から着手すれば良いか分からない」といった初期的な段階からご相談が可能です。事業承継方針（誰に引き継ぐか）の決定から、具体的なスキームの構築とその実行（承継完了）に至るまで、ご支援させていただきます。

M&A（第三者への事業承継）においては、10万社を超える取引先企業の中からパートナーとして信頼でき、シナジー効果も期待できる企業をご提案いたします。更に、地方銀行を中心とした全国の金融機関やM&A専門会社と提携しており、日本全国で相手企業を探すことも可能です。

また、足利銀行の投資専門子会社であるウィング・キャピタル・パートナーズ（WCP）によるファンドを活用した事業承継支援も行っています。後継者の金銭的な負担を軽減する目的などで、後継者に代わってWCPが株式をお引き受けし、株主の立場で事業承継後の持続的な成長をご支援いたします。

事業承継は検討開始から承継完了まで年単位での時間がかかるため、早い段階で2W1H（Who：誰に、When：いつ、How：どのように）を検討することが重要です。

ぜひ、足利銀行にご相談ください。

経験豊富な専門スタッフが、事業承継・M&Aにおける一連のプロセスを初期検討段階からクロージング（承継・譲渡完了）まで伴走支援。

事務所DATA

○**代表者**　取締役頭取 清水和幸
○**設立**　1895年10月1日
○**従業員数**　2,497人（2023年3月末現在）
○**所在地**　〒320-8610　栃木県宇都宮市桜4-1-25
○**TEL**　028-622-0111
○**URL**　https://www.ashikagabank.co.jp/
○**関連法人**　株式会社めぶきフィナンシャルグループ

37

行政書士法人ＴＲＵＳＴ／栃木相続手続センター

きめ細やかなサービスで円満相続に導く

栃木を中心に他士業との連携で相続完了までベストな流れをアドバイス

代表

行政書士
細野大樹

1974年栃木県小山市出身。大学時代は阪神淡路大震災やカンボジアの小学校建設のボランティア等に従事。小山市議会議員も務める。現在は、身寄りのない方、障がいを持つ方などの成年後見を専門に行うNPO法人の会員として後見業務も行っている。

筋道を立てた進め方でお客様の負担を軽減する

行政書士法人ＴＲＵＳＴは栃木県最大規模の行政書士事務所で、開業以来15年、４０００を超す相続案件を解決してきました。特徴は不動産から預貯金、株式、有価証券まで、一括して名義変更を代行するところです。相続財産が不明な場合や相続人が多数存在したり、外国人が関係するといった難しいケースも、争いなく円満にまとめることを得意としています。また、相続資産をすべて換金して、全相続人に分配するまで、責任を持って行います。

相続は筋道さえ間違えなければ、争いに発展することなく円満に運ぶものです。仮に争いになったとしても、専門家が筋道をきちんと整理することで、調停や裁判にまでいたることはありません。

私たちはお客様の困りごとをどのようにしたら解決できるかを常に念頭に置き、相続完了までのベストな流れを提案します。行政書士や税理士、司法書士、弁護士の他、不動産業者などとも連携し、お客様の精神的不安を少しでも軽減できるように心掛けているのも特徴です。

お客様のニーズに合った フレキシブルな対応

相続は故人の財産を引き継ぐ大切な手続きですが、相続人の間でもめごとが発生することもある繊細な業務です。悲しみのなかで進めることもあるでしょうから、できるだけ親身に相談に乗ってくれる専門家を選ぶのが肝要だと思っています。

私たちは栃木県を中心に相続のお手伝いをさせていただいていますが、ホームページをご覧になった京都の方から福井県の案件を依頼いただいたこともあります。

この方の相続人は10人以上いて、しかも東京圏から関西圏まで広く居住し、相続財産も確定していない状況でした。通常の相続は郵送のみの連絡で済ませることが多いのですが、この案件の場合、対面で進めることが最良と判断し、行政書士、税理士を連れて、京都はもちろん、東京、大阪などに出張して手続きを完了したのです。その結果、相続人全員の理解を得られ、判明したすべての財産を争いごとなく配分できました。

京都在住の方から栃木県にある私たちの事務所を選んでいただいたことが嬉しくて、とても印象に残っています。

相談しやすい雰囲気の事務所内。

お客様の求めるサービスを 適切な価格で提供

複雑な案件だと一つの会社に任せていいのか不安になることもあるでしょう。料金も心配です。その点、私たちは基本的に財産総額に基づいた手数料をいただくのではなく、業務ごとに料金を定めていますので、安心です。

こみいった事案の解決はもちろん、遺品整理の手配、空き家の処分に至るまで、きめ細やかなサービスが自慢です。土日祝日や夜間も対応していますので、お気軽にご相談ください。

事務所DATA

○**代表者**　細野大樹
○**設立**　2018年5月16日
○**所属**　栃木県行政書士会 小山支部
○**職員数**　10人（有資格者2人）
○**所在地**　〒323-0807　栃木県小山市城東1-12-27 前田ビル201
○**TEL**　0285-32-6546／0120-266-997
○**支所**　宇都宮事務所:栃木県宇都宮市伝馬町1-3 大通りビル2階
○**URL**　https://gh-trust.jp
○**相続専門**　http://www.igon-souzokucenter.com

38

株式会社藤井経営／藤井会計事務所

医業や農業の相続・事業承継支援に強み

関東甲信越を中心に高い専門性で問題解決をサポート

事業承継支援で独自の仕組みを提案

関東甲信越地方を拠点に、中小企業経営者や個人事業主などを主な顧客として経営支援・税務サービスを提供しています。私たちのポリシーは、ニーズに合わせた先回りの対応と、高い専門性による課題解決によって、顧客から選ばれる存在になることです。

将来を見据えた相続や事業承継のサポートも私たちの大切な任務です。相続・事業承継部門と経営相談・法人・所得税の部門とが密接に連携し、データベースを活用して情報共有を行なっています。部門同士での協力が、トータルアドバイスとしてのサポートを可能にします。

一例として通常の事業承継では、後継者が社長に就任すると同時に、現社長は退任もしくは会長になるというケースが少なくありませんが、私たちの事務所では、その前段階として、現社長の職位はそのままで、後継者も社長となる「ダブル社長」を勧めています。経営に大きな混乱を起こさずに先代は後継者を最大限にサポートでき、任せられると判断した部門・子会社の経営権を少

FCMG
FUJII CONSULTING
MANAGEMENT GROUP

専門性を携えて、お客様に寄り添いサポートをする藤井経営のスタッフ。

しずつ委譲していくこともできます。いわば「社長の試用期間」のようなものです。後継者の成長を促す効果もあるため、承継に不安がある方はご相談いただければと思います。

医業や農業経営分野の専担部門を設置

藤井経営の強みは、医業や農業関係の方の支援にもいち早く取り組み、相続や事業承継のノウハウを蓄積してきたことです。社内には医業や福祉・介護事業、農業経営などの分野に精通した専担部門を設置しています。

伊勢崎市の株式会社藤井経営本社ビル。

医業経営支援では、依然として持ち分ありの医療法人が多いため、決算終了時点での相続財産シミュレーションで、出資持分の評価額の把握に努めています。特に事業規模の大きい病院経営者は、相続対象財産の中でも出資持分に関わる検討項目が多くなるので、認定医療法人などの出資持分のない医療法人への移行や役員退職金の準備など様々な提案を行っています。

一方、農業の事業承継では、個人経営と法人経営、集落営農法人などの経営形態の違いによって承継の方向が違ってきます。相続発生前から次世代経営者の考え方をしっかり確認し、関係者の意識をそろえておくことが重要です。

目先の節税だけにとらわれず中長期的な目線でサポート

医業や農業の相続・事業承継では、その後の経営や家族の営みを重視した目線が特に重要です。目先の節税対策にだけ捉われていると、後々、トラブルに発展することもあります。残された方が望んでいない不動産投資や権利分散は、思いもよらない結果をもたらすこともあります。

私たちが心がけているのは、そのようなことを防ぐためにお客さまが本当に望む「これから」を聞き出すことです。節税対策よりも、親族間で目指すべき将来を話し合うことをおすすめしています。

想いに沿った相続ができるように、残す立場の方が早期の段階で対策を講じることも大切です。些細なことでもよいのでご相談ください。

事務所DATA

○**代表者** 藤井 泉
○**設立** 1968年
○**所属** 関東信越税理士会 伊勢崎支部
○**職員数** 55人（有資格者3人）
○**所在地** 〒372-0801 群馬県伊勢崎市宮子町3220
○**TEL** 0270-25-7696
○**E-mail** soumu@fcmg.co.jp
○**URL** https://www.fcmg.co.jp
○**関連法人** 株式会社藤井経営M&Aセンター、藤井経営社労士事務所

39

行政書士キズナ法務事務所／絆コンサルティング

「相続」「生前対策」に特化した専門家

不動産までワンストップで対応し、家族を守るお手伝い

代表

行政書士

小嶋秀和

慶應義塾大学法学部法律学科卒。行政書士、ファイナンシャルプランナー、家族信託専門士、相続診断士、宅地建物取引士、不動産コンサルティングマスター、賃貸不動産経営管理士、宅地建物取引業免許。千葉県行政書士会千葉支部幹事、絆の会主宰。

相続トラブルを防ぐため、生前対策に力を注ぐ

当事務所は、士業では数少ない「相続」専門の法務事務所です。

特に相続では起こりがちな〝争族〟を防ぐ「生前対策」に力を入れており、単なる事後の手続代行ではなく、専門家が親身にお話をうかがいながら、コンサルティングいたします。

また、相続においてのトラブルが発生し、困ってから動き出す方がまだまだ多くいらっしゃいます。そうした現状を鑑みて、相続に関する啓蒙活動の一環として、千葉市・習志野市などの行政機関や福祉団体などからの依頼を受けて、講演活動も行っています。

Kizuna.

堅苦しい雰囲気のない、ゆっくりと相談できるスペースが評判。

粘り強く対応し、親族間の平和的和解を目指す

当事務所では、生前対策に力を入れておりますが、事後の相続トラブルを抱える方からの相談は後を絶ちません。

なかには、故人の生前から介護方針などの相違によって反発が起こり、親族関係に決定的な亀裂が入ってしまったケースもあります。

こうした場合でも、私どもは行政書士という資格の性質によるものか、弁護士や司法書士が裁判で早期決着を図ろうとすることとは違い、お客様の同意を得たうえで、粘り強く「ソフトランディング＝親族間の和解」を目指す場合が多くあります。

数年間を要するケースもありますので、どちらがいいとはいえません。しかし、対応したお客様からは、「平和的に終わってよかった」との感謝の言葉をいただいております。そして、こうした事例を経験するたびに、相続トラブルを未然に防ぐ「生前対策」の重要性を痛感しております。

最寄り駅は京葉線検見川浜駅。
700m先には稲毛ヨットハーバーが広がる。

宅建業免許も取得し、不動産の仲介まで対応

「相続」に関する悩みは、お客様それぞれに異なり、また、様々な要素が複雑に絡み合うものです。一方、サポートする側は、自分の専門分野のみの対応となる場合が多く、お客様のご要望にお応えしきれていないケースが少なくありません。

当事務所では、行政書士のみならず、士業では稀少といえる宅建業免許も取得しています。生前対策から相続、不動産の仲介までワンストップで対応し、また、お金や税務についてもファイナンシャルプランナーがアドバイスいたします。

お客様の立場に立った「総合的なコンサルティング」を行って、皆様に寄り添い、ご家族の「絆」を守るお手伝いをさせていただきます。

事務所DATA

○代表者　小嶋秀和
○設立　2018年8月
○所属　千葉県行政書士会千葉支部、千葉県宅地建物取引業協会千葉支部、日本ファイナンシャルプランナーズ協会、コスモス成年後見サポートセンター千葉県支部、家族信託普及協会
○職員数　2人（有資格者1人）
○所在地　〒261-0012　千葉県千葉市美浜区磯辺2-6-6-A（2階）
○TEL　043-277-0778
○URL　https://kizuna1.com/

40

株式会社PMAカンパニー／ちばPMA相続サポートセンター

「不動産」に強い相続と事業承継のプロ集団

首都圏の不動産事情に精通した確かなサポート

代表取締役

佐藤浩之

1970年千葉県出身。宅地建物取引士。（公財）日本賃貸住宅管理協会認定相続支援コンサルタント。全国相続サポートセンター加盟。1995年より不動産事業に従事。センチュリー21ベストハウジング千葉代表取締役、グランドラインコーポレーション取締役を歴任。

最新の不動産動向を踏まえた相続サポート

ちばPMA相続サポートセンターは、相続・事業承継支援を専門に取り扱うプロ集団です。とくに、当センターの代表は不動産業界で長年キャリアを積んだ不動産の課題解決や有効活用に関するスペシャリストです。千葉県を中心とした首都圏近郊の不動産事情を踏まえたコンサルティングに強みがあります。年間のサポート件数は約15件、相談は50件ほどの実績があります。

相続・事業承継には様々な負担やリスクが伴います。できるだけスムーズな相続・事業承継を実現するためには、お客様の資産状況を総合的に把握する必要があります。

そこで当センターは、相続税対策や遺産分割対策など個別の部分対策ではなく、資産全体を俯瞰して、お客様に最適な相続・事業承継プランをご提案します。

不動産については不動産の投資分析、空き家対策、リノベーション、用途変更・建て替えの有利選択分析など、高度な専門的知見を生かしてお客様の資産拡大の実現に向けたアドバイスを行います。

相談予約はこちら！

お客様の利益を第一に安心・安全な相続を目指す

相続・事業承継サポートを進める上では、税金・遺産相続に詳しい士業と連携する専門家チームを編成します。もちろん、お客様の窓口はすべて当センターに一本化されているので、相続発生前の生前対策から相続発生後の諸手続きまで、切れ目のない一体感のあるサポートが受けられます。事業承継支援では経営者・後継者・従業員・取引先などに関連する対応、作業についても総合的にお手伝いします。

当センターがお客様をサポートする上で大切にしているモットーは、「お客様の利益を最優先する」ということです。自社のサービス・商品の販売を目的としている相続プランを提供するのではなく、あくまでも第三者の立場から、お客様にとって最善の結果を追求します。同時に、社会的な正義、公正さも重視した安心・安全な支援を心掛けています。

闇雲な行動は事故のもとまずは当センターにご相談を

相続・事業承継の準備を始める上で、「何から着手すればいいのかわからない」というお客様も多いのではないでしょうか。しかし、思い付きの、闇雲な行動は事故の原因になります。「相続税対策になると思って、とりあえず不動産を買ってみた」、あるいは不完全な遺言書を作成したり、投資信託に手を出したりすることも、あまりいい結果にはつながらないでしょう。

相続をスムーズに進めるためにはプロのサポートが効果的です。当センターでは相続・事業承継・不動産に関するお悩み・疑問に関して無料相談を受け付けています。まずはお気軽に予約相談をご活用下さい。ご相談いただくだけで、それまで抱えていたモヤモヤが解消するお客様もたくさんいらっしゃいます。また、相続・事業承継、不動産に関する無料メルマガを毎週発信しています。1分で読めるようにポイントをまとめているので、ぜひご活用ください。

全国相続サポートセンター

無料メルマガ
登録はこちら!

事務所DATA

○代表者	佐藤浩之
○設立	2007年12月10日
○職員数	4人
○所在地	〒273-0103 千葉県鎌ケ谷市丸山1-9-74
○TEL	相続サポートセンター 047-442-1102 PMA カンパニー 047-446-3851
○URL	https://chiba-pma.z-souzoku.com/ https://pma-company.co.jp/

41

若槻公認会計士・税理士事務所

千葉県を地盤にお客様第一のサービスを展開

生前対策から企業オーナーの事業承継まで幅広いサポート

代表
公認会計士・税理士
若槻 明

Pwおよびアーサー・アンダーセンを経て独立。経営者とのディスカッション、他士業・金融機関などとの強固なネットワークによる広範な経営支援、相続・事業承継サポートに対応。海外赴任の経験を生かして、国内外のベンチャーのスタートアップ支援にも注力。

地元密着の信頼できる相続プロフェッショナル

当事務所は千葉県の法人・個人を中心に、法人税・個人所得税・消費税・相続税・贈与税の申告サポートを行っています。また、企業オーナー様の事業承継および後継者育成の支援業務も取り扱っています。相続・事業承継支援に関しては年間10～15件程度、お客様のご希望やお考えを大切にしながら対応しています。

相続・事業承継をスムーズに、かつ着実に進めるためには、民法や相続税法に関する確かな知識に加えて、オーナー様の個人所得・資産に関する税法、会社経営にかかる会社法に関する専門的な知見が求められます。

しかし、それぞれのお客様を取り巻く相続・事業承継の状況は一人ひとり異なります。そのため、お客様の実情に即した相続・事業承継支援を行うのは、大規模なコンサルファームなどよりも、むしろ地元密着型の相続プロフェッショナルの方がきめ細やかにサポートできるケースが少なくありません。地元の不動産評価、さらには税務署対応などにも精通しているからです。

当事務所は長年、千葉県を地盤に

お客様第一のサービスを展開して参りました。おかげさまで地元のお客様からも高い評価をいただいています。これからも地域に根差した信頼できる相続プロフェッショナルとして、お客様の安心のために、お手伝いしていきたいと考えています。

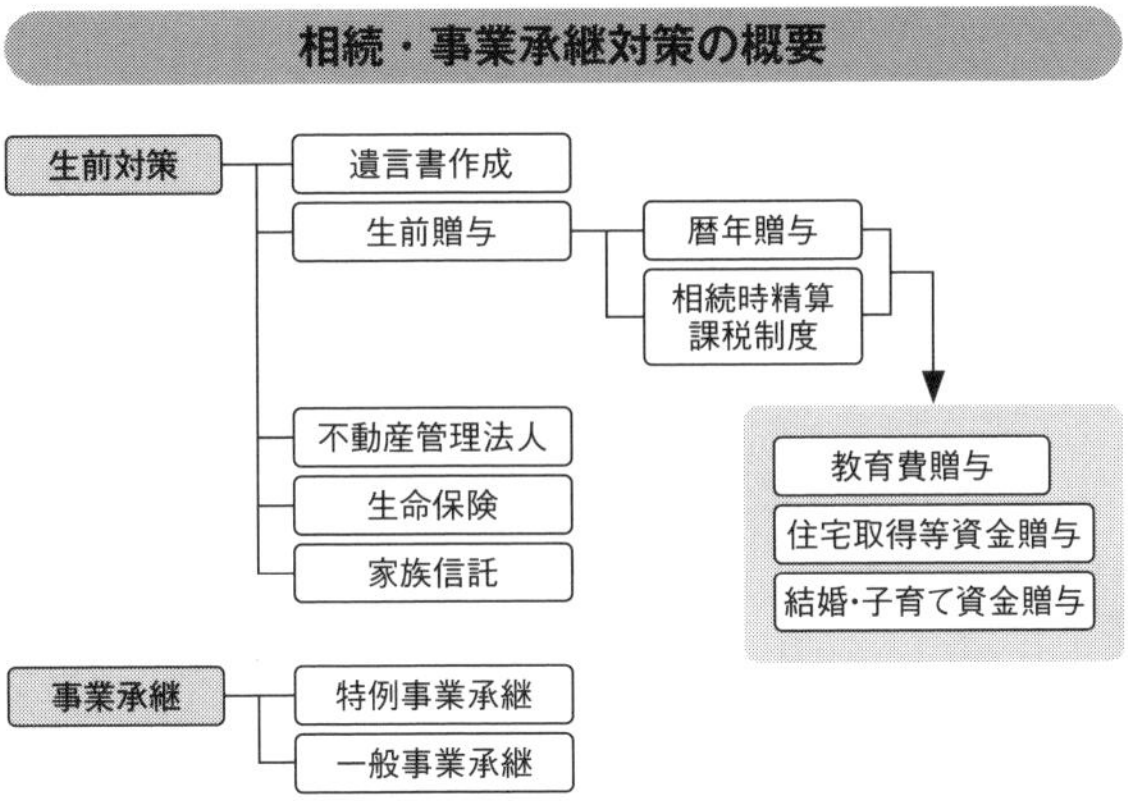

相続の負担を軽くする生前対策から丁寧に支援

相続・事業承継支援の具体的なサポート内容は、生前対策としては、上の図に示すように遺言書の作成、税負担の軽減につながる生前贈与や生命保険のほか、お客様によっては認知症対策としても注目される家族信託などのご提案も可能です。

また、事業承継対策としては事業承継税制の活用を念頭に、事業承継計画の策定、後継者の育成など総合的にお手伝いいたします。

相続・事業承継支援を行う上では常に最新の法制度や特別措置を利用することでお客様の負担を軽減して、より効果的な支援策をご提案します。

綿密な打ち合わせで最適な相続プランを

実際にサポートを行う際は「顧客に寄り添うサービス」をモットーに、次の手順を踏んで進めていきます。

①お客様の状況や希望をヒアリング
②ご家族（後継者）へのヒアリング
③相続対策を何も講じない場合の相続財産評価・税額を試算
④お客様の負担を減らせる相続プランのシミュレーション
⑤お客様とディスカッションしながら、相続プランを選択・決定

相続・事業承継対策は、早めにスタートすれば選択肢がより多くなります。まずは当事務所にお気軽にお問い合わせいただきたいと思います。

事務所DATA

○**代表者** 若槻 明
○**設立** 2002年9月18日
○**所属** 千葉県税理士会
○**職員数** 6人
○**所在地** 〒285-0864 千葉県佐倉市稲荷台1-21-26
○**TEL** 043-462-5535
○**URL** http://www.wakatsuki-cpa.com/

42

行政書士加賀谷真由美事務所

資産凍結を回避する家族信託をオーダーメイドで提案

リスクの可能性を多面的に予測し、依頼者にとっての最適解を示す

代表
行政書士
加賀谷真由美
家族信託専門士、2級ファイナンシャル・プランニング技能士、AFP。一般社団法人家族信託普及協会会員。

受託者事務についても支援を継続して行う

人生100年時代、長生きするが故にぶつかるのが、認知症への不安と、もしものときの資産凍結の壁です。行政書士加賀谷真由美事務所は、そのリスク対策として、家族信託を提案しています。

家族信託とは、「家族による、家族のための、資産凍結を回避する財産管理の仕組み」です。例えば、高齢の親と子が家族信託契約を結んだ場合、高齢の親に代わり、子が親の財産を管理できるようになるため、その後親が認知症になったとしても、資産を凍結されることなく管理し続けることができます。

家族信託は組成の自由度が高く、遺言書の機能を兼ねることも可能です。100の家族があれば信託の形も100通り。その組成は、まさにオーダーメイドといえます。当事務所では、「家族信託は信託契約書を作成して終わり」とは考えていません。なぜなら、お客様にとっては契約書が完成した時がスタートだからです。信託開始後、受託者がつつがなく財産管理事務を遂行できるよう、受託者事務についての説明と支援を、

継続して行っていきます。

話しやすい雰囲気作りと丁寧に聞くことを大切にする

当事務所の強みは、民法と税法両方の法律知識があることです。代表の加賀谷は、前職で長年税務に携わってきており、相続税法、所得税法、法人税法など税法の知識はもとより、税務会計の実務経験も豊富です。

もちろん行政書士は、税務に関わる業務を行うことはできません。しかし、税務に精通しているからこそ、それを見通した家族信託を組成できますし、リスクの可能性を多面的に予測することもできます。組成した内容がいかなるリスクを予測して回避できるように施されているのかを、依頼者は深く理解していないかもしれませんが、当事務所は依頼者の事後の生活のことも見据えて、最適解を示すように努めています。

また、当事務所では、お客様とお会いしたときは、話しやすい雰囲気作りと丁寧に聞くことを大切にしています。我々士業は、どうしてもすでに身についている法律知識を基に話しがちですが、一般のお客様は必ずしも法律知識があるわけではないので、個人の感じ方や自己の基準でお話をされます。専門家と一般人との認識の違いを感じたとしても、途中で「それは違う」と遮ることはせず、まずはお客様が話したいと思っていることを引き出すことを心掛けています。

家族のコミュニケーションの足がかりとなる役割も

認知症、相続、事業承継など次世代を巻き込む問題は、家族皆で考えるべき課題です。家族といえども個人が尊重される社会となった今、意識してコミュニケーションを取る努力が必要だと考えています。

当事務所が家族信託を組成する際は、原則として家族会議を開いていただきますが、思い思いに考えを述べるよいきっかけになっていると感じます。家族だけではなかなか実現しない話し合いの場も、行政書士という第三者が同席することで成り立ったりするものです。家族の信頼と協力が必要な家族信託において、当事務所が皆様のコミュニケーションの足がかりになれればと思っています。

「まだ」「そのうち」「いつか」のような先送り思考はやめるべきだと思います。今大丈夫だと思っていることが、この先も大丈夫だとは限らないからです。何か心に引っかかることがあったら、そのままにせずお気軽にご相談ください。

事務所DATA

○代表者　加賀谷真由美
○設立　2019年6月
○所属　埼玉県行政書士会 浦和支部
○所在地　〒330-0062 埼玉県さいたま市浦和区仲町2-5-1 地下1階 Mio浦和
○TEL　048-606-2928
○URL　https://kagaya-gyosei.com
○関連法人　一般社団法人家族信託普及協会

43

名護税理士事務所

不動産オーナーのための税務申告に強み

一貫して資産税分野に特化してきた税理士たちが道筋を立てる

代表

名護茂子

一部上場製薬メーカー勤務後、税理士の道へ。2004年、税理士試験合格。一般会計事務所にて法人税務を経験後、都内相続税・資産税特化税理士法人等に勤務。その後、2021年1月に独立開業。

不動産・相続に関する相談にワンストップで応える

名護税理士事務所は、大手会計事務所の相続税・資産税部署で経験を培った税理士たちが、お客様のご依頼に対応します。

私どもが特に専門としているのが不動産賃貸事業と相続です。不動産オーナーのための税務申告、資産管理・財産承継戦略、相続税・納税資金対策、不動産組み換えによる収益力の向上、会社オーナーのための事業承継対策等に強みがあります。

当事務所に在籍するスタッフ６名は、３名の税理士と、１名の宅地建物取引士で構成。少数精鋭のチーム体制でお客様の安全な資産形成の発展と存続に貢献いたします。申告の数より中身の充実を徹底することをモットーとし、規模を広げず、自分たちの目の届く範囲で、丁寧かつ迅速に対応する方針を掲げています。

そのうえで、弁護士、司法書士などの士業、さらにほかの専門分野の税理士等とのネットワークを活用し、当事務所が窓口となって、相続・不動産に関わるさまざまなご相談に応じるソリューションをワンストップでご提供します。

複雑な感情が絡み合う場面も豊富な経験からアドバイス

相続税申告業務では土地評価等、徹底的に納税額を抑えた申告を前提に、将来を見据えた相続税申告書を作成します。税務調査で指摘を受けないための書面添付制度の導入や申告資料の工夫など、あらゆる対策を欠かしません。さらに、業務に関わった後も、相続を起点としてお客様の今後の利益に向けたコンサルティング業務に対応しています。

相続税申告業務は、時に複雑な家族関係や感情が絡み合うことがあります。だからこそ、税理士の経験値が非常に重要になります。当事務所の税理士は、数多くの相続の場面を経験したからこそ、どのようなことに配慮すべきか、傷口を広げないための対処方法は何かを心得ています。こうした知見をもとに、まずはお客様の疑問や不安など、どんなことでもお話しをよく聞く姿勢を大切にしています。そうして、お客様に心から納得していただけるようなご提案をいたします。

オフィスはJR浦和駅から徒歩2分の立地。

2名以上のチーム体制で事案を多角的な視点から分析

当事務所では、全ての事案に2名以上のチーム体制で取り組んでいます。そのため、多角的な視点での分析を可能にしています。

相続は資産承継の一つの方法に過ぎません。資産承継の場面では贈与・譲渡、法人の資本政策・組織再編、資産承継後の資産の活用などさまざまな課題が出てきます。お客様の状況を分析し、お客様の将来の利益実現のための道筋はなにかを導き出すことが私どもの使命です。正確な道筋をたてるためには、可能であれば相続発生前や不動産を動かす前など、できるかぎり早い段階で専門家にご相談されることをおすすめします。

その際には、ぜひ私どもにお声がけください。きっとお力になれるでしょう。

事務所DATA

○**代表者** 名護茂子
○**設立** 2021年1月
○**所属** 関東信越税理士会 浦和支部
○**職員数** 6人（有資格者 税理士3人、宅地建物取引士1人）
○**所在地** 〒330-0056 埼玉県さいたま市浦和区東仲町25-2 O2ビル4階
○**TEL** 048-767-7552
○**URL** https://www.nago-tax.jp/

44

ヤマト税理士法人

会計、税務、経営支援、FPの4領域でサポート

依頼者のホームドクターとして最善の提案を心掛ける

代表

税理士
北村喜久則（左）　北村秀子（右）

夫婦で長野出身。税理士、CFP、不動産コンサルタントなどの知識を活かし、納得感のある結果となるように親身にサポートしている。

可能な限り早いうちに生前対策に取り掛かる

近年、相続税の制度が改定されているため、相続税の課税対象となる方が増加しています。それに伴って、課税そのものをなくしたり、また「争族」を防止したりといった、相続対策の重要性がより高まっているといえます。

私たちは相続対策についてのご依頼を受けた場合、最初の1時間は無料で相談を承っています。その後、個人のバランスシートを十分に分析し、相続対策に入ります。相続の際に必須の手続きである相続税申告だけではなく、財産を残す人の意向を踏まえて、争族にならないような相続対策を立案・遂行できるように、粘り強く対応します。可能であれば相続後でなく、生前に早めに相談をして、納得した状態で相続に対処してほしいと思います。

参考までに、贈与特例の全種類（左上の表）を記しておきますので、ご覧いただければと思います。

とはいえ、家族（被相続人）が亡くなった後では遅いということではありません。

以前、亡くなったお父様が土地持

生前贈与の特例（創設順）

種類	創設年	特徴
❶暦年贈与	昭和28年	贈与税は当初、贈与者課税でしたが、昭和28年から受贈者暦年課税となり、基礎控除は10万円→40万円→60万円→110万円（平成13年）と推移しています。
❷贈与税の配偶者控除	昭和41年	相続税の遺産に係る配偶者控除制度の新設に伴って設けられた後、たびたび控除額が引き上げられ、昭和63年より現在の2000万円となっています。
❸相続時精算課税制度	平成15年	従来の暦年課税方式の適用に代えて選択する制度。当初、65歳以上の親から20歳以上の子への贈与が対象でしたが、60歳以上の親・祖父母から20歳以上の子・孫への贈与まで拡大されています。
❹住宅取得等資金の贈与	平成21年	個人消費を通じた景気対策として、直系尊属から住宅取得資金の贈与を受けた場合の非課税特例制度が実験的に設けられましたが、効果が高く有効な政策として現在も継続されています。
❺教育資金の一括贈与	平成25年	受贈者（30歳未満）の教育資金に充てるために、その直系尊属が金銭等を金融機関に一括して拠出した場合には、受贈者1人につき1500万円までは非課税とされます。
❻結婚・子育て資金の一括贈与	平成27年	個人（20歳以上50歳未満）の結婚・子育て資金の支払いに充てるため、その直系尊属が金銭等を金融機関に一括して拠出した場合には、受贈者1人につき1000万円までは非課税とされます。

ちであったために、５億円以上の相続税が掛かることになってしまったという依頼人がいらっしゃいました。その際、不動産に強い私たちの事務所が総力を挙げて、申告期限までに空き地の譲渡を完了させ、全額納税することができました。相続後でも様々な対策が考えられるのです。

相続は故人の遺志を引き継ぐ〝愛情のリレー〟

１９８４年に個人事業として創業した当事務所も、早いもので約40年の月日が経ちました。

約10年前に法人化したヤマト税理士法人のミッションは、関係会社を含めて会計→税務→経営支援→ＦＰ（資産設計支援）の４領域にわたって最善のサポートをしていくことです。夫婦合一の基盤の下、資産税専門の税理士、スタッフ、国税ＯＢの資産税顧問で脇を固めて幅広く対応しています。

税理士やＦＰは、法人や個人のクライアントだけではなく、その方の家族全員の将来を考え、クライアントとともに悩み、アドバイスを行い、その時々に合わせたプランを提案する存在だと思います。会計事務所がまとめるデータはレントゲン写真で、税理士はホームドクターのようなものです。現状の問題点を見つけ、より良い方向に向かうための提案をしていきます。相続を故人の遺志を引き継ぐことによる愛情のリレーと考えて、ＦＰの手法を用いて遺族の生活設計まで親身に対応します。

事務所DATA

○**代表者** 北村喜久則、北村秀子
○**設立** 2010年
○**所属** 関東信越税理士会 浦和支部
○**職員数** 28人
○**所在地** 〒336-0022 埼玉県さいたま市南区白幡 4-1-19 TSKビル5階
○**TEL** 048-866-9734
○**URL** https://www.yamatotax.com
○**関連法人** 有限会社埼玉FPセンター 株式会社ヤマトサポート

45

あいせ税理士法人

「オンライン対応」で充実したサービスを実現

東京・山梨オフィスを拠点にお客様の安心をサポート

オンラインと対面式で お客様のニーズに合わせて支援

あいせ税理士法人が所属するあいせグループには、税理士に加えて弁護士・公認会計士・弁理士・社会保険労務士・産業カウンセラーなどのスペシャリストが在籍しています。各分野の専門知識・スキルを活かしてお客様の様々なご要望、お悩みの解決をお手伝いします。

中小企業庁からは法人税務、企業財務、資金繰り、経営計画の専門的知識などについて高いレベルを備えている税理士法人として「経営革新等支援機関」の認定を受けています。

拠点は東京・新宿区に東京オフィス、山梨・甲府市に山梨オフィスを設置。東京都、山梨県、神奈川県、静岡県を中心に、「お客様の身近な相談相手として親身な対応」をモットーとしています。

さらに、ＩＣＴを活用したオンラインサポートにも対応し、迅速・丁寧なクライアントサービスを実施しています。

お客様の「想い」を大切に 相続・事業承継のお手伝い

相続・事業承継に関するご依頼も

東京オフィスはアクセスが良い新宿エリアに立地。都営地下鉄新宿線「新宿」駅8番出口から徒歩7分。

山梨オフィスはJR中央本線「甲府」駅南口から徒歩15分。お客様専用駐車場もあるので気軽に立ち寄れる。

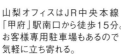

山梨オフィス代表

公認会計士・税理士

山口由美子

大手監査法人では法定監査から様々な業種のIPO支援などを担当。クライアントに寄り添いながら親身なお手伝いを心掛けている。現在は学校法人の評価委員を務めると同時に、地元・山梨県の会計・税務サポートを精力的にこなす。

東京オフィス代表

公認会計士・税理士

木住野祐希

大手監査法人では東証一部上場企業・大会社・IPOなど幅広いクライアントの会計・税務サポートを担当。中国・上海での日系企業のコンサルティング業務で培った経験を生かして、中国ビジネスのサポートも手掛けている。

数多くいただいており、相続・事業承継関連の年間関与件数は20〜50件に上ります。最近では、祖父の代から脈々と受け継がれてきた海外資産を含む相続・事業承継案件のサポートも手掛けさせていただきました。

相続・事業承継は専門性が強く、引き継ぎを円滑に進めるためには豊かな実務経験、そして確かなノウハウが必要となります。当社はこれまでの支援業務を通じて蓄積された知識・ノウハウ、相続専門のプロとの人的ネットワークを駆使しながら、お客様の確かな相続・事業承継をお手伝いします。

相続・事業承継支援ではクライアントファーストをモットーに、相続に対するお客様の想いを綿密なヒアリングによって共有します。また、お客様の「本当はこうしたい！」という潜在的な願い、ニーズの掘り起こしを行います。

支援業務を実際に進めていくうえでは、お客様と私たちの意識のズレ、ギャップが起きないよう常に方向性を確認しながら進めています。もし相続・事業承継に向けた準備、手続きの過程でトラブルが発生した場合はPDCAサイクルを踏まえて問題の早期解決を目指していきます。

お客様がどのような相続・事業承継を望むのか、まずはお客様のお気持ちを私たちにすべてお聞かせください。ご期待に沿えるようお手伝いさせていただきます。

事務所DATA

○**代表者**　木住野祐希
○**設立**　2016年12月1日
○**所属**　東京税理士会、東京地方税理士会
○**構成員**　60人（有資格者3人）
○**所在地**　【東京オフィス】〒163-1030
東京都新宿区西新宿3-7-1
新宿パークタワーセンターN30階
【山梨オフィス】〒400-0031
山梨県甲府市丸の内3-27-14
○**TEL**　0120-033-962
○**URL**　https://www.ayse-tax.com/

46

芦原会計事務所

財産を3代で失わないために

都心一等地への資産組み換えにより、相続税評価をゼロに近づける

代表

税理士

芦原孝充

慶應義塾大学大学院修了。コンサルティング会社勤務を経て現職。税務コンサルティング業務に従事。2007〜2020年拓殖大学にて教鞭を執る。租税訴訟学会会員。著書に『相続の処方箋 未熟な税制と新・資本主義のメカニズムから見える資産運用術』などがある。

相続で財産を失わないために実現したいこと

〝相続が3代続くと財産がなくなる〟――とはよく知られた言葉ですが、相続税率の高さに加えて、兄弟間の相続分の流出がその原因です。余程の資産家であったとしても、何もしなければ確実に財産は目減りすることから、そのように言い伝えられています。

相続で財産を失わないためには、どのようにすればよいか。それには、

①相続税から資産を切り離すこと

②成長する資産を持つこと

です。これらが実現できれば、少なくとも理論的には相続による資産流出を回避し、資産を増やし続けることができます。

価値のある不動産を所有し相続税から資産を切り離す

相続税から資産を切り離すためには、どのようにすればよいか――。その答えは、坪単価の高い不動産を所有することです。相続税申告に際しては、㋑小規模宅地等の特例を適用した申告をすることによって最大80％の評価減が可能です。また、㋺土地の評価には路線価が用いられま

すが、同様に坪単価が高額なほど、時価との乖離幅が増大する傾向にあることから、相続税の軽減に作用します。要するに、地方よりも都心、都心の中でも一等地というように価値の高い不動産ほど、相続税には効果的なのです。

　そこで、実際に財産評価をしてみると、都心に不動産を持つ方々の多くが㋑㋺により、時価の80～90％減になることが珍しくありません。たとえば、20億円の財産（純資産）を持っていたとします。そのほとんどを都心一等地が占めるような場合には、相続税を死亡保険金から支払えば足りるなど、少しの相続対策をするだけで財産のほとんどを残すことができることは専門家の間ではよく知られた事実です。

成長する資産を持つことの意義とは？

　誰しも、財産は減らしたくないものです。できることなら、増やしたいと思うのは当然のことです。しかしそれには、相続税のかかりにくい資産を所有することに加え、それ自体が成長資産であることが重要です。

　1950～2022年の比較では、銀座4丁目の土地は約486倍に成長しました。一方、大卒初任給は約20倍、卵の値段は約2倍でした。これらの背景にあるものは、再生可能か否かということです。

　たとえば、ニューヨークのマンハッタン島を先住民から僅か24ドルで、東京丸の内の10万坪を三菱が坪あたり20円足らずで手に入れた……。拡大し続ける資本主義経済においては、希少な不動産ほど、これらの歴史が証明するように右肩上がりに成長し続けることが期待できるのです。

　なお、注意すべきは、都心一等地の評価減がすべての人に当てはまるとは限らないこと、そして成長し続ける不動産には、ある一定の法則があるということです。芦原会計事務所では、こうした相続を念頭に置いた資産運用についてのご相談にも対応しております。詳しくは、2024年1月25日発売の『相続の処方箋』をご一読いただき、興味を持たれましたらぜひご連絡ください。

『相続の処方箋
未熟な税制と新・資本主義のメカニズムから見える資産運用術』（日刊現代）
四六判／190ページ
定価 1,400円+税。

事務所DATA

○**代表者**　芦原孝充
○**設立**　1993年
○**所属**　東京税理士会
○**所在地**　〒112-0003　東京都文京区春日2-19-12 小石川ウォールズ6階
○**TEL**　03-5801-0815
○**URL**　https://ashihara-kaikei.com

47

司法書士事務所アベリア

中立的な専門家として相続のトータルサポートを展開

不動産や保険、ライフプラン設計まですべてを含めた相続プランを提案

代表

司法書士・行政書士
廣木 涼（写真右）

立教大学法学部卒業。宅地建物取引士、AFP、終活アドバイザー。百貨店、FP・士業向け、NPO法人などで100回を超える講演実績がある。

事務局長
髙橋祥一朗

立教大学法学部卒業。専門業務は家族信託・遺言・相続。

累計相続相談数は１５００件以上を誇る

司法書士事務所アベリアは、中立的な専門家として、生前対策コンサルティング、相続、遺言、家族信託など、相続のトータルサポートを展開しています。２０２２年9月1日設立と、まだ新しい事務所ですが、代表が対応した累計相続相談数は１５００件以上。そのうち専門性の高い家族信託業務については３００件以上という豊富な実績があるため、他の司法書士では対応が難しい相談にも対応することが可能です。

当事務所のモットーは、相続のことを知らずに後悔する人を減らし、一人ひとりのご家族の想いや歴史を大切にした相続のサポートを目指すことです。お客様に「相続対策をやっておいてよかった」「これでもう安心して過ごせる」などと胸をなでおろしてもらうために、不動産や保険、ライフプラン設計まですべてを含めた相続プランを提案し、その後の手続きまでサポートします。

お客様には丁寧にお話しし密なコミュニケーションをとる

当事務所がご相談を受ける際に心

がけているのは、ご家族の状況に合わせた相続プランを提供するために、丁寧にお話しし、密なコミュニケーションをとること。当事務所代表の豊富なセミナー経験や原稿執筆経験を活かした説明は、「わかりやすく、初めての相続でも安心できる」とお客様に好評です。

　さらに、相続発生前から相続発生後まで、ファイナンシャル・プランニングに基づいた全体最適案を提案することも大事にしています。まずは現状分析を行い、問題や課題を抽出して、その人に合った生前の相続対策プランを作成。その上で各種専門家と連携しながら、お客様の相続をワンストップで、対策から実行までサポートしていきます。

　目指しているのは、「やっぱり専門家が入ると安心ね」と思っていただけるような、信頼されるパートナーになること。依頼された手続きを単に行う「手続き屋」にとどまらず、ご家族のこれからのことを考えた相続プランを提案しています。

スピード感を持って スムーズに手続きを進める

　相続手続きは複雑で時間が掛かることが多いですが、当事務所ではスピード感を持って対応することも重視しています。

　相談を受けたあるお客様は、独り身の兄弟が急に亡くなって実家が空き家になってしまい、農地や高齢の親の問題を抱えて困っていたということでした。数カ月、役所や士業のところをいろいろと回っても何も進まなかったそうですが、当事務所に相談いただくことでとんとん拍子に話が進みました。「一人で悩んでいましたが、どういう順番で何をしていったらいいかが明確になりました」とおっしゃっていただきました。

　相続のトラブルを減らすためには、〝総合的解決〟が必要です。部分的解決ではなく、相続の生前対策をしてこなかったり、相続の一部しか対策できていなくて困っているという方は、ぜひご相談ください。

まずは「現状分析」を行い、問題や課題を抽出します。現状分析を基に一人ひとりに合った「生前の相続対策プラン」をコンサルティングします。アベリアが各専門家と連携し、対策実行までサポートします。

事務所DATA

○代表者　廣木 涼
○設立　2022年9月1日
○所属　東京司法書士会
○職員数　6人（有資格者2人）
○所在地　〒150-0013 東京都渋谷区恵比寿1-20-2 恵比寿ファーストビル5階
○TEL　03-6826-2121
○URL　https://abelia-group.com/
○関連法人　株式会社アベリア、一般社団法人相続終活テラス

48

税理士法人安心資産税会計

資産税業務で絶対的な「安心」を提供

法令を精緻に分析しクライアントの期待に応える

代表税理士・会長

高橋安志

1951年生まれ。83年税理士登録。相続税をはじめ資産税分野で豊富な実績を持ち、東京税理士会会員向けの講師も務める。

小規模宅地特例活用の第一人者

私ども税理士法人安心資産税会計は、創業以来40年、豊富な知識と実務経験を備えた資産税業務のエキスパートとして年間数百件の資産税案件に携わり、土地評価で国税当局から評価減を勝ち得た実績を多数有しています。

土地の評価額に差が出ると、納税者の負担額は大きく変わります。これはひとえに担当する税理士の経験と知識、交渉力が大きく影響します。土地評価の見直しによって、いったん納めた税金から、数千万円が還付されることもまれではありません。

土地評価を下げる方法にはいろいろありますが、特に、小規模宅地特例の活用に関しては、私はすでに12冊の著作を数え、この分野の第一人者と自負しています。

これまでに受けた資産税関連の相談件数は約10000にも上ります。依頼件数の多さは信頼の高さを証明すると同時に、取り組む件数が増えることで、様々なノウハウが蓄積されていき、最新の情報をキャッチアップすることにもつながっています。

税務当局も教えを乞う "業界の師"

法令や通達等は最終的には白か黒かの判定しかありませんが、実務レベルではグレーの領域があります。グレーだからリスクがあると考えて税務署に相談に行くなら税理士は不要です。灰色部分をいかに白に持っていくかがプロの力量です。

私は、資産税の法令や通達等が改正されると、それらを作成した財務省と国税庁の担当者に、直接・間接に取材します。疑問に思ったことは質問できる状態にあります。

資産家同士で、「安心資産税会計に依頼してこれだけ還付があった」ということが口コミで伝わり、お客様がお客様を紹介してくださいます。

最近では、専門家を相手に、民法（相続法）と税法（相続税法）の解釈について、精緻に分析した講義を行っています。往々にして弁護士は税法について誤解をし、税理士は民法について誤解しているからです。

精鋭のスタッフが様々な節税スキームを提供

当事務所の若手税理士たちは、高いモチベーションを持って仕事に取り組むことができています。なぜなら、法律や通達について作成者にまでさかのぼってその意味するところを理解すれば、どんな複雑な案件が来ても対応することができるようになるし、それによってクライアントと喜びを分かち合うことができるからです。

若手税理士も研究成果を世に出したいということで、大塚政仁、平田康治の両税理士が3冊目である『配偶者居住権のすべて』という解説書を出版いたしました。新たなエキスパートが着実に育ちつつあります。

土地の相続や資産税についてお悩みの方はぜひご相談ください。節税のための様々なスキームをご用意してご期待にお応えいたします。

事務所DATA

○**代表者**　高橋安志
○**設立**　1983年3月
○**所属**　東京税理士会 王子支部
○**職員数**　28人（有資格者8人）
○**所在地**　〒115-0045　東京都北区赤羽1-52-10 メトロシティ赤羽岩淵5階
○**TEL**　03-5249-0580
○**E-mail**　info@souzoku-ansinkaikei.com
○**URL**　https://www.souzoku-ansinkaikei.com
○**関連法人**　一般社団法人安心相続相談センター・相続110番協議会

高橋代表や若手税理士が執筆した書籍が多数出版され、一般の方だけでなく業界内でも多数読まれている。

49

インターリンク株式会社

「つなぐ」ことにこだわりM&Aに全力で向き合う

30年超の研鑽を積んだメンバーがプロフェッショナルサービスを提供

売り手と買い手の固い信頼関係を構築

昨今では事業承継対策の方策としてのM&Aも世の中に広く浸透し、多くのM&A支援会社が活躍しております。そのような中、M&Aに取り組む企業が、自社の経営資源だけではできないことを複数の会社で協力して成し遂げていくために、相互の信頼関係を円滑に構築するお手伝いをすること。これこそがインターリンクがはたすべき役割であると信じて、M&A仲介業務に取り組んでいます。

当社は目的達成のため、売り手の事業を理解し、シナジーがあり、きちんと評価してくれる買い手と巡り合うことに加え、買い手と齟齬のない完全な相互理解をし、固い信頼関係を構築できるよう全力でサポートいたします。

顧客至上主義・行動重視主義が選ばれるポイントに

当社は1994年の創業以来培ってきた経験を活かし、M&Aによる企業の永続的発展を志向する皆様を全面的にサポートし、多くの実績をあげてまいりました。

M&A仲介企業としてのインターリンクの特色

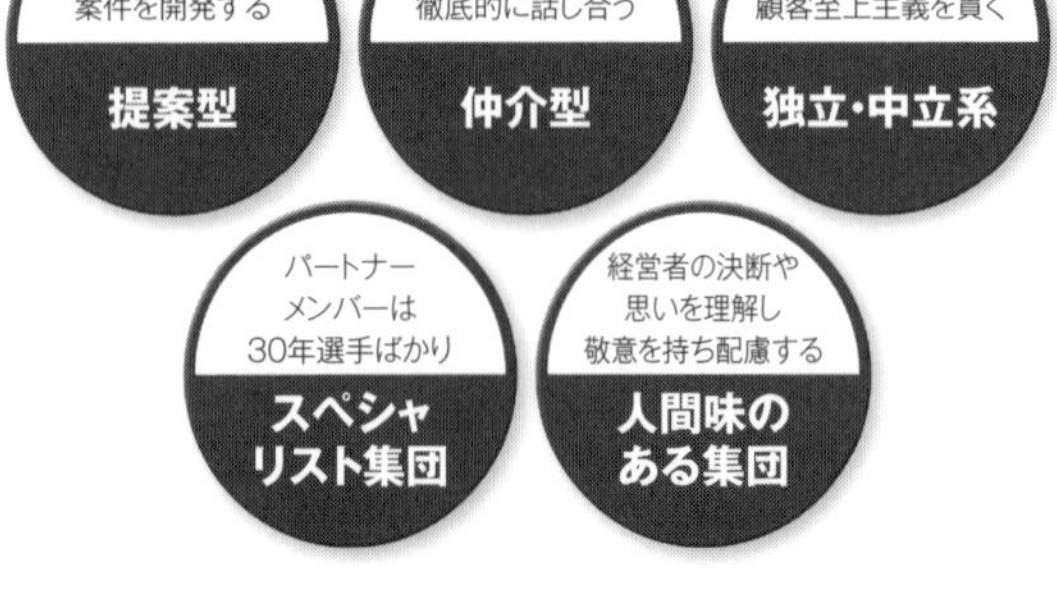
潜在的なM&Aニーズを探り、案件を開発する
両当事者の間に入り、双方と徹底的に話し合う
どの企業グループにも属さず顧客至上主義を貫く
独立・中立系
パートナーメンバーは30年選手ばかり
スペシャリスト集団
経営者の決断や思いを理解し敬意を持ち配慮する
人間味のある集団

パートナー・代表取締役
菅原秀樹（写真中）

パートナー・常務取締役
池田好則（写真右）

パートナー
中西 清（写真左）

売り手と買い手双方のお客様が、当社を全面的に信頼いただくことが、お客様同士の信頼を生み、案件成立につながると考えており、それが当社をお選びいただける大きな理由となっています。

M＆Aの実現には、どんなによい組み合わせであってもタイミングを逃さないことが重要です。当社は、その貴重なタイミングを逃さず最高のM＆Aをつかみ取っていただくため、クイックレスポンスと機敏なフットワークをお約束し、案件が成立してはじめてお客様の利益につながるとの信念に基づき、全身全霊を込めて知恵をしぼり行動いたします。

地方企業のM&Aも 全国レベル同等のスピードで対応

当社は、四半世紀超の実務経験の中で１００件を超える成約実績とその数十倍の案件探索・構築経験それぞれに経験豊富な３名のパートナーが関わっています。また地方都市を拠点とする企業のM＆Aを多く手掛けており、地方であっても対応に遅れを生じることはありません。

まだ譲渡を決めたわけではない段階でも、遠慮なくご相談ください。早いうちに検討を開始することが、選択肢を拡げることにつながります。当社は原則的に成功報酬をいただく費用体系ですので、ご相談の段階では一切の費用はかかりません。

INTERLINK

事務所DATA

○**代表者**　菅原秀樹
○**設立**　2010年8月20日
○**職員数**　4人
○**所在地**　〒103-0026　東京都中央区日本橋兜町5-1 兜町第一平和ビル6階 XPORT日本橋兜町
○**TEL**　03-6667-0225
○**URL**　https://www.interlink-ma.co.jp

50

税理士法人エー・ティー・オー財産相談室

富裕層の相続問題に「運命共同体」の姿勢で臨む

複雑困難な事案にもベストな選択をアドバイス

代表社員

税理士

高木康裕

1978年神奈川県生まれ。慶應義塾大学経済学部卒業後、都内の会計事務所に勤務。2004年税理士登録。2005年税理士法人エーティーオー財産相談室に入社、2021年代表社員に就任。著書に『土地の有効活用と相続・承継対策』(税務研究会出版局)がある。

大手不動産会社との連携で多様な資産のお悩みに対応

税理士法人エー・ティー・オー財産相談室は東京渋谷に拠点を構え、首都圏を中心に相続税や資産税、事業承継に関わるコンサルティングを業務のコアとし、不動産、金融資産を保有する富裕層を主なお客様として活動しています。

当事務所の大きな特徴は、パッケージ化した提案やサービスではない、お客様ごとにマッチしたオーダーメイド的なサービスの提供にあります。大手税理士法人ではないからこそ実現できるこまやかな対応に、お客様から高い評価をいただいています。

業務にあたっては、担当税理士だけではなく、所内の経験豊富な税理士も一緒にご提案内容を比較検討・精査し、お客様にとって最善の相続対策をご提示します。

長年にわたる大手不動産会社との業務提携も当事務所の強みの1つです。これによって当事務所は多種多様な案件を手がけることが可能になり、複雑困難な事案についても対応できる体制を整えています。

過去には、顧問税理士では対応が難しいとされた、多数の親族で共有している不動産の整理について、共有物分割、交換の特例などを駆使し、当事務所にて所有権の整理を行った事例もございます。

業務において心がけているのは、資産の組み換えありきや、借入れによる資産購入ありきではなく、常にお客様にとってベストな選択となるアドバイスを提供していくことです。シミュレーションに基づく提案書を作成するのもその一環です。

あわせて、将来の相続に向けて、最新の税制・特例を踏まえた最適な対策も行なっています。

顧客との「運命共同体」を常に意識し課題を解決

私たち税理士法人エー・ティー・オー財産相談室の最初の仕事は、お客様の悩みを明確にし、問題の所在を明らかにすることです。その上で、問題をどう解決すべきか、道筋を描いていきます。

当事務所では業務上、多くの企業経営者や地主などと面談する機会がありますが、お客様ご自身、抱えている悩みがはっきりせず、気持ちだけが焦って空回りしてしまい、時間だけが過ぎてしまうケースが少なくありません。

これに対して、お客様に寄り添い、課題解決に向かってお客様との「運命共同体」の姿勢で業務に臨むのが当事務所のモットーとするところです。

最後に決断するのはお客様ご自身です。しかし、その決断に至るまでのプロセスにおいては、当事務所全体で最大限持てる力を傾けていきます。資産や事業の橋渡しを、親から子、子から孫へと行うため、プロの税理士集団としてこれからも全力でバックアップしていきます。

相続、資産税、事業承継でお悩みの方は、ぜひお気軽にご相談ください。

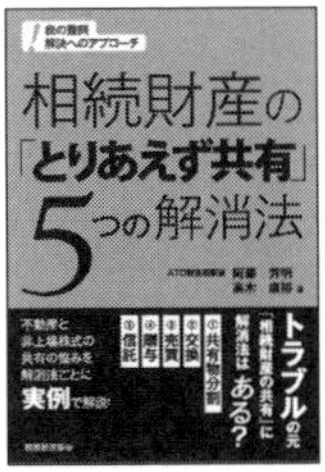

会長・阿藤芳明氏と代表社員・高木康裕氏による共著。後々トラブルとなる「相続財産の共有」は解消できる？　共有物の分割・交換・売買・贈与・信託の「5つの解消法」を実例で解説した好著。

代表社員・高木康裕氏による、相続全体を踏まえ、土地の有効活用について知っておきたいポイントを、図表やイラスト等を用いながら、わかりやすく解説した入門書。

事務所DATA

○**代表者**　高木康裕
○**設立**　2002年4月1日
○**所属**　東京税理士会渋谷支部
○**職員数**　21人（有資格者10人）
○**所在地**　〒150-0002
東京都渋谷区渋谷2-15-1
渋谷クロスタワー17階
○**TEL**　03-5468-6700
○**URL**　https://www.ato-zaiso.net/

51

NA税理士法人

事業承継支援に徹頭徹尾向き合うプロフェッショナル

すべては顧客の成長のため。顧客と共に考え円滑な承継実現を目指す

代表社員

税理士・行政書士・ファイナンシャルプランナー

荒井正巳

千葉県佐倉市出身。1993年税理士試験合格、1997年に荒井税理士事務所開業。座右の銘は「禍福はあざなえる縄の如し(史記、漢書)」。

税務のプロとして継続的・総合的にサポート

NA税理士法人は税務に関するご相談はもちろんのこと、お客様の将来設計などついてこまやかなヒアリングを徹底し、資産税等を含む幅広い分野で継続的・総合的なサポートに努めてまいりました。

近年、中小企業や小規模事業者の経営者の高齢化が進み、事業承継は重要な経営課題になっています。

事業承継では、後継者教育などを進めながら経営権を引き継ぐ「経営(人)」の承継、自社株式・事業用資産、債権や債務など「資産」の承継、経営理念や取引先との人脈、技術・技能といった「知的資産」の承継を計画的に進める必要があります。

事業承継のスタートラインを顧客第一で考える

スムーズに事業承継を進めるためには、早期に準備に着手することが大切です。当事務所では、お客様が事業承継のスタートラインにつけるよう、経営状況や経営課題等を把握し、事業承継に向けた経営改善に取り組めるようサポートしております。

事業承継では、親族内・従業員承

継の場合には、後継者とともに事業承継計画を策定し実行に移しますが、後継者がいない場合は株式譲渡や事業譲渡、M&Aなど第三者への承継が選択肢となります。

M&Aによる事業承継は、近年増加傾向にあり、後継者不足のほか、国の事業引継ぎ支援センターが全国に設置されたことなど、M&Aの認知が高まったことも一因と考えられます。

親族や社員への承継は、経営者教育の面で数年程度の時間を要します。一方、M&Aは社外から経営者を受け入れるため短期間で実施可能です。しかし、M&Aの相手はすぐに見つかるとは限りません。

より良い相手に良い条件で引き継ぐ上でも、計画的に、時間的余裕をもって取り組むことが必要で、当法人では、お客様に寄り添いながら、スムーズな事業承継のお手伝いをさせていただきます。

難しい案件でも、経歴が多岐にわたり得意分野が異なるメンバーが連携して顧客をサポート。

税理士事務所の事業承継支援も強み

当事務所では、税理士事務所の事業承継サポートも行なっています。後継者のいない先生は事業承継の経験豊富なNA税理士法人におまかせください。ご病気など緊急な場合でも、お客様と職員の方を守るため機動的な体制で支援いたします。

当事務所は「人」として「税理士」としてどうしたらお客様に喜んでいただけるかを常に考えます。今後も変わらず「お客様第一」をモットーに、幅広い分野でお客様をサポートし、お客様がお悩みの際には一番にお声をかけていただける存在であり続けます。

事務所DATA

○**代表者**　荒井正巳
○**設立**　2014年11月
○**所属**　東京税理士会 豊島支部
○**職員数**　88人（税理士17人　社会保険労務士3人　行政書士1人）
○**所在地**　〒171-0021　東京都豊島区西池袋1-21-7　住友不動産池袋西口ビル8階
○**TEL**　03-3971-2360
○**拠点**　池袋、練馬、神田、立川、水戸
○**URL**　https://na-tax.jp
○**関連法人**　NA社会保険労務士法人

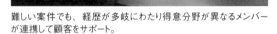

52

税理士法人NCP

相続専門、業界トップクラスの税理士法人

豊富な経験をベースに、丁寧なコミュニケーションでお客様と信頼関係を築く

代表社員

税理士

越阪部洋之

1985年生まれ、東京都出身。2008年日本大学商学部卒業。新日本アーンスト・アンド・ヤング税理士法人（現EY税理士法人）、2010年税理士法人レガシィ、2019年OAG税理士法人資産税部、NCP越阪部税理士事務所。相続専門として12年以上経験。

相続専門の税理士等が対応
2023年申告数3500件超

相続税は、担当する税理士が選ぶ土地の評価方法や、特殊な規定や特例の正しい適用の有無などにより、納税額に差が生じる場合があります。

税理士法人ＮＣＰは、相続専門のＮＣＰグループの税理士法人です。２０２３年10月末時、主要税理士等の相続税の申告件数合計は３５００件超という、経験豊富な相続専門税理士等が対応します。適正な財産評価による申告のほか、二次相続を考えた分割シミュレーションや納税資金対策、税務調査対策等にもしっかり対応し、「税理士法人ＮＣＰに依頼してよかった」と言っていただけるお手伝いをいたします。

また、相続の手続きには弁護士、司法書士、不動産鑑定士など、複数の専門家が必要になる場合がありますが、当社では私たちが窓口になり、各専門家をご紹介。ＮＣＰグループとして、ワンストップサービスをご提供いたします（２０２２年ＮＣＰグループ受任件数は１４９７５件、相談件数　４００００件超）。

さらに、徹底した税務調査対策も当社の強みです。相続税での申告書

では、提出した10・7%の方に税務調査が行われていますが、当社の税務調査率は0・7%。税務調査の対象となるお客様はごくわずかです。

安心してお手続きできるよう全力でサポート

相続や事業承継の手続きは、何度も経験するものではありません。大切な方を失って憔悴されている中での相続の様々な手続きに、お客様はどこに相談し、どう進めたらよいのか、大きな不安をお持ちです。そうしたお客様に対して、当社ではなるべく専門用語は使わず、分かりやすいご説明を心掛けております。

また、税理士事務所は敷居が高いと言われますが、私たちは「士業たるや究極のサービス業なり」を肝に銘じ、親切・丁寧な対応に努め、安心してお手続きを進めていただけるよう、全力でサポートいたします。

コミュニケーションを大切に想いを引き継ぐお手伝いを

私たちが最も大切にしていることは「コミュニケーション」です。これまでで一番印象に残っている案件は、相続人様が27名以上いるもので、住所確認やお手紙での相続内容のご確認、電話対応などを、27名の方それぞれに行いました。

相続人様が27名なら資産も27等分と思われるかもしれませんが、そうではありません。そうしたことをご理解いただくために、多くの方とコミュニケーションを取り続けました。苦労も多い案件でしたがたいへん感謝していただき、大きなやりがいを感じると共に、多くを学んだ経験でした。

これからもお客様の気持ちをつぶさに感じ、私たちのことも知って頂きながら信頼関係を築いていきたい。そして、お客様のお気持ちに寄り添い、「円満・円滑」に故人の想いを引き継いでいただけるよう、迅速丁寧なお手伝いをしてまいります。

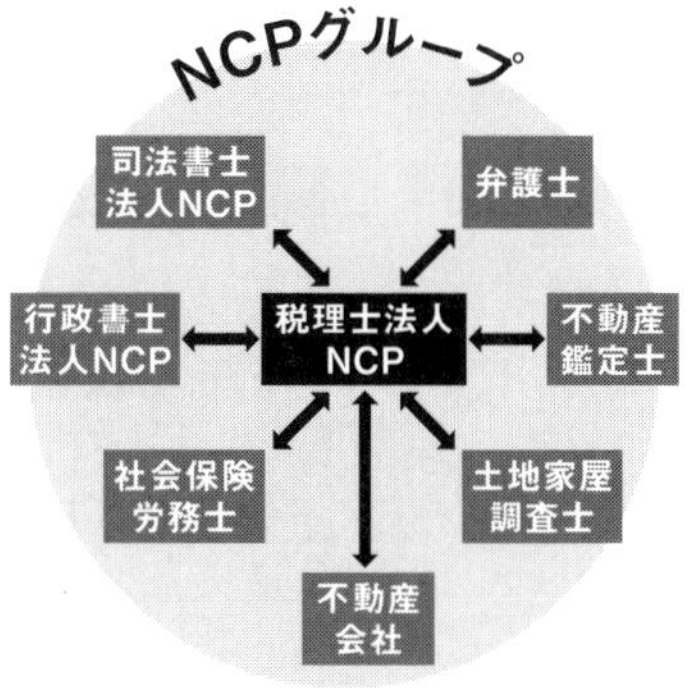

相続に強い、NCPグループの各専門家との連携でワンストップサービスを提供。

事務所DATA

○代表者　越阪部洋之
○設立　2020年9月4日
○所属　東京税理士会 四谷支部(東京本店)
東京地方税理士会 神奈川支部(横浜事務所)
○職員数　22人(有資格者5人)
<東京事務所>〒160-0002　東京都新宿区四谷坂町12-21 コモンズビル四谷坂町5階
<横浜事務所>〒221-0834　神奈川県横浜市神奈川区台町17-1 マストビル8階
○TEL　0120-262-629
○URL　https://ncp-o-tax.com/
○関連法人　司法書士法人NCP、行政書士法人NCP、株式会社NCP相続センター、株式会社NCP

53

株式会社ＦＰグローバルパートナーズ

ＦＰ視点で相続・事業承継のベストアンサーを提案

自社グループや士業ネットワークを活かしたコンサルティング力に強み

自社グループ会社や士業ネットワークを最大限活用

ＦＰグローバルパートナーズは、ファイナンシャルプランナーの視点で相続や事業承継、資産形成や資産運用の提案やサポートを行っている事務所です。

代表をはじめ、それぞれのメンバーが長年勤めた会計事務所やファイナンシャルプランナーとしての経験を活かし、お客様の意向に出来る限り寄り添えるご提案をさせていただいています。

相続対策には、財産の把握と評価、贈与や売買による財産の分散、納税資金対策など生前から準備ができることがたくさんあります。私たちは、残されたご家族の方々に円満に財産を引き継いでいただけるよう、協力させていただきたいと考えております。

当社は、自社グループ内に不動産会社や投資助言会社があるため、相続前から相続後の資産形成や資産運用など、総合的なコンサルティングが可能です。また、弁護士、税理士、司法書士、行政書士など各種士業、専門家とのネットワークを最大限に活用し、お客様の意向に沿って未来

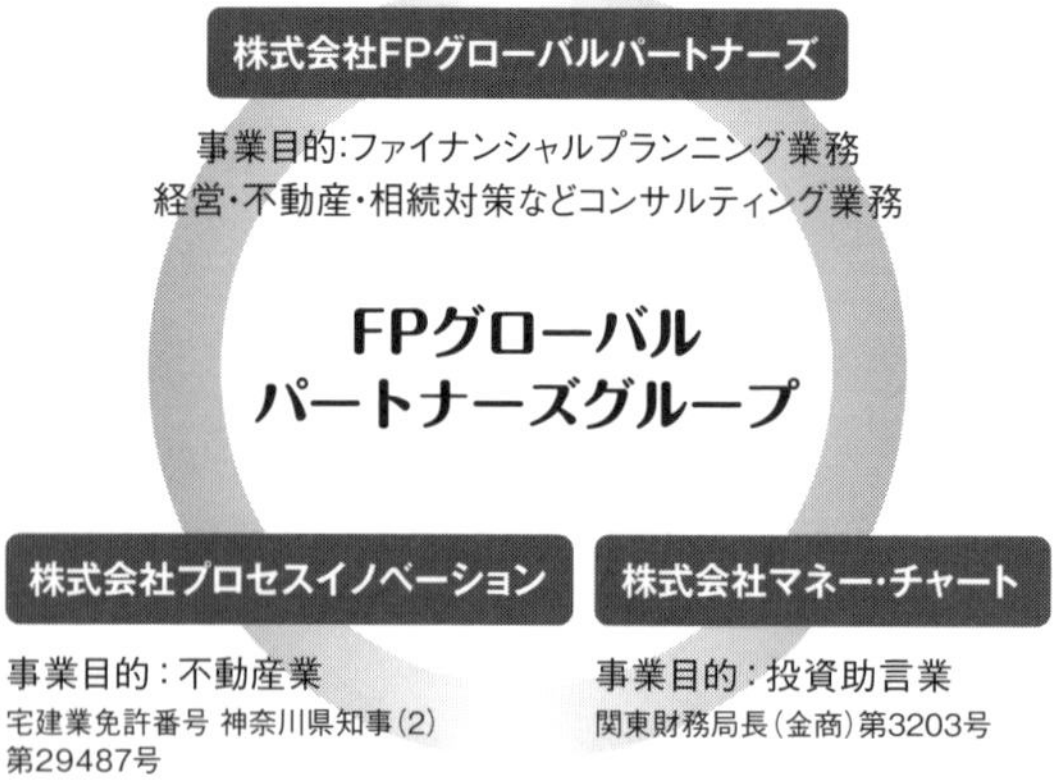

へとバトンを渡せるようお手伝いをいたします。

代表取締役
杉山雅彦（右）
CFP・1級ファイナンシャルプランニング技能士・宅地建物取引士。（一社）相続不動産トラブル支援機構の代表理事も務める。

取締役
宮本祐美子（左）
宅地建物取引士
2級フィナンシャル・プランニング技能士。

後継者不在でもM&Aを含め最善・最適な提案を行う

事業承継は、現在の少子化社会においてたいへん難しい問題です。長年培ってきた技術やノウハウなどが後継者不在により途絶えてしまうことが危惧され、とくに目に見えない知的財産などは重要な価値があり、日本の将来の活力にも影響を与えます。

本来、このような技術やノウハウは、子どもや孫など血筋の方が引き継ぐことが望ましいのですが、少子化社会では難しいのが現状です。

私たちは、お客様が長年かけて築いてきた財産を未来へと繋げていくことを使命としております。後継者がいらっしゃらない場合は、M&Aや株式譲渡、事業譲渡も視野に入れ、円滑な承継ができるように尽力いたします。

相続・事業承継では、争いがつきものです。争いを未然に防ぐためにも事前対策をおすすめします。

セカンドオピニオンとしての相談にも対応

相続・事業承継は、事前にある程度信頼できる士業やコンサルタント等に相談しておくことが重要です。また、医師と同じようにセカンドオピニオン的に相談することも時には必要となります。

ぜひFPグローバルパートナーズにご相談ください。

事務所DATA

○**代表者**　杉山雅彦
○**設立**　2009年8月
○**職員数**　5人
○**所在地**　〒155-0033　東京都世田谷区代田5-6-21 サンライフダイタ101
○**TEL**　050-3133-0685
○**支所**　株式会社プロセスイノベーション
神奈川県横浜市中区尾上町3-35
LIST EAST BLD.8階 TEL:045-514-4589
○**URL**　https://www.fpg-partners.jp
○**関連法人**　（株）プロセスイノベーション、（株）マネー・チャート、（株）IPP、一般社団法人相続・不動産トラブル支援機構

54

表参道相続相談事務所 株式会社

相続税務調査に精通した相続ナビゲーター

お客様の意向に対する最適解を提案し専門の税理士や弁護士を紹介

代表取締役

相続診断士・
生命保険募集人

玉林美明

1981年生まれ。人材会社の社長室長を経て、外資系金融機関に転職。その後に表参道相続相談事務所株式会社を設立。出版社や不動産会社、外資系保険会社の相続対策講師を務める。

相続税理士が明かさない税務調査の専門家

当社の強みは、客観的な知識から裏付けされた相続のセカンドオピニオンといえます。

最高裁の判例により、これまでの常識が覆るような判決が下され、相続の状況は年々目まぐるしく変化しています。そのような状況の中でご相談者にとって、その相続専門税理士が最適かどうか、客観的な視点からアドバイスさせていただくのが当社といえます。税務調査発生時の相続専門税理士のご紹介はもちろんのこと、遺産分割でお困りの場合は弁護士までご紹介させていただいております。節税に寄り過ぎると、遺産分割でトラブルが発生し、遺産分割に重きを置きすぎると相続税が思わぬ負担になります。ご相談者様にとっての最適解を一緒に考えていくナビゲーターなのです。

税務調査発生時も相続専門税理士を紹介可能

相続税の申告や税務調査対応において「どういった基準で相続専門税理士を選べばよいかわからない」というお声をよくいただきます。当社では「相続の税務調査対応専門の税理士」紹介にも力を入れています。

そもそも「相続税の申告」と「相続の税務調査対応」とでは求められるスキルは異なり、とくに税務調査の場においては大手事務所がよいとは限りません。当社ではご相談者の要望をお聞きし、専門税理士をご紹介いたします。

閑静な場所にある事務所。落ち着いた雰囲気の部屋で相談できる。

税制改正などを踏まえながら最適解を導き出す

当社は自身の役割を「相続ナビゲーター」と位置づけています。ご相談者がこれまでの人生をどのように生き、いま何を求めているのかなど、お話を伺いながら把握し、その思いに合致した方向を示すことが大事だと考えています。

２０２２年に最高裁で下されたマンション相続税対策の否認を踏まえ、地主様やご家族のためにマンションを保有している方からの相続税相談が当社でも増えています。また、税改正により、相続発生時における贈与財産の加算対象期間の変更など相続を取り巻く環境も年々変化しています。

遺産分割は弁護士の専門分野、相続税は税理士の専門分野、という棲み分けが一般的ですが、当社ではその垣根を越え、相続をはじめて経験する方でも体系的に分かりやすく、相続税と遺産分割の双方を兼ね備えた視点でアドバイスいたします。

法人向けでは、相続事務センター構築・改善に関するご相談や、大手ＢＰＯ会社との連携による外部委託のご相談も開始するなど、新しいサービス領域を広げています。ぜひ当社にお問い合わせ下さい。

事務所DATA

○**代表者**　玉林美明
○**所在地**　〒107-0062
東京都港区南青山4-17-33
グランカーサ南青山2階
○**TEL**　050-3579-9901
○**URL**　https://www.omote-souzoku.com

55

自社株式と不動産の承継を専門にするプロ税理士

後継者のバトン株式会社／分銅会計事務所

「経営」「財産」「家族」のバトンで円満承継

代表

税理士

分銅雅一

1974年埼玉県生まれ。中央大卒。元・大原簿記学校税理士講座専任（常勤）講師。税理士事務所で相続と不動産実務を担当。野村證券で自社株式と事業承継実務に従事した後、独立。経営理念は「手の届いていない経営課題に確かな現場意識で応え続ける」。

経営者の「想い」を後継者に繋ぐ承継支援

当事務所は「自社株式と不動産の承継専門」をキャッチフレーズに2018年11月、東京・新宿で開業しました。2021年9月には「財務だけでなく、想いを繋ぐ承継支援」を目指して「後継者のバトン®」のサービスを開始。2022年11月、事業承継支援サービスに特化した「後継者のバトン株式会社」を新たに設立しました。

お客様が次世代に財産や事業をどのように承継したいのかを汲み取り、現経営者から次期経営者にバトンを渡すお手伝いをします。

事業承継は外科の手術のようなものです。私たちは外科医のような存在でありたいと考えています。

後継者以外の家族に配慮した相続サポート

事業承継の支援サービスを手掛ける税理士や公認会計士は「数字のプロ」であるために、自社株式の評価額や相続税額の圧縮に焦点を当てたサポートを進める傾向があります。

しかし、当事務所は経営権を「渡す側」、「受け継ぐ側」の想いを共有するお手伝いこそ、最も大切なポイントと考えています。

親族内承継は「自社株式が引き継がれて、経営権が移行すれば完了」というような単純な作業ではありません。安易な考えで承継を推し進めることは後に大きなトラブルを招くリスクがあります。

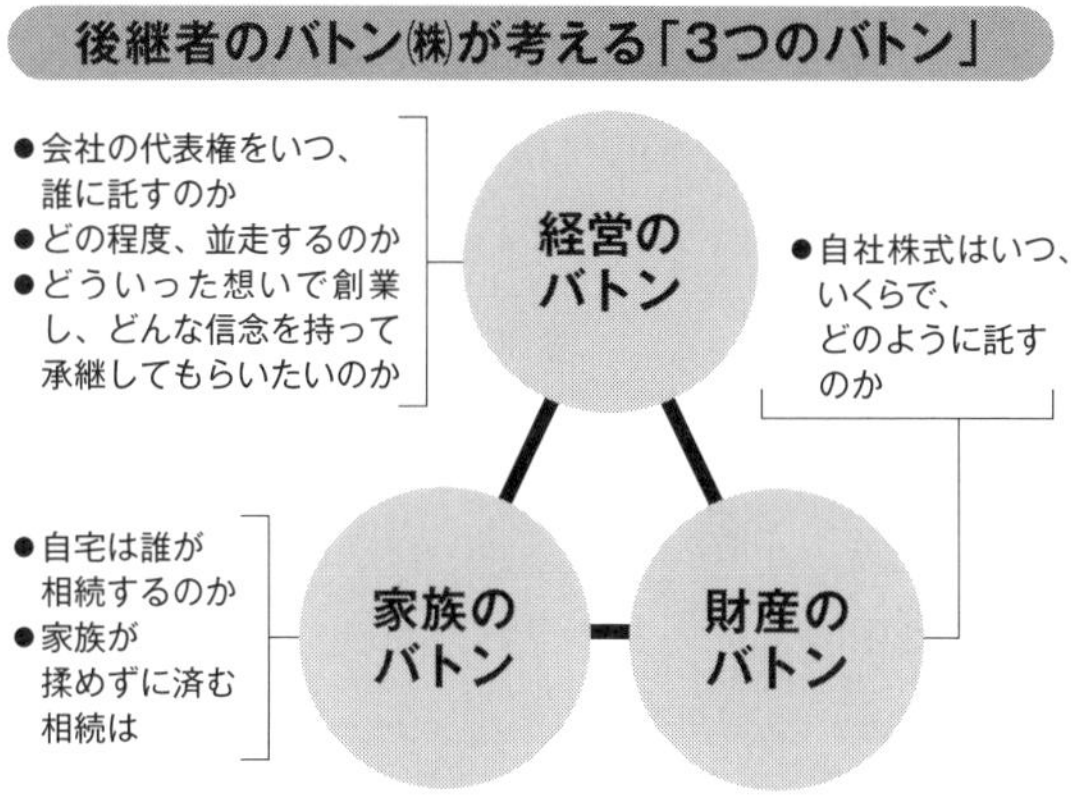
後継者のバトン㈱が考える「3つのバトン」
経営のバトン
●会社の代表権をいつ、誰に託すのか
●どの程度、並走するのか
●どういった想いで創業し、どんな信念を持って承継してもらいたいのか
財産のバトン
●自社株式はいつ、いくらで、どのように託すのか
家族のバトン
●自宅は誰が相続するのか
●家族が揉めずに済む相続は

当事務所は財務面の専門的かつ合理的な支援だけでなく、人と人の関係性を重視して、後継者以外の相続人、ご家族の気持ちにも配慮したスムーズな事業承継を目指します。

一般に、（創業）経営者は生涯現役でいたいと考えるものです。事業承継の必要性も当然よくご存じですが、自社株式の評価額や相続税の負担といったお金の話だけではなく、創業の想い、あるいは信念こそ、後継者に繋げたいと考えています。

一方で、周囲の人たちは経営者に事業承継の話は切り出しづらく、時間だけが過ぎていくことにもどかしさを感じているケースは少なくありません。

将来への想いを共有する伴走者としてサポート

当事務所は（創業）経営者と後継者と一緒に事業承継に取り組む伴走者として、まずは「想い」を共有する「経営のバトン」から着手します。

その上で、自社株式の引き継ぎなど経営権の移行に向けた「財産のバトン」を渡すためのサポートに取り組みます。専門的知見を生かして着実に、安全に進めていきます。そして、事業承継の進行状況を踏まえると同時に、ご家族の相続支援を中心とした「家族のバトン」の準備を行います。

１００年、２００年と将来にわたってお客様の事業が永続できることが私たちの想いです。ご相談お待ちしています。

事務所DATA

○**代表者**	分銅雅一
○**設立**	2018年11月
○**所属**	東京税理士会
○**職員数**	7人
○**所在地**	〒160-0022　東京都新宿区新宿2-3-12 グレイスビル7階
○**TEL**	03-6380-1093
○**URL**	https://successor-baton.jp/about/ https://bundoukaikei.tkcnf.com/
○**関連法人**	後継者のバトン株式会社 TAX　plants株式会社

56

株式会社財産ブレーントラスト

資産家のためのオーダーメイドのコンサルティング

特定の商品を持たないからこそできるお客様に対してベストな提案

代表

代表取締役社長
成島祐一

宅地建物取引士・不動産コンサルティングマスター・一級FP技能士・CFP。株式会社船井財産コンサルタンツ（現株式会社青山財産ネットワークス）を経て2012年12月、株式会社財産ブレーントラストの立ち上げに参画し、取締役に就任。2022年8月より代表取締役社長。

お客様の財産顧問としてベストな提案を行う

株式会社財産ブレーントラストは、資産家・富裕層の相続対策を幅広く手がけている財産コンサルティング会社です。特定の商品を持たず、中立公正なコンサルティングを行い、お客様にとってベストといえるオーダーメイドの提案をすることを信条としています。

同時に、外部には複数の専門家とのパイプを持っているので、複眼的視野からの提案も可能です。窓口の一本化（ワンストップ）で対応し、責任を持ってお客様の課題解決にあたっていきます。

お客様の財産顧問として、常に隣に寄り添い、最後まであきらめず、何がなんでも業務をやり遂げることを心がけています。新しい提案に対しても、税制及びコンプライアンス等を十分検討した上で、臆することなくチャレンジしていきます。

相続対策では最初に分割対策を行うことを基本として指導

相続対策は単にイコール節税対策ではなく、俯瞰的に全体を見て行うことが求められます。相続対策には

相続対策には、**厳守する**順番がある

【相続対策の三原則】

- 分割対策
- 納税対策
- 節税対策

この順番を厳守

ZBTにて、商標登録

分割対策、納税対策、節税対策という三原則がありますが、その順番も大切です。当社では、節税対策から入らず、最初に分割対策を行うことを基本として指導しています。法定相続分で平等に分けるのではなく、不平等（＝公平）に分けることが大切だからです（民法906条）。

また相続は、『勘定＝お金』と『感情』の交差点です。どちらかを疎かにすると、家族同士が相続でもめる「争族」に発展してしまいます。そうならないためにも、相続の事前対策は重要です。

専門家と協業し相続対策のセカンドオピニオンを提供

資産家や富裕層の方であれば、すでにお付き合いのある専門家がいる場合も多いでしょう。しかし、病気になったときに医師のセカンドオピニオンを受けることが珍しくなくなった現代、相続対策においてもセカンドオピニオンを受けることが必要になっているといえます。当社は、セカンドオピニオンの提供者として、お客様が従来から依頼している専門家と協業してその提案事項について再検証し、当社の意見や改善提案を提示することができます。

弊社にぜひ、あなたの大切な財産保全のお手伝いをさせてください。

『あなたの資産を食い潰す ブラック相続対策』『相続財産は“不平等”に分けなさい』（ともに幻冬舎）などの著書も好評発売中。

事務所DATA

○**代表者**　代表取締役社長　成島祐一
○**設立**　2012年12月25日
○**社員数**　8人（役員含む）
○**所在地**　〒160-0004 東京都新宿区四谷1-7 装美ビル4階
○**TEL**　03-6380-0378
○**URL**　https://www.zbt.co.jp/

57

税理士法人 新宿総合会計事務所

未来の選択肢を広げる「承継の定期診断」を提供

企業価値を高める経営の〝磨き上げ〟をサポート

目的を明確にして早めに事業承継に着手

中小企業にとって避けては通れないリスクマネジメントが「事業承継」と「相続」です。後継者が決定している企業の場合、後継者の育成といった経営権の移行に向けた取り組みを計画的に進める傾向があります。

一方で、後継者が未定（後継者がいない）企業では、事業承継をどうしても後回しにしてしまうケースが少なくありません。事業承継は資金繰り対策などと比べて緊急性がないこと、経営者も後継者が決まらないと自社を取りまく5年後、10年後の状況が想像しづらい面があるためです。

当事務所では、事業承継に伴う課題を定期的にチェックする「承継の定期健診」サービスを提供しています。実際に、経営者が事業承継に着手してみると、思いもよらないトラブルや障壁に苦労することも珍しくありません。とくに、経営者の家族の反発、少数株主の非協力的な姿勢によって、事業承継がスムーズに進まないことはよくあります。

そこで、当事務所は事業承継支援を進めるにあたって、まず事業承継の目的を明確化します。その上で経営や税務、ファミリーの課題などを整理しながら、スムーズな事業承継をサポートします。

経営の〝磨き上げ〟でより魅力的な企業に

事業承継には長い時間が必要です。経営者が自分の役割を少しずつ手放していく流れを意識しながら、早めに具体的なアクションをスタートさせることで、企業と経営者本人の選択肢が広がります。

また、事業承継対策に合わせて

「企業の人間ドック」ともいえる「セルサイドDD（デューデリジェンス）」サービスの実施もおすすめしています。自社の企業価値を把握して、経営の磨き上げ、経営改善に取り組むことで、後継者のモチベーション向上、あるいはM&Aで有利な交渉につながる土台になります。

税理士・中小企業診断士
藤本江里子

相続専門チーフ（税理士有資格者）
藤澤直弘

経験豊富な専門家が円満相続をお手伝い

当事務所は個人のお客様の相続サポートも取り扱っています。「ワンパック相続対策」サービスは相続税・贈与税の負担軽減につながる生前贈与プランのコンサルティングはもちろん、納税資金の準備、不動産売却など、将来の相続に備えて総合的にお手伝いいたします。そのほか相続トラブルを防止するために効果的な遺言書作成サポートサービス「ワンパック遺言道しるべ」も提供しております。

相続発生後の手続きは税務申告のみならず、民法などの法律に関する知識、生命保険・年金に関するものなど多岐にわたります。当事務所の「ワンパック相続」サービスは相続支援の経験豊富な税理士をはじめ、弁護士・司法書士・行政書士・社会保険労務士など、複数のプロフェッショナルが連携してサポートします。お客様がそれぞれの作業で専門家を探したり、手続きの代行を依頼したりする必要はないので、時間的にも費用的にも、相続に伴う負担を大幅に圧縮できます。

相続対策は資産構成や相続人の数や相続への考え方など、お客様の状況によって異なります。当事務所はお客様への徹底したヒアリングを通じて、お客様と一緒に最適な相続を考えてまいります。事業承継も相続対策も早めのスタートが円満に進めるポイントです。

事務所DATA

○**代表者**　杉江延雄
○**設立**　1995年1月6日
○**所属**　東京税理士会
○**職員数**　47人（税理士10人、行政書士6人、社労士1人、中小企業診断士2人）
○**所在地**　〒160-0023
東京都新宿区西新宿6-6-3
新宿国際ビル新館7階
○**TEL**　03-5322-5551
○**URL**　https://www.s-g-a.co.jp/

58

税理士法人 新日本筒木

相続・事業承継の一番身近で親身な相談相手

すべての案件に対し、常に「自分の家族だったら」と考え行動

代表

税理士
筒木 勝
1949年生まれ。1976年3月に税理士登録。全国相続協会会員。AFPの資格も有する。経営理念は「お客様の繁栄なしに事務所の繁栄なし」。

円満な相続実現のための生前対策・生存対策を

相続について、多くの方が「まだ先のこと」と考えがちですが、相続問題は突然、起こります。また、「ウチには資産はないから」と、相続税をあまり気にされていない方もいますが、2015年の相続税法改正に伴い、相続税申告の対象者は増えています。

相続では、ご家族・ご親族の間で様々な問題が起こります。「争族」にならない円満な「相続」を実現するためには、生前対策・生存対策がとても重要です。

私たちは、お客様が残りの人生をどう過ごしたいか、財産をどのように相続されたいかをお聞きして、相続対策や遺言書の作成から民事信託、マネープラン、成年後見制度の活用支援まで、お客様に寄り添ったサービスを幅広くご提供します。さらに、二次相続や三次相続、申告後の不動産等資産の活用・処分・リスク管理に関しても、弁護士・司法書士とも連携して対応いたします。

将来訪れる相続について、気にかけていらっしゃる方には、「生前贈与」、「家族信託」の効果や方法・時

期について、また、手持ちの資金の「生命保険」への組み換えなど、資金運用と節税の両面でご提案します。さらに、会社のオーナー経営者の方には、「退職金」との組み合わせで、無理のない有効な対策と方法をご提供いたします。

相続税で最も重要な土地評価に強み

相続が発生した際、相続税を大きく左右するのが不動産評価ですが、なかでも最も大きなポイントとなる土地評価が私たちの強みです。

土地評価を正確に行うために現地調査を実施し、書面では分からない減額要素を確認。小規模宅地等の特例など、あらゆる優遇制度を活用し、税負担の軽減を図ります。

そして、元国税局審査官など、経験豊かな土地評価専門部門における確実な分析のもと、税務当局も納得する評価額を算定し、申告書を作成します。また、相続税申告では書面添付制度を100％活用し、税務調査に対する不安の少ない申告を行っています。

どんなことでも真っ先に相談してもらえる存在に

相続・贈与税のほかに、自社株価対策や事業承継業務にも取り組んでいます。事業承継は、中小企業にとってとくに大きな問題です。私たちはお客様の会社の健全経営と永続的発展をご支援できるよう、豊富な経験と実績のあるスペシャリストを揃えています。

高度な専門性と組織力、対応力で、人的承継と事業財産承継の両面で問題となりうる様々な事柄について多面的に検討します。加えて相続や贈与から派生する法人税・所得税・消費税等に関する問題点を探り、お客様のニーズに多角的に対応するほか、ファイナンシャルプランナーが資金運用についてアドバイスするなど、トータルでサポートいたします。

私たちは、税に関することにかかわらず、個人の方からも経営者様からも、「何かあれば真っ先にご相談いただける存在でありたい」と願っております。そのためには、社員全員が「お客様が自分の家族だったらどうするか？」を常に考え、行動するようにしています。

とくに会社を経営される方々は、周囲に相談できないことも多々あります。そんなとき、私たちにお話しいただき、「あなたに相談してよかった」と言われる存在でありたいと、日々精進しております。

事務所DATA

○**代表者** 筒木 勝
○**設立** 1976年4月
○**所属** 東京税理士会 新宿支部
○**職員数** 25人（有資格者5人）
○**所在地** 〒169-0075
東京都新宿区
高田馬場2-14-26
INOビル2階
○**TEL** 03-5272-6900
○**URL** https://www.23ok.jp/

59

鈴木康支税理士事務所

相続実体験をもとに依頼主に親身に寄り添う

税務署OBの親から受け継いだ税務調査対応のノウハウに強み

代表

税理士

鈴木康支

学習院大学経済学部卒業。鈴木会計事務所を経て、鈴木康支税理士事務所を開業。融資の支援に強く、税理士や銀行からも相談される「融資のプロ」の異名を持つ。NHK文化センター講師、ペットシッタースクールの税金関係講師なども務める。東京税理士会所属。

所長の病をきかっけに相続支援にも注力するように

鈴木康支税理士事務所は、個人および会社の税務相談、資金調達を得意とする税理士事務所です。

2018年に代表が病に倒れ、心肺停止となって生死の境をさまよいました。家族や医師らによる手厚い看護や介添えのおかげで無事に生還できましたが、自らの死を半ば経験した立場から、相続問題でお困りの方を支援することに、これまで以上に力を注ぐようになりました。

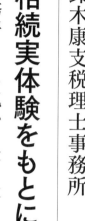

当事務所は、相続・相続税の申告・遺言等・財産の評価・遺産分割・納税方法・還付に関する相談については、これまでもさまざまな方の支援を行ってきました。長きにわたって相続手続きをお手伝いする中で、多くのお客様から感謝や喜びの声をいただいています。

当事務所が本来得意とする業務は、事業融資、特に創業融資の支援です。多くの経営者様にその支援内容やサービスを高く評価していただいていますが、必要な資金を準備するために相続発生前に保険を活用するといったサポートも、好評をいただいています。また、土地の評価を下げるため、徹底した資料手配や実測を重要ポイントと定めています。

その他、代襲相続の資金作り、相続手続きの代行などを手がけています。さらに、一般には難しいとされる暦年贈与の相談にも乗っています。

「推計課税」にはお客様の資産をあらかじめ把握することで対応

代表である鈴木康支の父は、税務署を退職した後、税理士として独立開業しました。そのため、父親から受け継いだ税務調査の対応のノウハウが強みとなっています。

たとえば、相続税の税務調査に来る際、税務署は税金の額を推定し、決定する「推計課税」を持ってきます。これに対して、当事務所は、年間の生活費からお客様の資産をあらかじめ把握することで、万全な対策を取っています。

また、暦年贈与は、否認をされることもあります。当事務所は、そういった事例についても十分に把握しており、そのデータや経験を生かして、事前に相続対策を行った場合でも無理のない適正な申告を行うなど、お客様に適切なアドバイスとサポートを行います。

「チームラボット」を結成して相続・事業承継の課題に取り組む

当事務所は、お客様に心理的など負担を感じさせない工夫に取り組んでいます。その一例が、家族型ロボットの「ラボット」の導入です。事務所では、ラボットがお客様をお出迎えし、癒しの時間を提供します。

そして、他の税理士、司法書士、行政書士、社労士、弁護士と「チームラボット」を結成し、相続・事業承継の課題解決のための活動を行っています。コロナ禍を経たこの時代では、直接お会いするだけでなく、Webによるリモートのご相談も受け付けます。初回対応は無料です。お気軽にお問い合わせください。

事務所はJR高田馬場駅から徒歩数分の場所にある。資格取得者2名が所属。

事務所DATA

○**代表者** 鈴木康支
○**設立** 1985年3月
○**所属** 東京税理士会 新宿支部
○**職員数** 9人（税理士2人）
○**所在地** 〒169-0075
東京都新宿区高田馬場4-11-5
三幸ハイツ501号室
○**TEL** 03-3366-7522
○**URL** https://suzuki-ac.com/

60

株式会社スペース

家族の想いを伝える橋渡し役を目指す

100年間で培ったノウハウで、最良の事業承継・相続プランを提供

取締役社長
宅地建物取引士
高山義章

1954年生まれ、東京都出身。モットーは「行動こそ真実」。東京都商工会議所中野支部副会長、中野工業産業協会副会長、中野区教育振興会副会長などを兼任するほか、「これからの中野のまちづくりを考える会」代表幹事。ライフワークは中野のまちづくり。

有資格者のベテランスタッフが幅広いご相談に対応

株式会社スペースは、創業100周年を迎えた不動産の総合コンサルティング企業です。これまでの長い歴史の中で、不動産に関するあらゆる経験と実績を積み重ね、賃貸管理から相続、家族信託、資産売却、不動産有効活用まで、お客様のご相談に幅広く対応しています。

相続のご相談は、そのご家族の状況などによって様々異なります。特に不動産が関係した場合、実際の手続きには多くの専門家の協力が必要になってきます。弊社は不動産会社ですので、当然、不動産が関係するご相談がほとんどですが、お客様が直接、多くの士業の方とやりとりをするのではなく、お客様の負担を軽減できるよう、私たちが窓口となって対応しています。

弊社の営業職員は、在籍する25名のうち24名が宅地建物取引士（有資格率96％）の資格を保有しており、また、不動産業界30年超のベテランスタッフが揃っています。

こうした幅広い知識と経験を備えたスタッフを中心としたコンサルティングチームが担当になり、お客様

の気持ちに寄り添いながら、よりよいご提案をいたします。

住む予定のない自己居住用建物を駐車場で活用

スペースでは、これまで様々なご相談をいただいておりますが、印象的だったのは、自己居住用建物を相続で取得された方からの、「自分で住む予定はないが、借地を地主に返却せず、事業用の活用を検討したい」というご相談です。3階建てマンションや戸建てなど、幅広い用途での利用が可能でしたが、今後、売却する意向があると伺っていたため、駐車場での活用を推薦しました。

その後、既存建物を壊す前に、土地所有者に底地の等価交換を求めて協議に入りましたが、土地の名義人はすでに亡くなっており、相続人は数十人に。このため、借地非訟手続きのために弁護士に依頼し、交渉を開始しました。相手方の相続人は3グループに分かれ、換価についても自己利用と更地処分の方向性がありましたが、2年間を掛けて交換が成立し、無事に土地の分筆と所有権移転登記を行うことができました。

ご相談には経験豊富なスタッフがきめ細やかにご対応

事業承継や相続対策には周到な準備が必要になり、なかでも大きなウエイトを占めるのが、不動産資産についてです。スペースは、100年にわたり不動産賃貸事業のサポートを行っています。その数多くの事業承継の経験を生かし、お客様の相続や事業承継についてのご相談に、個別相談会やセミナーを通して、知識豊かなスタッフがきめ細やかに対応しております。

被相続人が生前に、相続人と相続についてお話しするのはお互い、勇気がいるものです。この場合、第三者が間に入ることで話し合いがうまくいくことが多いのですが、弊社はまさに被相続人と相続人の間に入り、お互いの思いを伝える「橋渡し」の役割を目指しています。

相続対策の基本は「仲良し家族」。その第一歩が、相続不動産の室内、家系図、財産目録のお片付けです。

私たちは、事業承継や節税対策について、お客様のご要望に応じていかに円滑に財産を引き継ぎ、幸せを得ていくか、司法書士や税理士、金融機関と提携した「チーム・スペース」で、最適なご提案・サポートをしてまいります。コンプライアンスも徹底しておりますので、安心してご相談ください。

事務所DATA

- **○代表者** 高山義章
- **○設立** 1923年11月創業
- **○職員数** 53人
- **○所在地** 〒164-0001 東京都中野区中野4-4-11
- **○TEL** 03-3385-3101
- **○URL** https://space-rent.co.jp/

61

相続×不動産パートナーズ®運営／エステートプランニング株式会社

「満足以上の感動」を与える相続不動産のプロ

相続不動産を見える化し最適なファイナンシャルプランを提案

相続を難しくする不動産の存在

相続不動産をめぐっては、「家族に資産相続させるベストな方法がわからない」「家族に資産の全体像を伝えたい」といった不動産オーナーの悩みがある一方、「相続した不動産の管理・運営をどうすればよいかわからない」「複数の不動産の優先順位や方針が定まらない」といった承継者の悩みがあります。

不動産は、金融資産に比べて相続税評価額を圧縮できるメリットがある一方、資産分割がしにくい、管理に手間やコストがかかるなど、様々なデメリットがあることも事実です。

最善な結果へ導く企画提案力と実行力

私たちの使命は、「財産価値の保全、収益の最大化の実現」を達成すること。お客様の想いに寄り添い、お客様との永続的な関係を築くことを重視しております。売る・建てるといった結論ありきでない中立的な立場から様々な選択肢をご提示しますので、その中から最善策を見出していただき、ゴール到達まで伴走いたします。例えば、親には愛着のある不動産でも子にとっても同様であるとは限りませんので、双方のお気持ちを大事にするために仲介役を務めさせていただくこともございます。

また、当社では、不動産鑑定士・宅地建物取引士をはじめ、不動産に内在する相続特有の問題を熟知している弁護士・税理士や司法書士・建築士、その他工事業者や不用品撤去業者・引越業者など、経験豊富な有資格者・専門家との強力なパートナーシップを構築しております。そのため、評価・管理・売却・購入・遺品整理など、不動産にかかる諸問題をワンストップで解決でき、確実な

代表取締役社長
青木佳恵（中）
宅地建物取引士、JSHI公認ホームインスペクター。

代表取締役副社長
塩塚 誠（右）
不動産鑑定士、宅地建物取引士、公認不動産コンサルティングマスター相続対策専門士。

広報
伴 加奈子（左）

成果へと結びつけることができるのも大きな強みの一つです。

「不動産資産カルテ」で早期・円満な問題解決を実現

複数の不動産を保有している場合、賃貸収入や税金などの支出について関連書類が散逸していたり、それぞれの不動産の現在の市場価値を把握されていないことが多くあります。当社では、お客様の資産状況をわかりやすく図式化するための独自ツール「不動産資産カルテ」を活用して複雑な不動産情報を見える化し、不動産価値を把握。早期に課題を分析し、解決ルートを決定することによって、円滑な相続につなげています。

当社は、誠実に考え、実行し、お客様が相続不動産によって生じるストレスから解放されてより豊かな人生を送ることができるようサポートいたします。

不動産資産カルテ（イメージ）

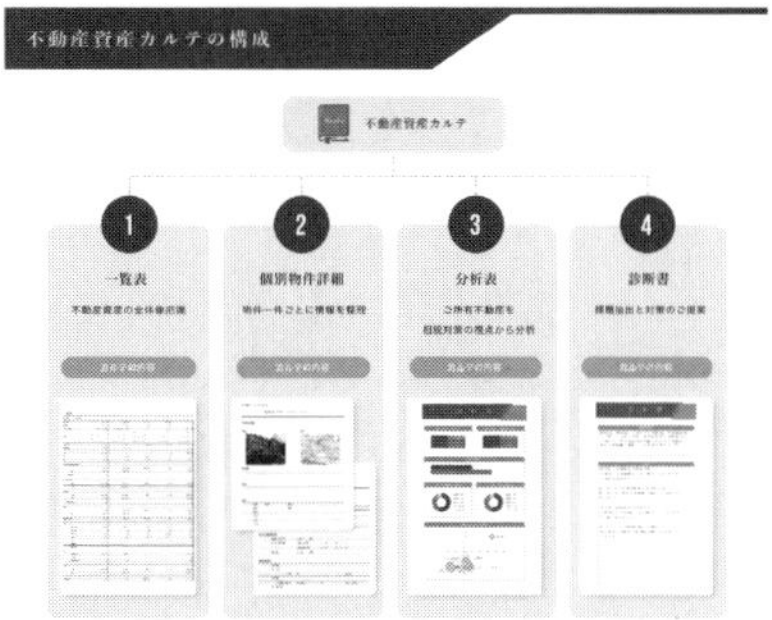

不動産情報を一覧表にして見える化。

事務所DATA

○**代表者** 青木佳恵・塩塚 誠
○**設立** 2008年11月
○**職員数** 5人
○**所在地** 〒104-0033 東京都中央区新川2-24-2 ビコービル5階
○**TEL** 03-6225-2365
○**URL** https://estate-planning.jp

62

税理士法人第一経理

お客様が納得できるまで専門家集団がサポート

10年・20年先の「予想図」を考えていただくお手伝い

代表社員

税理士
大澤一弘
1971年神奈川県生まれ。税理士。モットーは「高きを望め、三兎を追え」。

70年の実績を誇る「ワンストップ事務所」

税理士法人第一経理は1954年に創業。現在は、税理士のほか、司法書士、行政書士、社会保険労務士、中小企業診断士、ファイナンシャルプランナーと、幅広いジャンルの専門家が在籍。相続については相続・資産税事業部が、事業承継については経営相談室が窓口として対応をしているほか、法人・個人の税務申告に留まらず経営、法務、労務を含めたお客様のさまざまな問題にワンストップで対応しています。

最適な相続ができるよう相続税専門のプロ集団が対応

相続税申告の実務には高い専門性が必要とされますが、当社では、相続税専門のプロ集団である相続・資産税事業部が対応しています。同事業部の税理士は、法人および個人の税務会計監査の経験と、相続税の専門的知識及び実務経験を豊富に持ち合わせています。そのため、法人・個人を共に考慮する全体を俯瞰した視点からアプローチし、アドバイスおよび、実践的対応をすることができます。

相続・資産税事業部では、相続においても事業承継においても、お客様の話をじっくりお伺いし、お客様ご本人だけでなく、周囲の方々のお気持ちや現状をきちんと把握することを重視。トータルとして最適な選択ができるよう、さまざまな角度からアドバイスすることを心がけています。生前における相続対策は、何を最優先とするかによって、その選択すべき方策は異なってきます。節税策だけにとらわれることなく、全体像を的確にとらえて、納得感のあるスムーズな手続きとなる相続ができるよう、精一杯ご支援いたします。

起業から事業承継まで「納得」できる提案を行う

第一経理の経営相談室は、起業から事業承継まで、あらゆるステージのニーズに対して「きめ細かい」「丁寧な」サービスを心がけています。

事業承継はお客様にとっては初めての経験であることも多いため、何をすればよいか分からない…という方も多いと実感しています。また、お客様の置かれている状況は一つとして同じものはなく、後継者が決まっていることもあれば、不在であることもあります。このようなお客様に対しては、まずは相談しやすい雰囲気をつくり、「一番求められていることは何か？」ということをしっかりとヒアリング。こちらからの提案のメリット・デメリットもお伝えしつつ、「納得」していただくことを大切にしています。

事業承継の問題は時間が経てば経つほど選択肢が狭まり、また、当初考えていた予定から変わっていくことも多いもの。先の読みにくい時代ではありますが、経営相談室は、お客様に10年・20年先の「予想図」を考えていただくお手伝いをしていきたいと思っています。

経営相談室室長の碓井清貴（写真右）と相続・資産税事業部部長の橋本知己。

事務所DATA

- ○**代表者** 大澤一弘
- ○**設立** 1954年1月
- ○**所属** 東京税理士会 豊島支部
- ○**職員数** 238人（第一経理グループ/税理士30人）
- ○**所在地** 〒171-0022 東京都豊島区南池袋1-13-2
- ○**TEL** 03-3980-9129
- ○**支所** 池袋事務所、埼玉事務所
- ○**URL** https://www.daiichi-keiri.co.jp/
- ○**関連法人** 株式会社第一経理、司法書士法人第一法務、社会保険労務士法人第一コンサルティング、行政書士法人第一パートナーズ

63

永峰・三島コンサルティング

海外資産や海外居住など「国際相続」のエキスパート

企業オーナー、金融資産家を中心に豊富な相続支援実績

代表パートナー

公認会計士・税理士
永峰 潤（写真右）

東京大学卒業、米国ペンシルバニア大学ウォートンスクール卒業（MBA）。バンカーズ・トラスト銀行（現・ドイツ銀行）等を経て、現職。

税理士
三島浩光（写真左）

中央大学大学院商学研究科修了。BDO三優監査法人税務部門を経て、現職。

2015年に国際相続の専門チームを立ち上げ

永峰・三島コンサルティングは1989年の設立以来、一貫して外資系企業への会計・税務支援に特化したサービスを提供してきました。2015年には新たに国際相続支援の専門チームを立ち上げ、東京および関西圏の企業オーナー、金融資産家を中心に、年間60件を超えるクライアントに私たちの専門的知見を提供しています。

サポートの具体的な内容としては、海外資産にかかる所得税・相続税申告・タックスプランニング、海外居住者の相続税コンサルティングといった税務支援はもちろん、米国などでのプロベート対策、エステートプランニングも得意とするところです。

国外の弁護士・会計士との親密なネットワークを駆使して、お客様の各種支援ニーズについて総合的にサービスをご提供させていただくことも可能です。すべて安心しておまかせください。

グリーンカード保有者税務、米国出国税申告、ＦＯＲＭ Ｗ－８ＢＥＮ作成・提出、ＦＯＲＭ３５２０作成もお受けしています。

国際税務のプロとして四半世紀を超える

海外資産にかかる相続が発生すると、現地国の相続手続きに沿って、最終的には換金手続きを念頭に置いた対応が必要となります。海外資産にかかる相続手続きを安全に進めるためには、現地国の弁護士・会計士などの専門家と英語で協議しなければなりません。現地と日本の相続税務・手続きの両方に通暁した極めて高度でプロフェッショナルなサポートが不可欠なのです。

私たちは四半世紀以上、国際税務・会計のスペシャリストとして海外資産の相続に携わってきた豊富な実務経験があります。同時に、日本人が多くの海外資産を保有している国の専門家とも強固な協力関係を確立しています。お客様の資産構成や要望を深くヒアリングしながら、相続に伴う課題、考え方を共有して、着実にサポートしていきます。

海外に住んでいてもオンラインでサポート

海外資産を保有している人は当然、国内資産とは根本的に異なる対策が求められます。日本では1年もかからない相続手続きが、海外資産の保有先国によっては数年もの時間を要する場合もあります。米国では原則、相続人が相続財産を引き継ぐ際に現地裁判所の監督のもと、プロベートと呼ばれる遺産確定手続き（検認）を経る必要があります。

プロベートには少なくても1年、時に10年近くもかかることがあります。相続人にとっては非常に大きな負担となります。私たちはこうした海外資産特有の諸問題をクリアすべく、原因の早期解明、解決策を実施していきます。

また、昨今のコロナ禍を踏まえてオンライン対応も積極的に取り入れています。最近では、スイス在住の日本人クライアントの相続支援について、打ち合わせ・情報共有・コンサルティングまでオンライン面談を主体として完了しました。海外のお客様に負担をかけないための取り組みです。

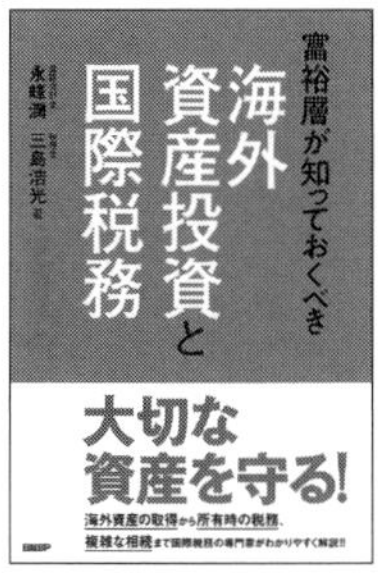

永峰・三島パートナーによる国際税務の指南書『富裕層が知っておくべき海外資産投資と国際税務』（日経BP）。

事務所DATA

- ○**代表者** 永峰潤、三島浩光
- ○**設立** 1989年9月1日
- ○**所属** 東京税理士会 麹町支部
- ○**職員数** 80人（有資格者12人）
- ○**所在地** 〒100-6104 東京都千代田区永田町2-11-1 山王パークタワー4階
- ○**TEL** 03-3581-1975
- ○**URL** https://nagamine-mishima.com/
- ○**関連法人** 株式会社JCアカウンティング、税理士法人JCタックス、社会保険労務士法人JCS

64

不動産リスクマネジメント

資産凍結を防ぎ、安心・幸せな未来に導く

全視野に立った中立的な立場でアドバイスを提供

お客様が納得できるコンサルティングを提供

私たちは、高齢者の不動産リスクマネジメントに特化した不動産コンサルティング業務を展開し、お客様と末長くお付き合いするために、営業エリアを東京・神奈川・埼玉に限定して活動しています。

私たちの強みは、資産凍結防止を中心とした中立的立場でのコンサルティングと、不動産分析（ROA分析：相続価格と実勢価格の乖離）を生かした事前対策です。

「資産凍結・相続対策をしないと誰が困るのか？」についてご家族と共有し、全員が納得できるコンサルティングを提供しています。

まずは資産凍結防止を考え元気なうちに備える

円満な相続を行うために、もちろん相続対策は重要ですが、当社では、まず「資産凍結」についてお客様と話し合い、考えを共有するようにしています。

もし、遺産分割協議が整わなかったり、親族間のもめごとが起きたりした場合でも、資産は動きます。極端な話、相続対策をしなくても相続

平均寿命と健康寿命の差

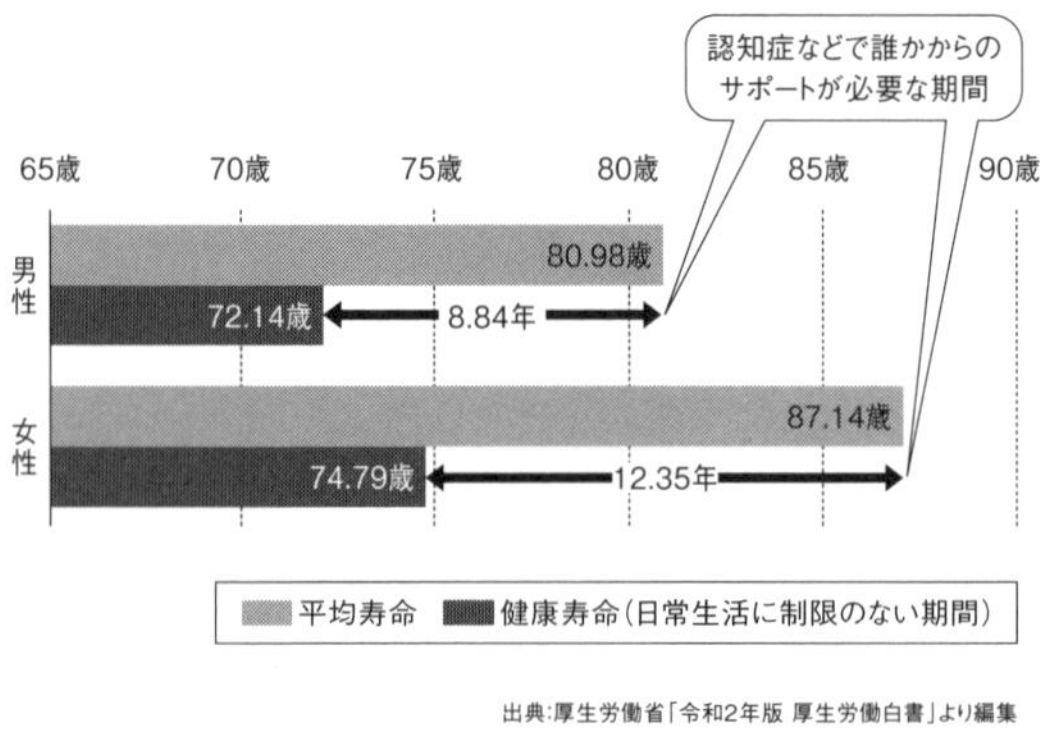

出典：厚生労働省「令和2年版 厚生労働白書」より編集

ポーラスター　ご家族の幸せ・笑顔を導く道しるべ
ポーラスター　古より人々が、道・航路を見失わないように天に輝く北極星

今から将来へ<自分の想いを具現化させるのは今!>資産凍結防止

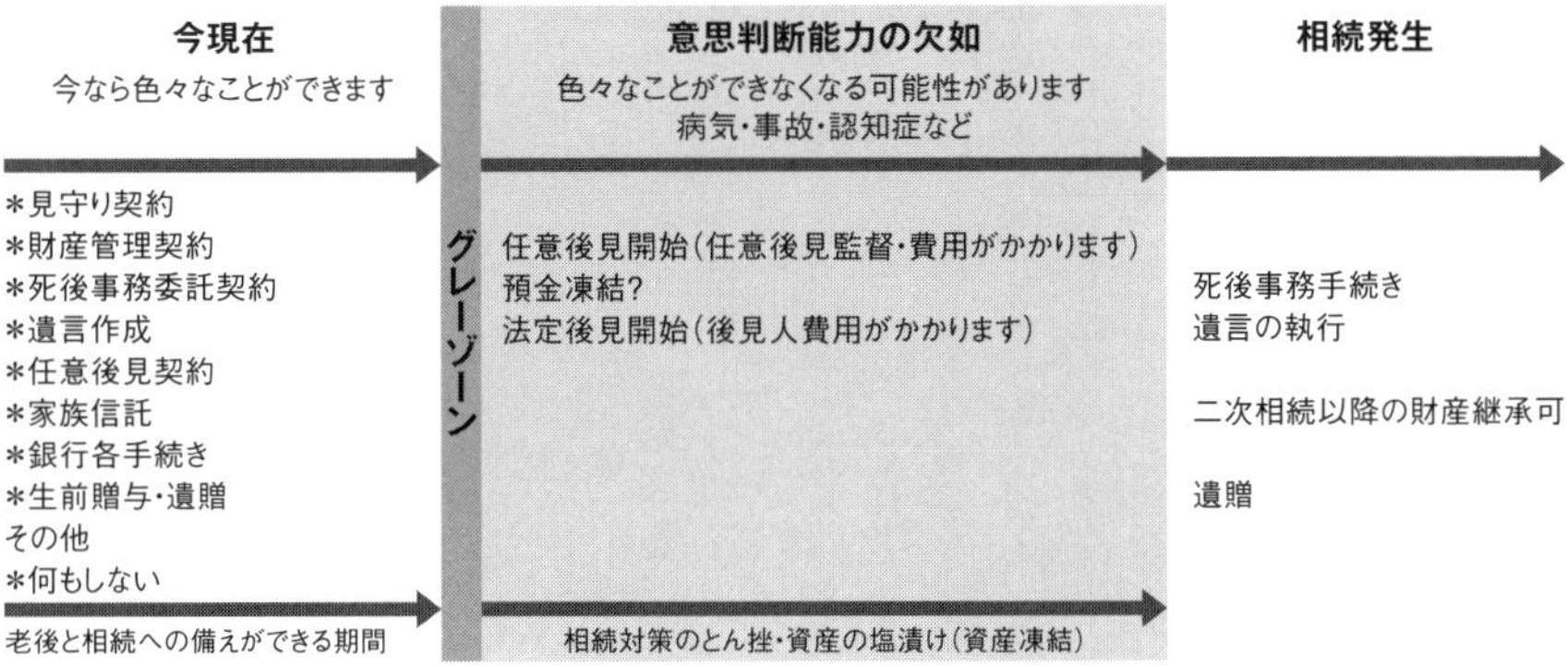

は起こるのです。しかし、意思能力を持たない者が行った法律行為は無効とされており、たとえば、認知症や病気や事故、不安定な精神状態によって意思能力が失われた場合には資産が凍結されてしまいます。

　また、障がい（意思判断能力の欠如）を持つお子様がいるご家庭では、「親なき後問題（親なき後の傷害支援や財務管理などの問題）」は切実です。病気や高齢化などにより、ご両親が存命中でもお子様を支え切れなくなるケースも多々あります。

　将来に向け、「元気なうち」に準備を始めることが重要です。

　今、何をするべきか、一緒に考えていきましょう。

ご家族それぞれの想いを各士業のチームでサポート

　相続についてご家族で話し合い、全員が喜ぶ結論に達することができれば理想的です。話をよい方向へと進めるためには、「最初から結論を急がない」こと。ご家族それぞれの想いや、将来設計などについてじっくり話し合ってみてください。お互いが抱える漠然とした不安も回数を重ねるうちに払拭されていき、ありがちな子供兄弟間の齟齬なども消えていくはずです。

　当社では、お客様のご要望に応じて税理士・司法書士・弁護士など、提携する各士業がチームで対応し、ご家族の想いと幸せな未来を、全力でサポートしてまいります。

事務所DATA

○**代表者**　都築 潔
○**設立**　2019年1月
○**所在地**　〒184-0002 東京都小金井市梶野町1-2-36 東小金井事業創造センター KO-TO B08
○**TEL**　0422-52-1960
○**URL**　https://rm-polarstar-site.club/

65

松野下グループ（司法書士法人松野下事務所／一般社団法人エム・クリエイト）

家族信託は全員を笑顔にできる選択肢の一つ

実績のある司法書士とファイナンシャルプランナーが中立の立場でアドバイス

変わりゆく社会に対応する準備と対策を提案

高齢化や家族形態のさらなる変化が今後予想される中で、それぞれのご家族が抱える複合的な問題を、長期的かつあらゆる視点から捉え、解決策を見出す必要があります。

松野下グループは、超高齢社会の諸問題を解決する専門家集団として、40年以上続く「司法書士法人松野下事務所」とシニア層に特化した資産コンサルティングを提供する「一般社団法人エム・クリエイト」とともに生前対策・相続対策を手がけています。財産や事業の承継、生前対策、相続対策、遺産整理、認知症に伴う財産凍結を防ぐ有効策として注目される家族信託など、生涯を安心して過ごせるよう、確かな解決策でお応えするシニア層に特化した組織体制にしています。

相続については、遺産の受取人がいない、相続人同士の関係が疎遠になってお互いの意思が確認できないといった問題がクローズアップされていますが、親の認知症のリスクも忘れてはならない問題です。司法書士法人松野下事務所と両輪となる一般社団法人エム・クリエイトでは

成年後見に代わる財産管理「家族信託」の仕組み

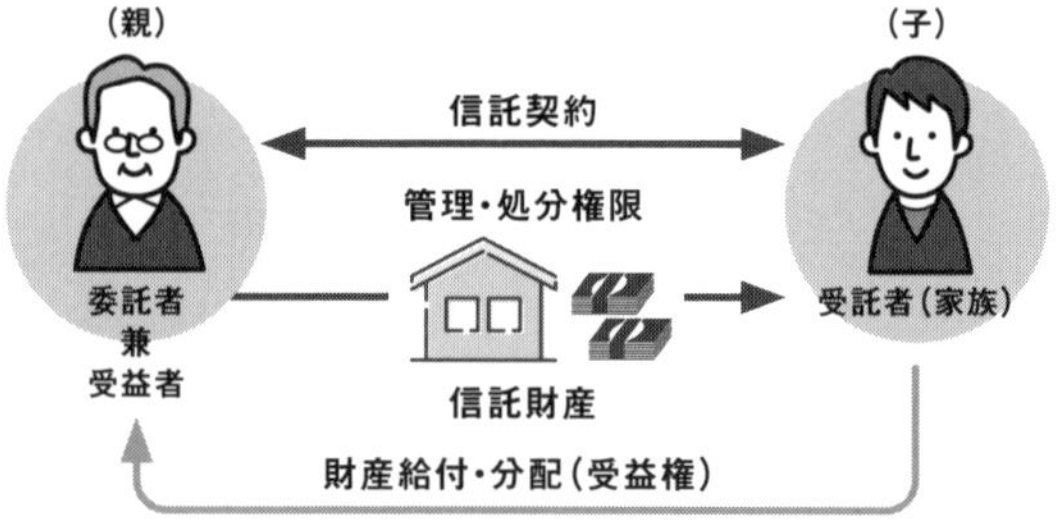

従来の「成年後見」制度と異なり、「家族信託」を利用すれば、親（委託者）が認知症になっても、子（受託者）が親の財産を管理・運用・処分することができる。

「家族信託トータルサポートセンター」を運営しており、認知症による財産凍結に備える対策として注目される家族信託にいち早く着目し、取り組んできました。

家族信託で柔軟な財産承継が可能に

親が認知症などで判断能力が低下・喪失すると、預貯金や不動産などの財産は凍結されます。高齢になった親の財産管理を信頼できる家族に託す家族信託の制度を使えば、財産凍結を回避できるうえ、法定相続にとらわれない柔軟な財産承継が可能になります。

松野下グループでは家族信託をお客様にご提案するにあたり、次の3つの条件を設けています。

①原則として推定相続人全員の合意を得る
②信託契約書を公正証書にする
③受託者の固有財産と分別管理のため「家族信託口口座」を開設する

その理由は、家族信託は長期の契約となるため、透明性を担保する必要があるからです。これによって何世代先まで円滑に財産管理や財産承継が可能になります。

お客様が抱える事情は様々ですが、最適な解決策をご提示するためには、お客様の想いに耳を傾けるプロセスこそが大切と考えております。お話を伺うべきご家族は立場や想い、居住エリアも様々で、3世代にわたる場合では世代間の価値観も異なります。私たちは中立の立場でご家族の話を伺い、アドバイスする姿勢で、ご相談者様やご家族の安心につなげます。

生前対策・相続対策について何かお困りごとがございましたら、お気軽に松野下グループにお問合せください。各専門家と連携し、知識と経験を備えたスタッフがお客様のご要望にお応えします。

超高齢社会の諸問題を解決する専門家集団。左から、司法書士・佐々木新、司法書士・内藤慎二、1級ファイナンシャルプランナー・藤井淳一、司法書士・中島寛之。

事務所DATA

【松野下グループ】
<司法書士法人 松野下事務所>
<一般社団法人 エム・クリエイト>

○**所在地** 〒171-0014
東京都豊島区池袋2-48-1
信友山の手池袋ビル7階

<家族信託トータルサポートセンター>
○**URL** https://kazokushintaku-total-support.com/
○**TEL** 03-6912-6622

66

みよしコンサルティングLLP

あらゆる事業承継ケースに対応できる専門税理士事務所

親族内承継のみならず親族外承継（ＭＢＯ）や資産管理会社コンサルティングも得意

事業承継に王道なし状況に合わせて計画的に準備

みよしコンサルティングは事業承継・相続支援サービスに特化した税理士事務所です。組織再編やＭＢＯ、資産管理会社コンサル、不動産税務も得意分野です。

ひと口に「事業承継対策」といっても、問題を解決してくれる王道の方策があるわけではありません。それぞれのお客様の状況に合わせて計画的に準備を進めていくことが重要です。後継者育成を着実に進めること、また将来の経営権確立に向けて家族との良好な協力関係を構築することも大切な取り組みです。

私たちは専門家として、お客様に最適なオーダーメイド型のコンサルティングサービスを提供しています。事業承継に関する法律や税制は、現在目まぐるしく変化しています。企業オーナー様のニーズや不安に最大限対応できる効果的な税務戦略を提案して、実行していきます。

円満相続と同時に将来を見据えた対策

一般的な事業承継対策は、遺産分割対策、納税資金対策、節税対策の3つが柱となります。こうした税務サポートに加えて、相続事業承継支援では、互いの利害関係など人と人の調整も重要な点です。

私たちは、円満相続を進めるために遺産分割対策を重視しながらも、並行して「納税資金は困らないか？」「次世代の税負担をできるだけ軽くするにはどうすればいいか？」といった対策を考えます。

ちなみに、日本では法人増税が難しい現状にあるため、税負担の観点では法人と比べて個人のほうが不利という面もあります。必要に応じて法人のホールディングス化による税

代表

税理士
川口修司（左）

1975年東京都生まれ。明治大学経営学部卒。CFP。大和銀行、（株）タクトコンサルティングなどを経て現職。資産税コンサルティングに強み。

税理士
野口健一（右）

1982年東京都生まれ。明治大学政治経済学部卒。EY税理士法人などを経て現職。得意分野は非上場企業の事業承継対策。

負担の軽減策なども検討します。

また、最近の事業承継では後継者不足などを背景に、親族内承継が減少傾向にあります。一方で、第三者に事業譲渡するM&A、MBOによる親族外承継によって事業の存続を目指すケースもあります。当事務所はMBOコンサルティングの実務を多く手掛けており、経営者様のお考えに沿った柔軟な事業承継コンサルティングをいたします。

不動産・金融資産の節税コンサルティング

当事務所は経営者様に限らず、不動産や金融資産を所有する資産家の相続支援も多数取り扱っています。事業承継支援サービスと同様に、遺産分割対策・納税資金対策・節税対策を基本として、タイミングや規模感などを考慮しお客様のアクションをお手伝いします。具体的には、次のようなサポートを行います。

①相続税（贈与税）の試算および提案、②相続税（贈与税）の申告書作成および納税サポート、③遺産分割に関する遺言書作成サポート、④遺留分などを考慮した遺産分割対策コンサルティングなどです。

さらに、二次相続も視野に入れた税負担の最適化もアドバイスします。相続した不動産による多額の含み益問題、税負担を軽減する不動産の購入スキームなども幅広くお手伝いいたします。

事務所DATA

○**代表者**　川口修司、野口健一
○**設立**　2018年7月
○**所属**　東京税理士会
○**所在地**　〒100-0005　東京都千代田区丸の内3-4-1 新国際ビル8階
○**TEL**　03-6269-9377
○**URL**　https://www.miyoshitax.com/
○**関連法人**　株式会社みよしコンサルティング、川口・野口税理士事務所

67

税理士法人四谷会計事務所

3つの視点で生前からの相続対策を進める

長年の実績と年間1000件を超える相談実務経験が強み

包括パートナー

公認会計士・税理士

入澤信夫

2007年税理士法人四谷会計事務所設立。法人の税務･会計、所得税･資産税等の幅広い実務経験と知識からクライアントの立場に立った明解で質の高いサービス提供を日夜心掛けている。

プロフェッショナル集団による高品質なサービス

税理士法人四谷会計事務所は、1人ひとりが高い専門性を活かし、所得税の確定申告から相続税の申告、上場企業グループの法人税務などの国内税務をはじめ、外資系クライアントの国際税務に関するサービスも提供しています。

また当事務所では、関連グループを含め、弁護士、司法書士など様々な専門家のネットワークにより、税務・会計・労務・法律など幅広いサービスをタイムリーに提供できます。

50年にわたる税務業務で培った豊富な経験。お客様の信頼に応える精鋭のスタッフ陣。

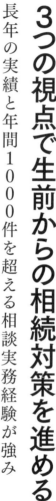

相続の中でも 特に不動産税務に強い

当事務所は1977年に設立された前身を含めおよそ50年の長きにわたり、各種の税務業務を行ってきました。長年の実績と年間1000件を超える相談件数の中で培った、豊富な経験が強みです。

担当パートナー

税理士

稲場広宣

特に不動産税務を中心とした資産税に豊富な経験実績あり。自らもアパートオーナーとして、地主・オーナーと同じ視点で考える不動産の有効活用、所得税・相続税の節税対策などに定評がある。

当事務所の個人クライアントには、地主やアパートオーナーのお客様が多いため、資産税の中でも特に不動産税務に強いという特徴があります。

不動産は現金や有価証券に比べ、相続税の計算基準となる評価額が時価より低いため、相続税対策として活用を検討されている方も多いかと思います。当事務所では、賃貸住宅の新築・建て替えなど不動産有効活用プランニング、遺産分割及び納税資金のアドバイザリーサービスも提供しています。

また、大手住宅メーカー主催の各種セミナーや研修会、相談会の活動も幅広く行っています。朝日、読売、日経など、各新聞社主催による相続税対策セミナーでの講演実績もあり、参加された皆様から好評をいただいております。

相続で大切なのは 3つの基本視点

「節税」「納税」「遺産分割」。相続税対策は、この3つの基本を、財産を残す方が元気なうちに実行していくことが何よりも大切と考えています。対策を早く行えば、より多くの選択肢から適切な方法を選択することが可能となります。

当事務所では、お客様とのコミュニケーションを大切にし、お客様の真のニーズに寄り添った適切なアドバイスを提供できるように心掛けております。相続税の生前対策や、相続税申告でお困りの方はぜひ一度ご相談ください。

事務所DATA

○**代表者**	入澤信夫
○**設立**	2007年12月
○**所属**	東京税理士会 麹町支部
○**職員数**	46人（有資格者33人） 関連法人を含む
○**所在地**	〒102-0074 東京都千代田区 九段南4-7-15 JPR市ヶ谷ビル5階
○**TEL**	03-3234-9006
○**URL**	https://www.yotsuya-ac.com
○**関連法人**	四谷監査法人、 四谷ビジネスコンサルティング(株)、 四谷社会保険労務士事務所

68

税理士法人one

グループ会社の強みを結集したサービスに自信あり

おひとりさま相続相談所を開設し、時代のニーズに合ったサービスを提供

代表
税理士
齊藤公貴
1975年秋田県生まれ。2000年3月国士舘大学大学院経済学研究科修了。税理士事務所勤務を経て2003年に税理士登録。2004年に齊藤税理士事務所設立。2021年には税理士法人へ移行。

子どもがいない相続を考える～不安を減らし幸せを増やす

最近、お子様のいないNo Kids Coupleやパートナーに先立たれたり結婚していないシングルの方から「自分たちが」「自分が」亡くなった後の財産はどうしたらよいか？終末に向けて財産整理をどのようにしたらよいか？といったご相談が増えてきております。子どもを持たない選択肢、同性カップル、シングルライフなど多様なスタイル・多様な生き方が尊重される世の中に変わってきており、どんな生き方をしても必ず訪れるのが老後と終末。そこで「子どもがいない相続」を一緒に考えサポートする「おひとりさま相続相談所」をグループ内の(株)one assetに開設いたしました。老後や相続の準備は不安を減らします。相談所では「減った不安＝増えた安心」を合言葉に。そんな相談が気軽にできる「おひとりさま相続相談所」。oneグループが、またひとつ便利になりました。

お客様にとって便利な存在であり続けたい

私たちが目指すのは、お客様にとって「便利」であることです。中小

企業にとって、複数の士業と顧問契約を結ぶことは、時間的にもコスト的にも難しいものです。しかし税理士法人ｏｎｅであれば「ちょっと聞きたいこと」や「急な相談」が発生したとき、わざわざ該当する専門家を探す必要はございません。複数の関連士業が在籍しているので、即時に解決するばかりか、コスト面でも節約できます。

　また相続では、相続税・家族信託・遺産分割など法律に沿った手続きが必要となりますが、私たちは法律云々の前に被相続人の想い、相続人の気持ちを最優先することを心がけております。

オーダーメイドの対応で どんな複雑なケースも解決へ

　税理士法人ｏｎｅは、豊富な事例経験を持ち、どんなケースであっても、相談者それぞれの事情に応じた最良の解決策を提案いたします。過去には、海外に移住した被相続人が海外で子どもを産んでないことを証明する手続きや、手書き戸籍における名前の記述違いの立証など、複雑な事案にも対応してまいりました。

　相続は早め早めの準備が肝心です。日本の相続では戸籍があることを前提に考えられているので、外国籍の方は手続きが煩雑になることが多いため元気なうちに準備しておくことも大切です。相続は「十人十色」「人それぞれ」。ご自身に合わせたオーダーメイドの相続準備・手続きとなります。そのため、単なる税金の計算だけではなく、どのような相続にも対応できる専門家を選ぶことも大切なポイントです。最良のサポート役である税理士法人ｏｎｅにぜひご相談ください。

事務所DATA

○**代表者**　齊藤公貴
○**設立**　2004年5月（2021年8月法人化）
○**所属**　東京税理士会
○**職員数**　9人（有資格者2人）
○**所在地**　〒107-0051　東京都港区元赤坂1-4-21 赤坂パレスビル3階
○**TEL**　03-6459-2740
○**URL**　https://www.one-office.jp
○**関連法人**　株式会社one office、司法書士法人one、行政書士法人one、社会保険労務士法人one

69

株式会社大垣共立銀行

地域に寄り添いオーダーメイド型提案を実践

小回りの利く対応でお客様の細かなニーズも柔軟に汲み取る

担当社員

調査役
1級ファイナンシャル・プランニング技能士
稲葉貴之

地方銀行として顧客の心強い味方に

ＯＫＢ大垣共立銀行は１８９６年の設立以来、「地域に愛され、親しまれ、信頼される銀行」という基本理念のもと、「お客様、株主様、従業員、市場の評価向上による揺るぎない信頼の確立」を目指し、地域とともに歩んでまいりました。

お客様のライフサイクルの中でも最大のイベントである相続・承継に関する課題解決において多くの実績とノウハウがある当社は、地方銀行としてお客様の最も近くにあり、心強い味方となっています。

営業店の担当者とお客様との関係は強固で、家族関係や保有資産からお客様の悩みや問題点をリアルに把握し対話を重ねることにより、多くのお客様に親しまれています。

問題の本質を聞く「傾聴力」で相続・承継対策の筋道をつける

当社は２０１９年に東海地区の地域金融機関で初めて信託業務の認可を取得。地方銀行ならではの小回りの利く対応によって、お客様の細かなニーズにも柔軟に対応しながらオーダーメイド型の遺言信託や遺産整理サービスなどを提供しており、お客様の満足度は非常に高いものと自負しております。

相続・承継対策の筋道をつける上で重要なのは、いかに問題の本質を聞き出し、掘り下げ、正確に捉えることができるかといった「傾聴力」にあります。そのため、当社はお客様との対話を重視し、財産を渡す側と財産を受ける側の双方の想いを汲み取りながら、双方にとってよりよいプランを提案できるように心掛けています。

ときに、お客様は相続税の負担を軽減することを優先し、「想い」を伝えることを後回しにされますが、当社はお客様の「想い」の実現の重要性をご説明し、対策のための優先順位を一緒に共有することを大切にしています。

「おひとりさま」の相続対策にも真摯に向き合う

相続や事業承継の問題は早めの準備と対策が重要です。

相続対策としては①資産分割対策・②納税資金対策・③財産評価対策の3つが基本となります。

「おひとりさま」の増加もあり、相続人が遠い親戚しかいない、そもそも相続人がいない方も多くいらっしゃいます。顔も知らない親戚より近くに住む甥・姪に財産を残したい、社会貢献のために寄付をしたい等、「想い」の実現のために遺言書を作成する方も増えています。当社に多数在籍する1級ファイナンシャル・プランニング技能士の有資格者が、全体資産の把握（資産の棚卸）を切り口に、お客様と一緒にこれらの課題解決に取り組み、遺言信託や生命保険をはじめとした幅広いソリューションを、より専門的な見地から提案しています。

当社はこれからもお客様に寄り添い、銀行のグループ力を最大限活用し、多様化するお客様の課題解決に取り組んでまいります。

事務所DATA

○**代表者**	境敏幸
○**設立**	1896年3月9日
○**職員数**	2476人（2023年3月31日現在）
○**所在地**	〒503-0887　岐阜県大垣市郭町3-98
○**TEL**	0584-74-2111
○**支所**	【岐阜県】92店舗、4ローンプラザ【愛知県】57店舗、11ローンプラザ【三重県】4店舗、1ローンプラザ【滋賀県】2店舗【その他】東京都・大阪府:2店舗
○**URL**	https://www.okb.co.jp
○**関連法人**	共友リース㈱、共立コンピューターサービス㈱、㈱OKB総研、OKB証券㈱、㈱OKB信用保証、㈱OKBペイメントプラット、㈱OKBキャピタル、㈱OKBビジネス、㈱OKBパートナーズ　他

OKB
大垣共立銀行

多数の相続コンサルティングを経験したプロフェッショナルが在籍。

70

あつみ司法書士事務所

相続について何でも相談できる身近な法律専門家

終活・二次相続対策などに活用できる家族信託にも積極対応

代表

司法書士
渥美友弘

気軽な相談相手として司法書士事務所を藤枝市で運営し、ご相談者様のお悩みに寄り添って対応。書類作成から登記手続きまでおまかせください。数多くの実績や経験により最適なご提案を目指します。

法務局職員35年の経験をご相談者の問題解決に生かす

あつみ司法書士事務所はＪＲ藤枝駅から徒歩圏内にあり、身の回りに起こるさまざまな悩みを相談いただける街の身近な法律専門家として、遺産相続や、有効な書類作成をサポートする遺言、事業承継にも活用できる家族信託など、最適なご提案を行っています。

代表の渥美友弘は、法務局職員として35年間、戸籍、相続、遺言、登記、家族信託の職務を全うしてまいりました。この経験によって蓄積された専門的知識に基づき、ご相談者一人ひとりに合わせて様々な問題対策をご提案しています。

相続や遺言、家族信託などの手続では聞きなれない言葉や制度、法律による仕組みなど、直面する問題が難しく感じるかもしれません。流れや解決方法を分かりやすい言葉でご説明いたしますので、安心してご相談いただけます。

遺言書作成、家族信託の手続を円滑に進める

遺言書には三種類あり、それぞれ特徴があります。自筆証書遺言は気

軽に作成ができる一方、無効になる可能性もあります。公正証書遺言は公証人が関与するため無効になりにくいというメリットがあり、秘密証書遺言は内容を秘密のまま保管することができます。

これらの手続きは法律的に定められた書き方をしなければなりません。あつみ司法書士事務所では、ご相談者の想いを汲み取り、法律的に効力を有する内容に仕上げ、後世に遺すための手続きを行ってまいります。

家族信託は、病気リスクを回避し、遺された家族が慌てずに落ち着いて財産活用ができるよう、先逝く者として道標を遺すことができるなど、自由度が高い遺産継承方法として年々注目を集めています。

あらかじめ信頼できる家族に所有している財産や権利、義務の管理を任せる民事信託のひとつで、次の世代やその次の世代まで後継者を決められるなど、柔軟な継承が可能です。事前に財産管理権を渡しておくことで、被相続人の認知症が重症化するなどして財産の管理が難しくなったときなどにも、慌てず穏やかに過ごせるなど多くのメリットがあります。

終活の一環として、家族信託を用いた二次相続の対策など、あつみ司法書士事務所では様々な目的を持つご相談者の要望にお応えします。

相続登記の義務化に対しても丁寧なアドバイス

2024年4月から相続登記が義務化になりました。当事務所では相続登記義務化に伴い、いま所有している相続不動産についてどのような形で相続登記が必要か、相続人は誰か、どんな書類を集めなければいけないのか、手続きの流れ、相続登記に必要な不動産の管理処分方法などのご相談が可能です。

複雑な問題やリスクを抱えているなど対応が難しいと思われるご相談でもご相談者に寄り添えるよう、他士業との連携を活かして最後まで問題解決を目指してまいります。

ご家族にとってどんな対策が必要か、何ができるのかをどなたにも伝わりやすい説明で解決方法をご相談者と一緒に見つけ出してまいります。

ご相談いただく内容を丁寧に受け止め、一人ひとりに合わせた最適な方法でお手伝いいたします。

事務所DATA

○**代表者**　渥美友弘
○**設立**　2022年8月8日
○**職員数**　2人
○**所在地**　〒426-0034　静岡県藤枝市駅前1-12-7
○**TEL**　054-643-7164
○**URL**　https://www.shihoushoshi-atsumi.com/
https://atsumi-shihoushoshi.com/

71

風岡範哉税理士事務所

「すべての相続を円滑に」をミッションに

一つの窓口での対応と適正申告で相続人の負担を最小限に

代表

税理士・宅地建物取引士

風岡範哉《かざおかのりちか》

1978年静岡県生まれ。2011年税理士登録。大手税理士法人を経て17年に事務所設立。租税訴訟学会会員。

遺族の想いを聞き的確なアドバイス

風岡範哉税理士事務所は、静岡県を拠点にして、全国で相続のサポートをしている事務所です。

相続の仕事は、どの家庭をとっても同じものはありません。そのため、税理士にはどのような案件にも迅速かつ正確に対応できるよう、豊富な経験が求められます。私の事務所は相続税の案件が豊富なため、あらゆる案件にスピーディーに対応することが可能です。

また、相続人にとって相続は何度も経験するものではなく、どのように進めるべきか判断に迷うことが少なくありません。

これに対し専門家の説明はわかりにくくなりがちで、専門家の中には自分の意見を押し付けるケースもあります。私は遺族の想いをしっかり受け止め、今後についてわかりやすく伝え、安心していただくことを第一と考えています。

あらゆる問題にワンストップで対応

相続の専門家集団と連携しているので、ありとあらゆる事柄にワンストップで対応できます。私の事務所が窓口となってワンストップサービスを提供することで、依頼者がいちいちそれぞれの分野の専門家を探す必要がなくなり、手間や時間を大幅に省けます。

また、各士業にばらばらに依頼すると、重複した作業が生じるうえにコストもかかってしまいますが、私たちにお任せいただければ作業の重複がなく、費用を低く抑えることが可能となります。

相続税の申告代理や節税支援といった税金関連のサービスはもちろんのこと、例えば遺産分割や調停の支援は弁護士、不動産の相続登記は司法書士、土地の有効活用や納税資金確保のための不動産売却は不動産業者といった専門家と連携することで確実に対応します。

風岡代表は相続関連の書籍を複数上梓している。

適正申告で税務署からの指摘を回避

税法の世界にはどうしてもグレーゾーンがあります。グレーゾーンを高めに見積もることで税金が過払いになってしまうようでは相続人の負担が重くなります。ただ、グレーゾーンを徹底的に低く見積もるのも望ましくありません。もし税務署に指摘を受けてしまうと、罰則的に余計な税金を支払わなければならず、結局は相続人の負担が重くなります。

そうならないための最善策は「適正申告」にほかなりません。

適正申告のためには、土地の評価をしっかりと行うことが重要です。現地調査や役所調査で土地の現況を綿密に調べます。また、税務署が最も着目しているのが生前の金融資産の動きです。口座名義人が親族であっても実質的に被相続人の財産とみなされる〝名義預金〟が問題となることはないか、生前に引き出された現金が問題となることはないかなど、後に申告漏れを指摘されないよう事前に注意を払います。

相続手続きのストレスをなくし、税務署から指摘されないように申告する「すべての相続を円滑に」がモットーの当事務所にご連絡ください。

事務所DATA

○**代表者** 風岡範哉
○**設立** 2017年4月
○**所属** 東海税理士会 静岡支部
○**所在地** 〒420-0853 静岡県静岡市葵区追手町2-12 静岡安藤ハザマビル4階
○**TEL** 054-252-2772
○**URL** https://www.souzokuzei-shizuoka.com
○**営業時間** 月～金:9時～18時(日祝休)

72

税理士法人タクト

相続に特化した「浜松相続税あんしん相談室」を運営

累計相談件数1000件超。創業40年の信頼と実績

浜松を中心に相続税申告を完全サポート

税理士法人タクトは、浜松を中心とした静岡県西部エリアに根ざした税理士事務所です。

税理士法人タクトが運営するのが、地域に密着し、相続税申告や生前対策など相続に特化したサービスを提供する「浜松相続税あんしん相談室」です。これは「家族の財産を1円でも多く残してほしい」「相続税で損して欲しくない」という想いで開設いたしました。

実際に相続が発生すると、2つの大きな問題に直面します。一つは遺産分割とそれに伴う手続きの煩雑さ。もう一つは相続税の申告と納付です。一般的に、遺産分割で家族が揉めるのは「財産を何億円も持っている資産家レベルの話であって、自分には関係ない」と思われがちです。しかし、話し合いでまとまらず、家庭裁判所に持ち込まれ訴訟に発展するケースは遺産総額5000万円以下が圧倒的に多いのです。

「相続」が「争族」とならないためには、相続のプロによるアドバイスが必要です。当事務所では、専門スタッフを中心に社内全体で資産対策に関する事例を共有し、お客様の相続税申告を完全サポートいたします。また、いざという時に慌てなくてもよいように、事前のご相談、生前対策等にも積極的に取り組んでいます。不安を抱えるお客様の心に寄り添うために徹底的に親切・丁寧な対応を心がけ、お客様の話をじっくり伺い、お客様の想いや価値観を共有しながら問題解決にあたります。

面倒な相続後の手続きはすべてお任せ

当事務所では、相続税の申告だけでなく、相続発生後のあらゆる相続

代表社員

税理士・SC相続手続カウンセラー

笹瀬綾子

顧客から「聞き上手」との評判。好きな言葉は、「笑顔と挨拶、褒める言葉と感謝の言葉は惜しまない!」。

副代表

税理士

小松忠孝

「静岡県全域において多くのご依頼をいただいておりますので、お気軽にご相談ください」。

手続きを代行する「相続手続き丸ごと代行サービス」を行っています。相続に関する手続きは、預金口座や不動産の名義変更、保険金の請求、年金手続きなど多岐にわたります。これらの手続きは、それぞれ管轄が異なり、通常は相続人の方が各機関に対して個別に手続きをしなくてはなりません。しかし、このサービスをご利用になれば、当事務所が相続人様の窓口として、相続に関する煩雑な手続きをすべて一括でお引き受けいたします。

相談者に安心を提供する明確な料金プラン

当事務所では、ご相談者様に分かりやすいよう相続財産の違いによって「不動産0プラン」「不動産自宅のみプラン」「不動産複数プラン」など明確な料金体系を取っております。ご相談者様の現状を詳しくお伺いしたうえで事前に必ず見積額を提示し、お支払いはすべての業務完了後の完全後払いとなっておりますので、どうぞご安心ください。

土・日・祝日・夜間もご要望があれば、初回無料でご相談をお受けしており、好評をいただいております（要予約）。また、ご自宅等で説明が聞きたいという方に対しては、税理士がご相談者様宅へ直接お伺いし、出張相談に対応いたします（エリア限定）。まずは、「浜松相続税あんしん相談室」にお気軽にお問い合わせください。

事務所DATA

○**代表者**	笹瀬綾子
○**設立**	1984年7月
○**所属**	東海税理士会
○**職員数**	10人（有資格者3人）
○**所在地**	〒431-3122　静岡県浜松市中央区有玉南町2372-1
○**TEL**	053-474-6128
○**URL**	https://www.takt-tax.com/ https://hamamatsu-souzokuzei.com/

73

税理士法人経世会

70年におよぶ実績で得た厚い信頼

個別の状況に合わせて〝争族〟を避けるためのトータルサポートを提供

代表社員

税理士

筒井保司（右）

筒井亮次（左）

相続でも事業承継でも、表面には出ていない依頼者の想いや感情が隠れていることが多いため、「話をよく聞くこと」を心掛けている。

相続対策の有無で税額や将来の生活に差

相続対策をしっかりとした人とそうでない人とでは、納税額や相続後の生活に大きな差が出ています。実際、相続税の申告書作成を手伝う際に、「生前に相談していただければ、もっと負担が少なくて済んだのに」と感じることがあります。

相続はいつ起こるか、誰にもわかりません。相続が発生してからでは講じることができる手段は限られてしまいます。可能な限り早めのご相談をおすすめします。

財産の状況や家族構成などは一人ひとり違うため、最適な相続対策はそれぞれ異なります。そのため定型的な対応はせず、個別の状況に合わせた対応をしています。

さらに税金の対策だけではなく、相続税の納税額を確保する対策や、相続が原因で家族にもめごとが発生しないようにする対策、生前贈与など、様々な視点からトータルな対策が必要です。

そのため私たちは、税理士だけではなく、弁護士、司法書士、不動産鑑定士などの他の専門家との提携を確立しています。相続税申告だけでなく、遺産分割協議書の作成、不動産の相続登記など必要な手続きを総合支援します。

また、相続後の預金や有価証券などの名義変更などの手続きで、金融機関や役所を何度も往復しなければならないことがあります。ご高齢などの理由でそうした手続きが必要であれば、ご相談ください。

若手からベテランまで幅広い年代の税理士が所属（右から大矢知哲也、山内美保、浅岡俊介）。

机上の計算だけでなく現地に赴いて調査

相続税は他の税法以上に、対策の仕方によって税額が大幅に異なることがあります。例えば税額を計算する際の財産評価は、評価をする者の主観が影響します。特に土地の評価についてその影響は顕著です。だからこそ、しっかりと時間をかけて財産評価をしなければなりません。机上の計算だけではなく、実際に現地に赴き、その土地の形状や周辺の状況を確認することなどが必要です。

70年以上の実績ノウハウや経験活かす

私たちは２０２１年に創業70周年を迎えました。これは大きな財産です。その実績のなかで培ってきたノウハウや経験を活かし、皆様のお役に立ちたいと思っています。

信頼される存在であり続けることを第一に考え、それぞれ異なる情報をベースに、豊富な経験とネットワークできめ細かく対応します。フットワーク軽く動き、見て、聞いて、考え、提言させていただきます。

相続は一生のうちに何度も経験することではありません。そのためわからないことだらけで、漠然と不安になることがあります。一つひとつ丁寧に説明し、今後どうするべきかわかりやすくお伝えします。

事務所DATA

○代表者 筒井保司、筒井亮次
○設立 1951年9月（2002年9月に税理士法人化）
○所属 名古屋税理士会
○職員数 24人（有資格者5人）
○所在地 〒475-0846　愛知県半田市栄町2-59-1
○TEL 0569-21-2145
○支所 名古屋事務所（愛知県名古屋市東区東桜1-10-29）
東京事務所（東京都千代田区丸の内3-4-1）
三河安城事務所（愛知県安城市三河安城南町1-15-8）
○URL https://www.keiseikai.co.jp
○関連法人 株式会社経世リサーチセンター

74

税理士法人津田明人税理士事務所

庶民的な雰囲気で小さな案件も気軽に相談

代表夫妻を中心としたアットホームで親切丁寧な事務所

代表
税理士・行政書士・ファイナンシャルプランナー
津田明人（右）

代表・津田明人と妻である税理士・津田加代子（左）を中心とした、気軽に相談できるアットホームで親しみやすい税理士事務所。

仲の良い税理士夫婦が相続の揉めごとを円満解決

津田明人税理士事務所は、父の津田顕雄が、1957年に名古屋で事務所を開いたところから始まります。父の仕事を見ていて、自分も自然と同じ道を進もうと決意し歩んでまいりました。1990年に津田明人税理士事務所を開所後、1998年に津田顕雄税理士事務所と統合。津田明人税理士事務所としてスタートしました。

「責任感と誠実さ」。この基本理念を大切にし、CS（お客様満足）の向上を追求する、これが当事務所のモットーです。

一番の特徴は、気軽に相談できるアットホームで親しみやすい税理士事務所であること。妻である津田加代子も税理士、行政書士、ファイナンシャルプランナーとして、日々お客様の相談に対応し、とても仲の良い税理士夫婦として、相続の揉めごとも円満に解決してきた実績があります。

私たちは25人の小さな事務所ですが、超一流の税理士法人ではなかなか対応してくれない小さな案件についても気軽にご相談いただけます。

誠実さと責任感を大切にし、事務所職員みんなで顧問先の対応をしております。個人のお客様のファイナンシャルプランから経営者が直面する問題解決まで、あらゆる面でサポートいたします。

情報提供は幅広く安心・幸せなプランを提示

私たちのもとには毎日、不動産業者をはじめ証券会社の支店長、銀行の支店長、時には税理士仲間からも資産税に関する問い合わせがあります。その一つひとつに対し親切丁寧に対応していることから、プロからも頼りになる税理士事務所との評価をいただいております。

津田明人税理士事務所は、津田コンサルタントグループの株式会社津田会計とともに、相続・贈与のご相談に対応しています。節税はもちろんですが、まずはご家族の想いや幸せを大切にし、相続税対策、相続税の申告などを行います。情報提供は限りなく幅広く、しかしご家族とはよく話し合い、一番安心できて幸せなプランをご提示できるよう最善を尽くします。

贈与・相続を考えたリタイア後の資産運用プランを立案

当事務所では、最善の資産保全やリタイア後のプランもご提案しています。変化のスピードが速い時代に対応した資産運用を考える時、税理士・ファイナンシャルプランナーのアドバイスは保守的なものといえます。その理由は、世の中がどのように変化しても安心して任せられる資産運用が一番だと考えているからです。50歳を過ぎたら、できるだけ早めに退職後を考慮に入れたプランを立てるようにお勧めしています。プラン立案に当たっては、リタイア後の綿密な生活設計を専門家とともに行います。

個人・法人・資産税関係などにいたるまで、お困りごと、お悩みごとは、まず当事務所にご相談ください。信頼できるパートナーとともに解決にあたります。

『ラブラブ税理士』津田明人・津田加代子／著、高知ゆり／漫画（エンタイトル出版）。誠実・責任感を大切に、日夜頑張っている津田明人税理士事務所の日常やスタッフの活躍ぶりを漫画で描く。

事務所DATA

- ○**代表者** 津田明人
- ○**設立** 1957年（2003年法人化）
- ○**所属** 名古屋税理士会
- ○**職員数** 25人（有資格者5人）
- ○**所在地** 〒466-0011 愛知県名古屋市昭和区鶴羽町2-20-3 ツルハビル
- ○**TEL** 052-745-5611
- ○**URL** http://www.tsuda30.com
- ○**関連法人** 株式会社津田会計

75

北斗中央税理士法人

何年もかかる複雑な案件も粘り強くサポート

相続や事業承継にかかわるすべての人の笑顔のために尽くす

代表
税理士・公認会計士
長谷川英輝（写真右）
1971年生まれ、愛知県小牧市出身。大学卒業後、大手監査法人にて監査業務を担当。

所長
税理士
長谷川哲也（写真左）
得意分野は法人・個人税務、相続など資産税。

税負担をトータルで考え それぞれの想いに配慮する

北斗中央税理士法人は、創業当初から、資産税について多くのご相談をいただき、尾張地区でトップクラスの相続税申告実績を積み上げています。

相続や事業承継では、多角的な視点が必要です。たとえば、相続税の負担を軽減するために事前対策を行ったとしても、所得税や贈与税などを含めると、かえってトータルの税負担が多くなる場合もあります。

また、相続・事業承継で重要なのは、税金だけではありません。目先の損得や感情のすれ違いなどで、家族や親族の間に紛争が生じるといった問題等も、多々発生します。このようなトラブルを避けるには、家族や親族間の感情にも十分な配慮が必要です。

個々の得意分野を生かした 専門性の高いサービスを提供

相続や事業承継を円満に行うためには、お客様の状況を理解し、多面的にアドバイスしてくれる専門家に早めに相談することが大切です。

当法人には、現在、税理士・公認

会計士2名、税理士5名、社会保険労務士1名が所属しています。相続税はもちろん、法人税や所得税などすべての税に精通しており、それぞれの得意分野を生かした専門性の高いサービスを提供しています。

　また、司法書士や弁護士など、各分野の専門家や金融機関とのネットワークを活用し、相続・事業継承に関する様々なご相談にワンストップで対応いたします。

小牧駅から車で1分、徒歩でも10分以内という便利な立地。駐車場も完備しており、土日祝日の面談（Web面談も可）も調整可能。

最後はお互いを労いあい笑顔で握手できることを目指す

　相続や事業承継にかかわることは、一生のうち、せいぜい1度か2度くらいです。何をしていいのかわからず不安が募り、慣れない煩雑な手続きは、大きな負担がかかります。

　また、相続や事業承継についての悩みや想いは、人それぞれに異なりますので、皆様一人ひとりの想いを汲み取り、理解することから仕事をはじめることを心掛けています。

　これまでに取り組んだ案件の中には、なかなか折り合いがつかず、完了までに何年もかかった大型の事業承継もありました。私たちは「特定の誰かの利益に偏ることなく中立の立ち場からアドバイスする」ことを徹底し、その結果、最後は皆が笑顔で終わることができました。

　こうした経験から、もちろん節税対策は十分に行いますが、最後はお互いが労いあい、笑顔で握手できるようなご提案を大事に考えています。

　相続については、まず現状を正しく認識することが大切です。専門家に相談し、納税計画を立てることから始めましょう。

　当法人では、相続税申告のほか、相続税の事前試算・生前対策、名義変更、承継計画、財産移転、後継者育成まで、様々なサービスを提供しております。「信頼できる相談者がほしい」「難しい問題を解決したい」という方は、ぜひ、ご相談下さい。

事務所DATA

○**代表者**　長谷川英輝
○**設立**　2006年5月
○**所属**　東海税理士会 小牧支部
○**職員数**　32人
○**所在地**　〒485-0029　愛知県小牧市中央5-203 小牧中央ビル1階
○**TEL**　0568-73-2238
○**URL**　https://hasetax.jp/
○**関連法人**　株式会社北斗中央コンサルティング、北斗中央社会保険労務士法人、株式会社MIRAISM

76

森山税務会計事務所

高度な相続税対策で税務調査の不安を解消

最新の税制改正や民法（相続法）改正に即応した対策

代表

税理士・
登録政治資金監査人
森山貴弘

1979年生まれ。愛知県出身。青山学院大学国際政経学部卒業。2008年税理士登録。「顧客と社会の発展に貢献する」をモットーにしている。経営革新等支援機関認定事務所。中小企業庁M&A支援機関。新潟産業大学経済学部講師。

東海エリアを中心に
税務アドバイスを提供

私たち森山税務会計事務所は、愛知・岐阜・三重・静岡を中心に、地主・経営者・会社員など様々な方の相続手続き支援・税務申告書の作成をしています。

資産税申告件数累計はすでに200件を超え、税務調査実施率は約3％（遺産総額5億円未満の相続税申告を対象とした場合は約1％）と高い実績を誇っています。

当事務所の特長として、

●資産税に関する高度な税務アドバイスが可能であること
●名義預金等の税務調査対策・立会経験が豊富であること
●申告期限まで1カ月未満である相続税申告が受任可能であること
●不動産に関する税務アドバイスも対応可能であること

が挙げられます。

当事務所は「税務における専門家として、高付加価値の税務会計サービスを提供する」というミッションを掲げ、最新の税制改正や民法（相続法）改正にも迅速に対応し、皆様の抱える問題に対し早期解決のサポートをいたします。

税務調査を意識した相続税対策と申告を実行

相続は人生において何度も起こるものではなく、相続人は心身ともに疲弊している状態で各種検討や手続きを進めていく必要があります。

また、相続税申告をされた方のうち約5％が税務調査を受け、その約85％が何らかの指摘を受けております。その指摘事項の約30％は、現金預金の申告漏れが原因です。なお故意に財産を隠すなどの不正行為をしたことによる申告漏れの場合には、重加算税が付与されます。

したがって、税法に則らない相続税対策・相続税申告は、事後に多額のペナルティを支払うことにつながります。税法を正しく理解し、税務調査を意識した相続税対策と申告をすることが何よりも大切です。

相続・税務に関するセミナー風景。わかりやすい語り口に定評がある。

十分な説明と検討でお客様の納得を得る

当事務所では、これまでの経験を基に、税務調査が実施されても不安にならない相続税対策・相続税申告を行います。

具体的には、名義預金・名義株・手許現金など税務調査で指摘を受けやすい項目について、税法や判例を吟味し十分に検討したうえで申告書を作成いたします。

お客様と真摯に向き合い十分な説明と検討を繰り返し、納得してご署名していただく相続税申告書を作成することが私たちの使命であると考えております。

相続税・贈与税、不動産の税金、税務調査についての入門書。著者が税務相談を受けてきた経験から、個別具体的な事項を中心に構成されている。

事務所DATA

○代表者　森山貴弘
○設立　2015年6月
○所属　名古屋税理士会 名古屋中支部
○所在地　〒460-0003 愛知県名古屋市中区錦3-5-30 三晃錦ビル6階
○TEL　052-766-7134
○E-mail　moriyama@mtax-ac.com
○URL　https://mtax-sz.com

77

株式会社 滋賀銀行

一番に相談できる「お客さまの心のメインバンク」

顧客の想い実現に向け伴走し、地域になくてはならない存在に

個人・法人向けコンサルを一体で対応可能な体制を敷く

滋賀銀行では、地域金融機関としてお客さまの承継の課題を解決するために、営業統轄部ソリューション営業室内に資産承継、事業承継それぞれの専門チームを設定しております。さらに、この専門チーム間で連携することにより専門的かつ総合的にコンサルティングサービスの提供を行う体制を整えています。

そのため、法人・個人のお客さまの潜在的な「承継」という課題を共有し、解決に向けた具体的なソリューションの提供をご意向に沿いながら行っています。

お客さまに寄り添い思いに沿った遺言書作成をサポート

相続や遺言でお悩みのお客さまに対しては、当行の信託チームが主体となって入口から出口まで寄り添い、相続・資産承継・不動産有効活用などの課題解決のための提案・サービスをワンストップで対応できる体制を構築しています。

遺言書の作成にあたっては、財産明細を作成し、お客さまの資産を可視化して共有。事前に検討すべき課

<信託チーム>お客さまに寄り添い、一緒に考えることでお客さまの夢を遺言書という形で実現できるようサポート。

題を確認し、遺言執行を見据え実現可能な内容かどうか、手続き面や遺留分の観点から見て問題はないかなど、こまやかにアドバイスをさせていただきます。

お客さまのお気持ちを最大限反映できるようご家族の歴史やご家族に対する思い、事業や財産を築いて来られた経緯などをお聞きし、遺言の中に、なぜ遺言を作成するのか、なぜこのような承継方針にしようと考えたのか、遺す相手へのメッセージを記載するようにアドバイスしています。

<事業承継チーム>真剣に事業承継問題に取り組む姿勢を貫き、物的承継だけでなく、人的承継が円滑に進むよう次世代リーダーの育成も支援。

知見と経験に裏付けされた事業承継スキームの助言に強み

地域経済が持続的に発展していくためにも、事業承継問題の解決は地域金融機関としての使命と考えています。

当行では年間300件以上のご相談にお応えしており、その過程で蓄積された知見と経験に裏付けされた事業承継スキームのノウハウを最大限に生かし、最善のサービスを提供しています。銀行本位の提案にならないよう、本部スタッフが承継コンサルタントとして中立な立場でお客さまにご提案し、お客さまにとって最適なプランを立案、提言することを何より大切にしています。

また、銀行の特性を生かし、ご提示したプランで資金が必要となった場合には当行でご支援することも可能です。

当行が希求するのは、お客さまとの信頼関係を何より大切にしながら、相続・事業承継という向き合い難い課題を一番に相談いただける「お客さまの心のメインバンク」になることです。お客さまの思いを形にするお手伝いを、ぜひ私たちにお任せください。

会社DATA (2024年3月31日時点)

○**代表者** 取締役頭取 久保田真也
○**設立** 1933年10月1日
○**職員数** 1,945人
○**所在地** 〒520-8686 滋賀県大津市浜町1-38
○**TEL** 077-521-2852
○**店舗数** 133カ店（うち代理店33カ店）
○**URL** https://www.shigagin.com/
○**関連法人** しがぎんビジネスサービス㈱、㈱しがぎん経済文化センター、㈱滋賀ディーシーカード、しがぎんリース・キャピタル㈱、しがぎん代理店㈱、㈱しがぎんジェーシービー、滋賀保証サービス㈱

78

司法書士ハヤブサ法務事務所

常駐する相続専門スタッフが士業と連携しスピード解決

お客様に寄り添い、ニーズや価値観に沿った法的サービスを提供

代表

司法書士
山内大輔

1987年生まれ。同志社大学社会学部卒業。2009年、司法書士試験合格。2010年から京都の大手司法書士法人に勤務し、主に不動産登記を担当。2013年、草津市野村にて司法書士ハヤブサ法務事務所を開業。2020年、業務拡張のため草津市橋岡町に事務所を移転。

相続専門のスタッフが常駐し スピード感をもって依頼に対応

司法書士ハヤブサ法務事務所は、遺産整理・承継業務および生前相続対策にとくに力を入れています。

遺産整理・承継業務については、戸籍収集から始まり、金融機関・証券口座等の財産調査まで行い、二次相続も踏まえた最適な遺産分割協議のご提案を心掛けています。相続税申告が必要な依頼については、提携税理士と連携して案件を進め、税務申告・納付まで一貫したサポートを行います。

生前相続対策についても、生前贈与・家族信託・任意後見・遺言書等の数ある手続きのなかから、お客様のニーズに沿った最適な提案をいたします。

2020年に移転した事務所は、自社ビルとなっている。

相続専門のスタッフが常駐しており、スピード感には自信をもっています。また、滋賀県を中心とした地域密着型サービスを標榜し、小規模事務所という特徴を生かして、お客様のニーズ・価値観に沿った法的サービスを提供しています。

お客様がリラックスして悩みを話せる雰囲気を大事に

当事務所の年間相続等相談件数は、100件以上におよびます。近年は他士業・他業種と連携し、市民向けセミナーも開催しています。

たくさんのお客様とお話しして感じることは、司法書士がどのような仕事をしているかが一般の方には馴染みが薄く、まだまだアクセスしづらいということです。しかし、実際にご相談をいただくと、「何だ、そんなことだったんだ」「知ることができてよかった」「もっと早く相談しに来たらよかった」という声を数多くいただきます。当事務所では、お客様がリラックスして悩みをお話しできる雰囲気づくりをスタッフ一同が心掛けています。

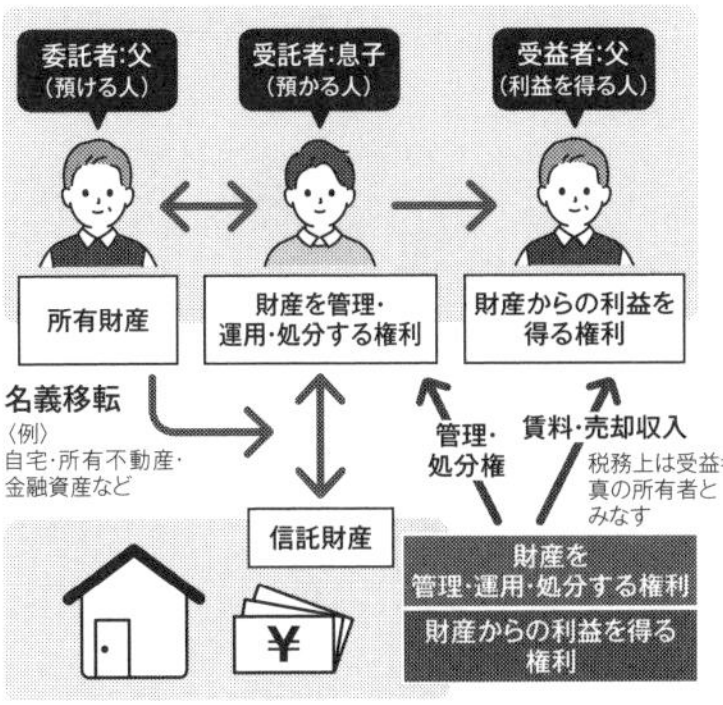

生前相続対策にもさまざまな手続きが必要になり、専門家のアドバイスは必須だ。

時代の変化に合わせたオーダーメイドの解決策を提供

高齢社会の進行、社会の複雑化とともに人々の悩みは多様化しています。お困りごとの解決のためにどのような対応が望ましいかも、それぞれの方の事情によって異なります。家族のあり方も多様化した現在、私たち司法書士が提供するサービスも、そのような状況に応じたものであるべきです。

そこで、ハヤブサ法務事務所では、お客様からのご相談をじっくりとおうかがいしたうえで、一人ひとりに適したオーダーメイドの解決策とそのメリット・デメリットをわかりやすくご説明し、お客様が問題解決のヒントやきっかけを得られるよう、お手伝いいたします。初回のご相談は無料となっておりますので、ぜひお気軽にお越しください。

事務所DATA

○**代表者** 山内大輔
○**設立** 2013年8月
○**所属** 滋賀県司法書士会 草津支部
○**所在地** 〒525-0065
滋賀県草津市橋岡町42-5
○**TEL** 077-516-4306
○**URL** https://shiga-hayabusa.com/
https://souzoku-hayabusa.com/
(相続手続きセンター)

79

岩浅《いわさ》税理士事務所

愛する人にあなたの「想い」を伝える相続を支援

各専門家とネットワークを組んで安心して財産を保てるようサポート

代表
税理士・行政書士
岩浅公三
1970 年生まれ。同志社大学商学部卒業後、97年に税理士試験合格。CFP、1級FP技能士資格も持つ。京都市を中心に経営・財務のかかりつけ医として幅広い分野で活躍。著書に『ドゥーアン社長の逆境 社労士と税理士が教える会社のしくみ』（労働新聞社）がある。

相続の〝かかりつけ医〟として顧客の立場に立って疑問を解決

相続とは、亡くなった人の財産や地位を引き継ぐことです。亡くなった人を「被相続人」、財産を受け継ぐ人を「相続人」といいます。

相続には「備えあれば憂いなし」という言葉がぴったり当てはまります。単に財産や事業を譲るだけではなく、愛する人にあなたの「想い」を伝えるのが、本当の相続なのです。

岩浅税理士事務所は、そんな「本当の相続」をお手伝いできる、お客様の相続・事業承継の〝かかりつけ医〟として、常にお客様の立場に立ち、様々な疑問を解決へと導きます。

社会保険労務士など他士業ともネットワークを組んでおりますので、相続前はもちろん、相続した後も安心して財産を保てるよう、サポートしてまいります。

また、法人顧問や事業再生のノウハウを持ち、経営者の相続である事業承継問題も得意としています。さらに、相続税対策・事業承継の支援として、後継者問題の対策、自社株の評価、相続財産や資産の贈与、納税資金の準備など、事前対策の実施にも力を入れています。

相続税は多くの人に共通して発生する可能性がある

「私には財産がないから関係ない。どうせ相続税も発生しないし…」とお思いの方もいるかもしれませんが、それは本当でしょうか？　税法の改正により、相続税はいまや資産家だけの問題ではなく、多くの人に共通して発生する可能性があるのです。

かつて私が担当した案件についてお話ししましょう。老舗の会社の相続についてご相談がありました。被相続人である社長様からのご依頼でしたが、ご自身での見積もりでは、後継者には相続税がほとんどかからないという試算でした。

しかし、私の調べで、ご依頼人様が自社の赤字を補填するため、多額の貸付けを行っていたため、このままでは、相続税が発生することが判明しました。様々な条件を考慮した上で、私はご依頼人様からの会社に対する債権を放棄するようご提案しました。その結果、相続税の評価額を大幅に下げ、相続税をゼロに抑える道筋をつけることができたのです。

さらに、ご依頼者様に遺言書を作成していただくことで、将来の円満な相続の準備を万全に整えることができました。ご依頼人様にはとても喜んでいただきました。

この例のように、税理士は依頼者にとって身近に感じられる存在であり、かつ専門的知識を有する人生と経営の両面で信頼できるパートナーであるべきだと思っています。

相続手続きの期限を過ぎると思わぬ負担を背負うことも

相続税の申告や生命保険金等の請求など、相続にまつわる各種の手続きには、期限が定められています。期限を過ぎてしまうと思わぬ負担を背負うこともありますので、ひとたび相続となった場合は、迅速な手続きが求められてくるのです。

相続財産には不動産や預貯金・有価証券などをはじめ、売掛金、債権などのプラスの財産のほかに、借金・損害金などのマイナスの財産も含まれので、注意が必要です。

京都市に事務所を構える当事務所は、京都はもちろん、滋賀や大阪、奈良、兵庫、沖縄や東京エリアでも実績がございます。全国の皆様に対応しますので、相続や事業承継、資産税について心配ごとや不安がある方は、一度お気軽にお問い合せ下さい。お客様の想いに耳を傾け、真摯な態度で解決に向け行動いたします。

事務所DATA

○代表者　岩浅公三《いわさこうぞう》
○設立　2004年8月
○所属　近畿税理士会 下京支部
○職員数　6人（有資格者3人）
○所在地　〒600-8054　京都府京都市下京区仏光寺通麩屋町西入仏光寺東町129-9
○TEL　075-343-1888
○URL　https://www.iwasa.info
○関連法人　株式会社FPテラス

80

税理士法人京都名南経営

創業57年、京都エリアトップクラスの税理士法人

相続の累計相談数5000件超の豊富な知識と経験の裏付け

代表
税理士・行政書士
近藤実生
2002年税理士法人名南経営入社。資産税部に配属されマネージャーを務め、多くの相続・事業承継案件に携わる。父親の事務所を継ぎ、2014年税理士法人京都名南経営設立、代表就任。相続に関するセミナー講師も務める。

相続専門の女性担当者も含め2人体制で相談に対応

税理士法人京都名南経営は、1967年の創業以来、京都を中心に大阪・滋賀・奈良で、遺産相続に関するあらゆるご相談に対応しています。

京都あんしん相続相談室として、専門部署を設けており、現時点での累計相談実績は約5000件、相続税申告における税務調査率は1%以下を誇る、京都エリアトップクラスの税理士事務所です。当相談室の特徴は、まず初回のご相談から相続専門の担当者が対応すること。平日はもちろんのこと、土日祝日もご相談に対応し、お忙しい方やお身体の不自由な方には出張でご相談を承るなど、なるべくお客様にご負担がかからないよう努めております。

また、相続の手続きはたいへん煩雑で専門用語も多く、初めて相続を経験される方には理解しづらいものです。そこで、相続について分かりやすくまとめた冊子を用いて流れをご説明し、相続ご本人様でも整理が難しい相続人関係図や財産目録の作成等については、私たちが丁寧にヒアリングしたうえでお手伝いしてお

ります。さらに、ご相談の際には聞き逃しや、たびたびの確認を避けるため、常に2人体制で行い、女性担当者も同席することで、お客様から は「安心して相談できた」という声を頂戴しています。また、在籍する税理士・行政書士のほか、相続が得意な各士業や保険・ハウスメーカーとも連携し、すべてのご相談に1つの窓口で対応できることも強みです。

豊富な知識と経験に基づいた信頼できる相続申告

京都あんしん相続相談室では、相続税申告でお悩みの方のお力に少しでもなれるよう、「無料相談」を実施しております。相続税の専門家として、ご相談者様のご希望はもちろん、家族状況や財産状況を考慮した、最適な相続税申告のお手伝いをご提案いたします。

相続税申告は、どの税理士に依頼するかで、相続税額に差が生じることがあります。なぜなら、相続税申告はその時々で様々な要素が相続評価に影響するため、日頃から相続を専門に行っていない税理士では経験不足で対応できないことがあるからです。つまり、相続税申告の経験値とノウハウの蓄積が重要なのです。当相談室は、数多くの相続税申告の取扱いがあり、豊富な知識と経験の裏付けがあります。

数多くの実績とノウハウで事業承継にも自信

事業承継については、親族や社内の社員、社外の人間への承継、またはM&Aによる吸収合併や売却等、その選択肢は多岐にわたります。そして、どの方法を選択しても、事業をスムーズに承継するには、広範囲にわたる専門知識や手法を用いる必要があり、多くの場合、複数の専門家の力が必要になるため、事前の十分な検討と方向性の確定が必須です。経営権の譲渡を裏付ける株式対策や承継に伴う事業再編など、多方面にわたる課題解決をすべて網羅できる専門家はけっして多くはありません。その点、当相談室ではこれまで数多くの事業承継を経験し、資産評価や自社株対策の検討、組織再編やM&A等の案件にも対応しております。

最寄駅から徒歩2分、アクセスの便利な立地ですので、お気軽にお立ち寄りください。どんな些細なご相談でも親切・丁寧にお話を伺います。きっと、皆様にご安心いただき、笑顔になっていただけると思います。

事務所DATA

- ○**代表者** 近藤実生
- ○**設立** 1967年(2014年法人化)
- ○**所属** 近畿税理士会
- ○**職員数** 12人(有資格者4人)
- ○**所在地** 〈四条烏丸事務所〉
〒600-8413 京都府京都市下京区烏丸通仏光寺下る大政所町685
〈洛西口事務所〉
〒615-8114 京都府京都市西京区川島桜園町95−2
- ○**TEL** 075-344-8855
- ○**URL** http://kyoto-anshin-souzoku.com/

81

一般社団法人公益相続支援センター京滋（運営）税理士法人川嶋総合会計

人生100年時代『豊かに生きるためのヒント』を提供

相続の総合窓口として「ワンストップサービス」が好評

理事長

税理士・相続診断士

川嶋喜弘

1952年滋賀県近江八幡市出身。三方良し（「売り手良し」「買い手良し」「世間良し」）の精神で地域社会の発展に貢献することをモットーとしている。

弁護士や司法書士など相続の専門家の窓口を一本化

一般社団法人公益相続支援センター京滋は、相続・後見に関する案件に特化した相続に関する様々な問題の相談窓口です。ご相談に対しては、当センターが窓口を一本化し、関連会社である税理士法人や弁護士、司法書士、行政書士、不動産鑑定士など、相続の専門家と連携しながらチームで取り組んでいく体制を築いています。また当センターには女性の有資格者が常駐しており、相続という非常にデリケートな家族の問題であっても、相談しやすい環境づくりを心掛けています。

当センターは、お客様に寄り添って『しあわせづくり』をサポートしていくことをモットーとしています。相続対策については、税務面の対策はもちろんのこと、相続人の間で争いが起こらないように、効果的な遺言の作成など、あらゆる角度から検討を加えた提案をさせていただいています。

また、最近問題になっている認知症への対策として、任意後見や民事信託などの提案も併せて行い、生前対策から相続発生後、さらには次世

一般社団法人 公益相続支援センター京滋

代相続まで、総合的に完成度の高い結果を生むことができ、お客様から好評を得ています。

当センターは少数精鋭で取り組んでおり、スピーディーで柔軟な対応を心掛けています。また遺言・後見・相続手続きなど、実際にご契約いただく場合は、できるだけお客様の負担が少なくなるように費用設定をしています。事前に見積書をご提示して、十分にご検討のうえ、ご契約いただけるように心掛けています。

相続・事業承継は時間との闘いになるケースが多々あります。状況によっては、タイムアウトになってしまうケースも想定されるので先送りにしないことが最も大切なポイントです。対策や準備は早ければ早いほど、選択肢は増えます。「被相続人が元気なうちに対策しておけば良かった」というケースも少なくありません。

ライフイベントや人生の夢――それに必要な資金の把握・分析

ここへ来て、人生百年時代のライフプランに応じた提案をすることが増えてきました。せっかく自分が蓄えた財産をどう使うか、どう活かすか、どう残すかはセカンドライフにおいて重要なテーマです。まずはお客様自身のライフプランの理想をお伺いし、税金のシミュレーションを提示して、一緒に人生設計を立てることが重要だと思います。当センターでは、お客様の希望や心配ごとに寄り添いながら、プランニングとサポートをさせていただいております。

初回の相談は無料 無料相談会も随時開催

当センターでは数多くの無料セミナーや無料相談会を開催させていただいています。少しでも皆様の不安や疑問の解消につながればという気持ちで臨んでおり、より多くの皆様に、当社のセミナーや相談会をお気軽に利用していただきたいと考えています。

当センターでの初回のご相談については、無料で対応しています。初回のご相談で解決できるケースも多く、お気軽に無料相談をご利用ください。相続や事業承継の問題は後悔先に立たず。気持ちはあっても何から始めれば良いかわからないと悩まれている皆様に、いますべきことをひとつずつ丁寧にお伝えします。まずは当センターにご相談ください。

事務所DATA

○代表者 川嶋喜弘
○設立 2016年1月・2002年9月
○職員数 38人（有資格者15人／重複あり）
○所在地 〒604-8181 京都府京都市中京区姉小路通間之町西入綿屋町538
○TEL 0120-885-808
○URL https://www.souzoku-k.jp
https://kawashima-tax.com
○関連法人 フォワード・ビジネス・コンサルタント（株）
社労士法人 川嶋総合パートナーズ

82

税理士法人総合経営

“争族”問題は双方の意見を尊重し合意を目指す

近畿・東海エリアで相続支援累計1500件の税理士事務所

豊かな実務経験の中で培われた確かなサポート

当社のお客様は中小企業のオーナー経営者、病院経営者、個人資産家、公益法人や社会福祉法人が中心です。京都本社のほか、滋賀県・愛知県にも拠点を置いて、地域に根差した丁寧なサービスを提供しています。

また、税務相談、相続対策、事業承継・M&Aコンサル、企業再生コンサル、創業支援など様々なサービスに特化した専門会社を設置。多くの実務経験によって培われたノウハウを基に、確かなお客様サポートを心掛けています。

これまでの相続・事業承継支援は累計で約1500件。年間の相続税申告サポートは30~40件、事業承継コンサルティングは約20件です。相続・事業承継専門のスタッフが最新の法制度や税務特例を活用しながら、お客様の状況に合ったプランをご提案しています。当社には、日本公認会計士協会「株式等鑑定評価マニュアル」の作成担当者、地元の土地評価に詳しい不動産鑑定士、宅地建物取引士、CFPも常駐しているため、高精度で総合的なサポートが受けられます。

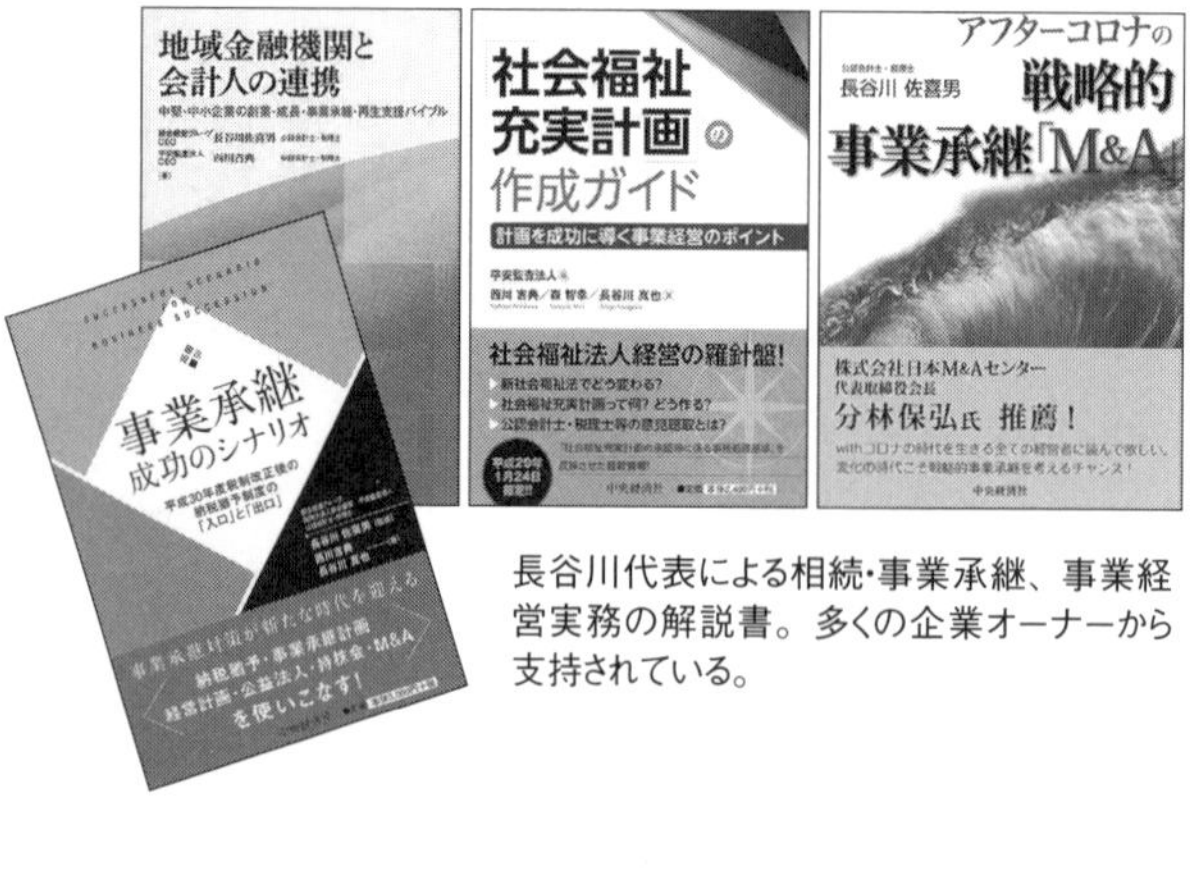

長谷川代表による相続・事業承継、事業経営実務の解説書。多くの企業オーナーから支持されている。

代表

公認会計士・税理士

長谷川佐喜男（写真右）

一般社団法人日本信託承継ネットワーク理事長。日本M&A協会副理事長。2013年黄綬褒章受章（公認会計士功労）。

副代表

公認会計士・税理士

長谷川真也

1984年生まれ、京都府出身。東海税理士会一宮支部理事。モットーは「利他の心」、「生成発展」。

税務調査から二次相続まで長期的な相続支援

相続に関する相談で来社されるお客様は家族間トラブルを抱えているケースが少なくありません。相反する意見で対立している場合は、両者の意見を聞き取るための2人体制を編成して、円滑な相続の実現を目指します。相続税申告サポートでは申告後の税務調査対応や、二次相続までを視野に入れ、トータルにお手伝いします。納税資金対策としては必要に応じて、不動産オークションの活用もご提案しています。

事業承継支援では、ビジネスをいかに将来的に持続可能な状態にするかが問題であり、後継者が親族内や社内にいる場合は経営幹部としての教育育成もお手伝いします。経営者の想いに寄り添って、長年にわたり伴走することが大切と考えております。新事業立上げを支えるブランディングの再構築など、将来的な企業成長につながる様々なコンサルティングサービスも提供しています。当社では年間を通じて相続税セミナー、無料相談会を開催しています。ご興味があれば、お気軽にお問い合わせください。

事務所DATA

○**代表者**	長谷川佐喜男
○**設立**	1984年7月創業、2005年1月法人化
○**所属**	近畿税理士会 中京支部
○**職員数**	45人（有資格者15人）
○**所在地**	〒604-0847　京都府京都市中京区烏丸通二条下ル 秋野々町529 ヒロセビル9階
○**TEL**	075-256-1200
○**支所**	東海事務所（愛知県一宮市）、滋賀事務所（滋賀県大津市）
○**URL**	https://www.sogokeiei.co.jp/
○**関連法人**	平安監査法人、（株）財産コンサルタンツ、総合経営（株）、（株）M&Aパートナーズ、新公益支援コンサルタンツ（株）、総合経営デザイン（株）

83

税理士法人池田会計事務所

総合的な専門知識で幅広いニーズに対応

カスタマイズした個別の戦略を提供

代表

税理士

池田篤司

1981年生まれ、奈良県出身。「モットーは未来を確実にする。相続と事業承継は、家族やビジネスの未来に大きな影響を与える重要な段階です。お客様の明るい未来のために、お客様に財務の成功と安心を提供することが私たちの使命です」。

あらゆる側面に対応できるよう常に学び続ける

私たちは、税務、法律、財務戦略や相続・事業承継に関する幅広い専門知識を持ち、税務、財務分野での経験が豊富です。また、投資戦略や財産管理、公益法人特有の税制など、あらゆる側面に対応できるよう、税法や財務戦略、業界トレンドについて常に学び、最新情報を得ています。

「総合的な専門知識」を強みに、税理士法人池田会計事務所では税務調査全般（税務調査の実績は1000件超）から社会福祉法人等の公益法人の税務まで幅広く対応し、問題解決に向け、お客様のニーズに合った個別の戦略を提供しています。

家族の継続的な繁栄のため適切な計画の策定を大切に

家族経営の事業や家族の財産は、家族の繁栄を支える重要な資産です。私たちは家族の未来の継続的な繁栄

淀屋橋駅・本町駅・北浜駅・堺筋本町駅から徒歩5分。

を確保できるよう、適切な計画作りを大切に考え、その中で、次の4つを重要点と位置付けています。

①事業を安定的に継続させ、次の世代に引き継ぐための計画を策定し実行

②法的要件を遵守し、税金を最小限に抑えながら資産や事業を適切に移行できるよう、合法的かつ効果的な方法で資産移転と事業承継を提供

③リスクの最小化と資産の保護に焦点を当て、さまざまなリスクを適切に評価、軽減できる戦略を策定

④家族の幸せと結束を守り、家族間での調和と共感を促進

また、相続や事業承継に取り組む際に大切なポイントは、①プロセスに時間がかかるため、早めに計画を立て、適切な戦略を策定する、②法律を遵守した正確な手続きを踏む、③家族内でオープンなコミュニケーションをとり、期待や願望を共有し、家族の調和を図る、④長期的な視野で考え、未来の世代に対する責任と成功を追求する、の4つです。

家族と事業の未来を、明るくより確実にするために、これらのことを念頭に置いて取り組みましょう。

経験と実績豊かな相続専門のスタッフ。データ分析も駆使し、将来のリスクを最小限に抑えた最適な戦略を提供する。

話をよく聞くことを心掛け隠れたニーズを引き出す

当社はコミュニケーションを大切に、特に「聞くこと」を心掛けています。税務や財務計画等について分かりやすく説明するのは当然ですが、本当にお客様が求める回答を引き出すためには、話をよく聞くことが必須です。事業承継では人間関係が重要な場合もあり、税務や財務計画に有利なアドバイスが最適解とは限りません。

コミュニケーションは、伝える側と聞いて受け取る側の両者で成り立つもの。多くの方は「伝える」を重要視しますが、お客様の隠れたニーズを引き出すためには「聞く」ことこそ重要だと私たちは考えています。

事務所DATA

○**代表者** 池田篤司
○**設立** 1988年8月（2017年7月法人化）
○**所属** 近畿税理士会 東支部
○**職員数** 19人（有資格者4人）
○**所在地** 〒541-0047 大阪府大阪市中央区淡路町3-1-1
○**TEL** 06-6203-8118
○**URL** https://itax-japan.jp

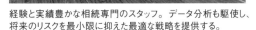

84

税理士法人大野会計事務所

税金対策以外でもお客様の「よき伴走者」として

税務調査官、マンションオーナーの経験を踏まえたアドバイスも強み

代表

税理士
大野 修

兵庫県神戸市出身。大学卒業後、国税専門官として大阪国税局・税務署に勤務。「国税局長表彰」「税務署長表彰」等受彰。1998年税理士登録。2000年、大野会計事務所開業。

マンションなど不動産に強く相続・事業承継に高い実績

大野会計事務所は不動産に強い税理士事務所として、相続対策・相続税申告の実績を多く積んでおります。

所長の大野修は賃貸マンションオーナーでもあることから、長年培った経験を踏まえ、お客様に寄り添った節税対策・事業承継対策のご提案が可能です。

また、税金面だけでなく、満室経営のノウハウや、不動産の売買を検討されている方には、不動産の目利きとしてのアドバイスもご提供しております。

さらに、所長は元国税局税務調査官だったことから税務調査に精通しており、税申告において傾向やポイントを押さえたご提案ができるのも強みです。

所長と担当スタッフが常に2人体制で対応

当事務所では、お引き受けする案件には必ず所長が関わり、担当スタッフと2人体制で責任を持ち、お客様のご相談に幅広く対応しております。

常にお客様の側に立ち、「自分だ

ったらこうしてほしい」「こうされたらうれしい」という視点で考えることを大切に、「頼んでよかった」と言っていただける高レベルの仕事を追求しています。

　また、お客様のお悩みに最善の解決策をご提供するためには、税に関する正しい知識と理解が必要です。税法・税制は頻繁に変わるため、当事務所では所内・所外の研修に力を入れて、知識のバージョンアップを欠かさず実施。スタッフのレベルの高さも自慢の一つになっています。

御堂筋線中津駅より徒歩1分という便利な立地にあり、地下駐車場も完備。「どんなご相談でも気軽にお立ち寄りください」。

関わる方すべての幸せを第一に考えることが大切

　以前、亡くなられたお父様の財産を受け継ぐことになった、30代の男性の相続案件をお手伝いさせていただいたのですが、親族間で話が合わず、遺産分割協議の難航が予想されました。その男性は相続が初めてだったため、何度もお会いし、話し合いに臨む際の心構えや注意事項等をアドバイスいたしました。もちろん、話し合い当日も同席し、粘り強く話し合った結果、無事、期限内に分割協議を終えることができ、たいへん喜んでいただきました。

　まだお若かったこともあり、最初は少し頼りなく思えたその男性が、お父様のご遺志とお母様を守らなければ、という強い使命感からでしょう、徐々にしっかりされて、申告が終わる頃には頼もしさすら感じるほどでした。「相続」を通して男性が大きく成長されたことが、印象的でした。

　相続・事業承継対策はお金の面だけではなく、ご家族や会社、従業員など、関わる方すべての幸せを第一に考えることが大切です。私たち税理士は、単に税金の計算をする存在ではありません。税金以外についても持ち得る知恵と力を結集し、お客様のよき「伴走者」となれるよう、これからも成長してまいります。

事務所DATA

- ○**代表者**　大野 修
- ○**設立**　2000年7月
- ○**所属**　近畿税理士会
- ○**職員数**　6人
- ○**所在地**　〒531-0072　大阪府大阪市北区豊崎3-19-3 ピアスタワー601B
- ○**TEL**　06-6376-1281
- ○**URL**　https://o-kaikei.net/

85

奥典久税理士事務所

相続・事業承継をあらゆる観点からトータルサポート

豊富な経験とノウハウをもとに最適な解決策を提供

代表

税理士・行政書士・家族信託専門士

奥 典久

1968年生まれ、和歌山県出身。モットーは「親身に相談にのり、お客様の問題解決に全力を尽くす」。将来の争いごとやリスクを未然に防ぐよう、あらゆる観点からトータルにサポートすることを心掛けています。

財産整理からM&Aまで幅広くサポート

私どもは、開業当初より「法人に特化」「相続に特化」といった形態をとらず、税務に関わるすべてをトータルでサポートしてきました。

個人の相続対策では、将来の相続税の節税提案から実行を行い、争族対策や二次相続対策として「財産の整理（遺産分割協議で問題が生じる可能性の有無にかかわらず）」、「遺言書の提案」などを行っています。

また、最近の心配事として増えている認知症対策を考えた「家族信託契約」についても、将来のリスク回避策としてサポートしております。

事業承継では、株価対策だけでなく、株主の分散による弊害が多い場合の株主整理や、会社が複数あることでデメリットが生じる場合の会社整理などをご提案。決算書上で問題となる不良資産や隠れ債務などにも注視し、後継者様が困らないよう、事前対策に力を入れています。

また、最近は親族外承継を考える経営者の方が増えていますので、M&A業務に関するアドバイスやサポートも数多く行っています。

弊所では小規模であることを活か

し、担当者がほぼ専属で対応します。すべての案件をまとめて相談することができ、ワンストップで費用を抑えられることも強みです。

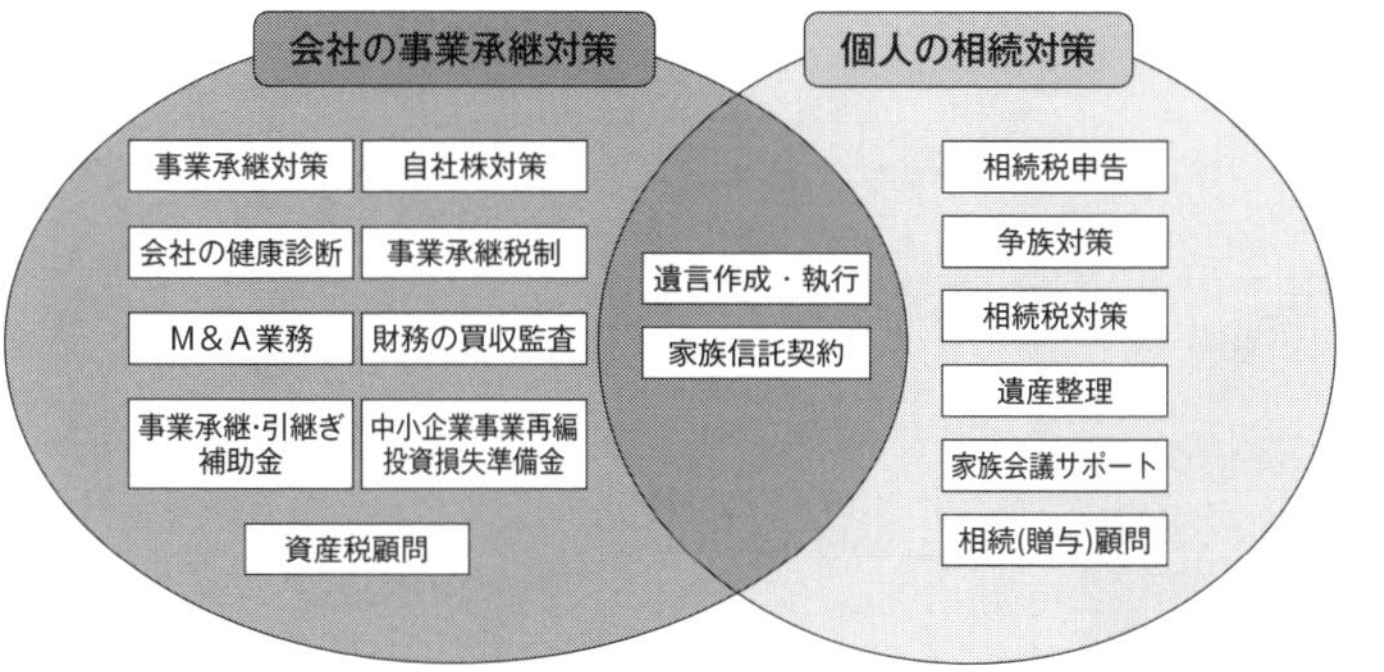

大手会計事務所に引けを取らない、ワンストップ、トータルサポート体制を構築。
あらゆる「会社の事業承継対策」「個人の相続対策」に全力を尽くして対応。

お客様に寄り添い、お客様の要望を超えるサービスを提供

奥典久税理士事務所では、相続や事業承継の豊富な経験とノウハウをもとに様々なご提案を提供し、お客様のお悩み以外にも解決するべきことがあれば対応しています。

お客様には、メリット・デメリットを適切に説明したうえで、数ある選択肢の中から改めて検討していただくなど、ご依頼後、ご希望内容を事務的に処理するだけにならないよう、心掛けています。

専門家と相談しながら早めの事前対策を

相続や事業承継のトラブル回避は事後にできることもありますが、圧倒的に事前対策が有効的です。さらに長い期間をかけるほどに効果は高く、できる選択肢が広がります。

財産の洗い出しや相続税の試算、遺産分割のシミュレーションを行った上で、相続人となるご家族やご親族に生前から遺産分けや財産の処分等における考えを伝え、互いの関係性を良好にしておくことも重要です。

書籍やセミナーなどを参考にするのもよいですが、相続・事業承継問題はご家族それぞれに異なります。

できるだけ早く、専門家と相談して進めることをおすすめします。

弊所では、多種多様なネットワークを活用し、お客様が困らないよう、ワンストップで問題解決できる体制を整えています。

事務所DATA

○**代表者** 奥 典久
○**設立** 2000年5月
○**所属** 近畿税理士会 北支部、大阪府行政書士会 北支部
○**職員数** 5人
○**所在地** 〒530-0041 大阪府大阪市北区天神橋2-北1-21 八千代ビル東館8階
○**TEL** 06-4309-6352
○**URL** https://www.taxplan.jp
相続サイト
https://www.souzoku-isan.jp
○**関連法人** AZLINQ株式会社

86

株式会社キャピタル・アセット・プランニング

AIシステムと専門家のハイブリッドコンサルティング

理想の老後に向けて企業オーナーに効果的な資産運用・資産保全を提案

代表
税理士・公認会計士
北山雅一
大阪府生まれ。慶応義塾大学商学部卒業。大手監査法人で銀行監査等に従事後、1990年株式会社キャピタル・アセット・プランニング設立。事業承継、財産承継分野において豊富な実務経験を有する。日本証券アナリスト協会検定会員、PB教育委員会委員。

節税対策から資産運用まで総合的にコンサルティング

キャピタル・アセット・プランニングは大阪・東京・名古屋エリアを中心に、企業オーナー様の相続・事業承継・財産承継の支援サービスを行っています。

企業オーナー様・資産家の一般的な相続対策は相続税の節税、そして自社株対策がメインとなりますが、当社は独自に開発した資産運用・相続財産承継システムを活用した、タックス・マネジメントとアセット・マネジメントを統合したコンサルティングサービスが特徴です。相続・事業承継に伴う税負担を抑えながら、貴重な財産の保全・運用を重視したサポートをご提供します。

理想の老後に向けたアクションをプロがお手伝い

当社が注目するのは、「ファイナンシャルウェルネス」です。つまり、「金融健康度」という考え方で、具体的には「どのような老後を過ごしたいか」という、目標や優先順位を決めて生涯資金繰りを管理。そのための「ゴールベースプランニング」を提唱しています。

個人の金融的なゴールは、①最低限の生活費の確保、②余裕があれば実現したいイベント・趣味への支出、③相続税の納税と次世代へ残したい資金の確保、の3つ。ファイナンシャルプランナー（FP）やプライベートバンカー（PB）が、お客様にインタビューし、ご本人も気づいていない潜在的な投資目標を聞き出します。そのうえで、達成可能性を最大化するアセットアロケーション（資産配分案）を作成。節税対策にとどまらず、お客様のファイナンシャルウェルネスを目指します。

【Wealth Management Workstation】
統合資産管理分析（例）

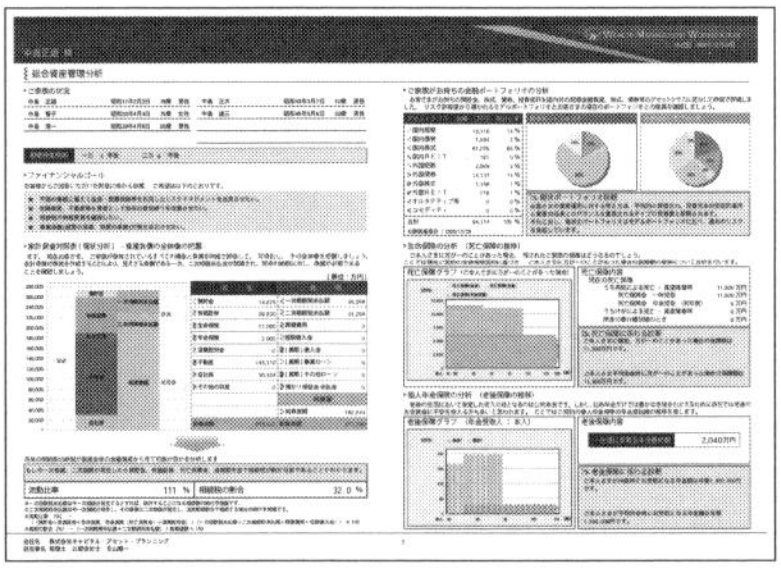

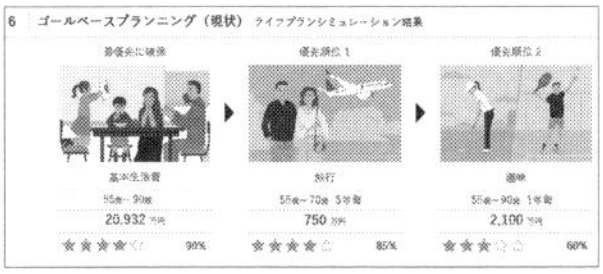

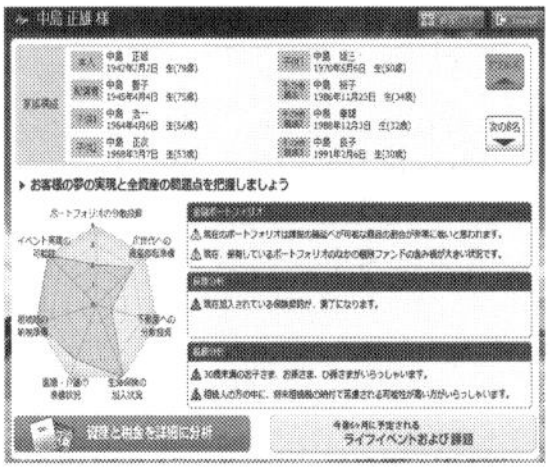

老後のビジョンを明らかにする「ゴールドベースプランニング」。目標とする将来像に向けて総合資産管理システム「WMW」を駆使しながら、相続のプロがしっかりサポート。

最新システムで相続の課題を常に「見える化」

コンサルティングにあたっては、テクノロジーも欠かせません。当社が開発した資産運用、相続・財産承継システムを活用し、保有資産を日々時価評価するとともに、見えざる負債である相続税未払金を見える化し、相続税の納税可能性分析を行います。さらに、日本のように不動産・自社株のような非金融資産の比重が高い相続に対しても、「争族」を回避する手段を、このシステムによって自動的に提案書に組み込むことが可能です。

専門家による人的サポートと、高度なAIシステムによるテクノロジーを駆使して、お客様に安心感とワクワク感を創造します。

事務所DATA

○**代表者**　北山雅一
○**設立**　1990年4月
○**職員数**　344人（2023年9月30日現在、税理士・公認会計士資格保有者8人・日本証券アナリスト協会検定会員6人）

<大阪本社>
〒530-0003　大阪府大阪市北区堂島2-4-27 JRE堂島タワー6階
TEL: 06-4796-5666
<東京事務所>
〒108-0075　東京都港区港南1-2-70 品川シーズンテラス27階
TEL:03-6433-9150

○**URL**　https://www.cap-net.co.jp/
○**関連法人**　税理士法人いろは 東京事務所
○**東証スタンダード市場**　証券コード3965（サンキュー老後）

87

税理士法人プラス／相続ステーション®

7つの強みを持つ相続・事業承継の専門事務所

相続税申告年間140～180件、土地評価年間800～1000件を誇る

代表社員

税理士・行政書士・ファイナンシャルプランナー・宅地建物取引士

寺西雅行

1962年大阪府生まれ。1985年同志社大学卒業。1992年税理士登録。賃貸不動産経営管理士、ライフコンサルタント（生命保険）、証券外務員資格なども持つ。M&Aスペシャリスト。

相続申告後の税務調査率1％以下を20年連続で継続中

税理士法人プラスは、相続・事業承継の専門事務所として30年、全力でお客様のサポートをしてきました。職人的な業務品質で、多くの方にお喜びいただいています。

当事務所の相続税申告は年間140～180件、土地評価は年間800～1000件、遺言書作成も年間40～50件で、この件数を15年以上継続してこなしています。また、20年連続で、お客様の税務調査率1％以下という数値を継続中です。その豊かな経験と安心感から、お客様に選ばれていると自負しています。

ご相続人様の価値観に合わせて個別の相続・承継の課題に対応

税理士法人プラスには、**●高度な土地評価能力 ●遺産分割の知恵 ●税務調査プロテクション ●万全**

事務所は阪急大阪梅田駅改札前。JR・地下鉄・阪神各線の駅からも近い。

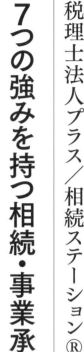

のアフターフォロー ●資産防衛の提案 ●幅広い対応力、そして●業務品質管理の為の三重チェック体制という7つの強みがあります。それを活かし、百人百様であるご相続人様の価値観に合わせて、個別の相続・承継の課題に柔軟に取り組みます。

　例えば、納税資金や遺産分割資金捻出の必要がある場合には、競争入札による限界高値の売却もご提案します。

7つの強みを活かして相続専門の税理士がお客様に合ったサポートを提案。

相続手続き中に潜む様々なリスクについてもアドバイス

　手続き中のリスクとは、例えば、上場株や投資信託は相続発生日以降も毎日時価が変動し、早くしないと時価変動損失を被る可能性があります。また、相続発生日以降の賃貸収入は、遺言書がない限り分割協議完了までの期間分は全相続人のものになりますし、被相続人名義の銀行口座が凍結されると、賃料入金や借金・固定資産税の引落しもできなくなります。さらに、同族会社の大株主が死亡すれば、会社として機能しなくなることも。私どもは、これらのリスクを熟知しているので、遺言の提案や部分的な遺産分割も可能であることを説明しています。

　最近は、公正証書で遺言を作っていても、相続納税ができない内容や遺産の記載もれ等の不具合があるケースが増えています。ご不安がある方は、お早めにご相談ください。

事務所DATA

○**代表者**	寺西雅行
○**設立**	1995年2月16日
○**所属**	近畿税理士会 大淀支部、大阪府行政書士会 北支部、大阪府宅地建物取引業協会 北支部
○**従業員数**	15人（有資格者数8人）
○**所在地**	〒530-0012 大阪府大阪市北区芝田1-1-4 阪急ターミナルビル8階
○**TEL**	06-6359-5531
○**URL**	https://www.souzoku-rescue.net/
○**関連法人**	行政書士法人サポートプラス

特にこのような方から高評価をいただいています

1. 土地や自社株が多く相続納税が不安な方
2. 相続節税をしたい方
3. 遺産分割の提案・支援が必要な方
4. 相続申告だけでなく相続手続き全般も任せたい方
5. 預金の引き出し・生前名義変更による税務調査が不安な方
6. 貸地、貸家、農地、共有地が多い方
7. 最適な贈与プラン・家族信託に興味がある方
8. 今の遺言が最適か不安な方

88

御堂筋税理士法人／株式会社リガーレ

「未来を育む、想いを繋ぐ」お手伝い

長期的な承継プランをニーズにあわせてご提案

御堂筋税理士法人

代表社員

税理士**才木正之**（左）

大阪府立大学卒業後、税理士小笠原事務所（現御堂筋税理士法人）に入社。

株式会社リガーレ

代表取締役社長

税理士**松本 綾**（右）

メガバンク勤務を経て税理士小笠原事務所（現御堂筋税理士法人）に入社。

7つの専門特化したチームが連携して問題を解決

御堂筋税理士法人では、お客様の問題解決に向けて7つの専門特化したチームが連携。当社の基本である税務・会計サービスをベースに各種コンサルティングのほか、㈱リガーレが行う事業承継サービス、M＆Aサービスを提供しています。

リガーレでは、事業承継を検討される中小企業オーナーのお客様のニーズに応えるべく、親族内での承継のみならず、M＆Aによる第三者承継も含めて検討できるよう情報提供し、お客様のスキームの構築と事業承継計画の策定を進めています。

後継者がいない場合の中小企業のM＆Aでは、会計事務所の強みを生かし、専門家として会計・財務・税務の面から「企業価値向上サポート」「売却時のスキーム構築」「売却後の相続プランニング」を一貫してサポート。外部の専門家とも連携し、売却資金の活用についての情報提供も積極的に行っています。

次世代への円滑な経営承継や幹部育成もサポート

最適でスムーズな相続・事業承継

を行うためには、長期的視点での早期の取り組みが重要であり、相続では、①争族対策 ②相続税対策 ③納税資金対策の視点が必要です。

事業を承継する場合の財産・経営の承継については、お客様のニーズに応じて多様な設計が可能ですので、まずは、方針を明確に。そして、後継者の選定、後継者・次世代幹部の育成を計画的に行いましょう。

御堂筋税理士法人グループの7つのコンサルティングサービス

また、当税理士法人では、自社株を承継する場合の対策だけでなく、次世代へのスムーズな経営承継や、幹部育成についてもお手伝いしております。事業承継の出口としてM&Aを選択する場合には、キャピタルゲインを視野に入れたプランニングもあわせてサポートします。

お客様との対話を大切に 品質重視のソリューションを提供

事業を承継した後継者から今後の中期経営計画を策定したいとのご依頼を受け、弊社コンサルティングチームがサポートしました。計画の策定が、事業環境の変化、自社のコアコンピタンス、後継者が今後の事業領域を考える機会となり、さらなる成長発展のためM&Aによる一部事業の売却の意思決定に至りました。M&Aにあたってのサポートは㈱リガーレが、一部売却のための税効果も加味したスキーム構築は、御堂筋税理士法人がサポートし、グループで連携して進めております。

私たちのモットーは、「お客様とともに、お客様の問題解決を通じ、お客様の成長発展に貢献する」こと。お客様との対話を大切に、目的の実現に向けて品質重視のソリューションをご提供できるよう、組織として日々研鑽しています。

取組みの成果がお客様の期待を超え、感動していただけるよう、一つひとつ、誠実に対応してまいります。

事務所DATA

○**代表者** 才木正之・松本 綾
○**設立** 1991年6月
○**所属** 近畿税理士会
○**職員数** 51人(有資格者12人)
○**所在地** 〒541-0042
大阪府大阪市中央区今橋4-1-1
淀屋橋三井ビル(odona)4階
○**TEL** 06-6205-8960
○**URL** https://www.management-facilitation.com(御堂筋税理士法人)
http://ligare.management-facilitation.com(株式会社リガーレ)
○**関連法人** 株式会社組織デザイン研究所

89

近江清秀公認会計士税理士事務所

企業、不動産のオーナーに最善の節税対策

長期的ビジョンに基づくプランを提案する税理士事務所

代表

税理士・公認会計士
近江清秀

1965年神戸市出身。公認会計士2次試験合格後、朝日監査法人大阪事務所に勤務。2001年に独立。『身近なエピソードから学ぶ 相続のはじめ方』(パブラボ)ほか著書多数。

オーナーの思いを実現する最善の相続プランを提案

近江清秀公認会計士税理士事務所は、創業以来相続税申告業務800件以上・税務相談件数2200件以上という実績を持っています。そのうち税務調査率3％未満という数字が示すように、大手税理士法人ではできないきめ細かで正確な業務品質が誇りであり、お客様に安心を提供している証となっています。

当事務所では、単に節税にとどまるのではなく誰に何をどのように遺したいのか、お客様の思いを実現できる最善の相続税対策プランを提案いたします。

企業オーナーの相続税対策では、事業承継・M&Aや組織再編などを絡めたオーナー一族の相続税対策が、不動産オーナーの相続税対策では、相続税・所得税・消費税まで含めたトータルの節税対策が必要です。また、不動産賃貸経営に関しては、長期的な資金繰りも含めて次世代に遺すことができるようアドバイスしています。

一方、超高齢化社会の現代では財産を保全する対策も必要となっており、家族信託を活用した認知症によ

る財産保全対策にも積極的に取り組んでいます。

顧客の長期ビジョンを見据え解決策を共に導き出す

当事務所に相談に見えるお客様の多くが、銀行・保険会社・ハウスメーカーなどの営業マンから様々な相続税対策や事業承継対策の提案を受けています。しかし、それらの提案の多くが現状の財産構成・家族構成に基づく対策です。しかし相続や事業承継の対策は、現状を基にして長期的なビジョンを見通したプランを検討すべきだと考えています。

当事務所では、お客様の財産棚卸しを丁寧に行い、お客様の長期ビジョンを綿密にヒアリングします。これらの作業の過程で、お客様の抱えていらっしゃる悩みを共有するだけでなく、長期ビジョンに向けて解決の方向性を共有します。一方、抱えていらっしゃる問題の核心部分や長期ビジョンが明確に定まらない方もいらっしゃいます。そのようなお客様であっても、論点を整理して問題解決の方向性を明確にします。

次のような事例がありました。A様は、お嬢様に障害があり将来に不安を抱えていらっしゃいました。A様の相続税対策を検討するプロセスで、お嬢様ご名義の金融財産が想定の範囲を超えて多額に存在していました。お嬢様の将来が心配なのでお嬢様名義で幼いころから貯金をしていらっしゃったのです。しかし、この預金はあくまでも借名財産であるため、A様の相続開始後は相続税の課税対象財産となってしまう旨を説明させていただきました。その結果、家族信託を絡め、家族全員でお嬢様の将来をサポートできるスキームを提案させていただきました。

どんな些細な悩みでも構いません。365日お客様のご要望に応じて対応しておりますので、安心してお任せください。

事務所のある神戸国際会館はJR「三ノ宮」駅、阪急・阪神「神戸三宮」駅より徒歩7分。

事務所DATA

○**代表者**　近江清秀
○**設立**　2000年10月
○**所属**　近畿税理士会 神戸支部
○**職員数**　7人（有資格者3人）
○**所在地**　〒651-0087 兵庫県神戸市中央区御幸通8-1-6 神戸国際会館17階
○**TEL**　078-959-8522
○**URL**　https://www.kobesouzoku.com

90

税理士法人高橋資産会計事務所

謙虚な姿勢を旨に相続を解決に導く会計事務所

年間300件超の申告実績に裏打ちされたベストなソリューションを提案

代表

税理士

高橋雄二

1975年兵庫県出身。分譲マンション販売会社、資産税専門税理士事務所を経て、2009年に高橋雄二税理士事務所開業。2017年税理士法人高橋資産会計事務所設立。ホスピタリティとサービス精神を信条とし、お客様の想いにしっかりと耳を傾ける。

信条は「謙虚な姿勢」と「お客様への敬意」

税理士法人高橋資産会計事務所は、様々な税の種類のなかでも、特に相続税に特化した会計事務所です。

税理士の実力が如実に表れるのが相続税対策や申告だといわれています。なぜなら、相続税関連の業務は税法・民法・借地借家法・農地法・会社法と多数の法律が密接に関わってくるため、税理士の経験・知識によっては、納税額に数千万円以上の差が出てくることもあるからです。

当事務所は、年間300件超の申告実績に裏打ちされた確かな経験・知識を持って、一人ひとりのお客様に向けてカスタマイズしたベストなソリューションを提案。相続・資産税に特化しているため、低予算で質の高い申告書を作成できます。

また、当事務所は、お客様に気兼ねなくお話しいただけるよう、『謙虚な姿勢』と『お客様への敬意』を信条としています。税理士などの士業は、「お堅い人柄が多く気軽に相談がしづらい」というイメージがあるかもしれませんが、はじめての方でも安心して相続対策に取り組めるように、丁寧でわかりやすい説明や資料作成を心がけています。

お客様の理想とする相続を実現するために全力を尽くす

私たちが多くの実務の現場を通じて感じていることがあります。それは、ご家族に先立たれたご遺族様それぞれのお気持ちに寄り添い、耳を傾け、各種お手続きのご負担を極力減らせるお手伝いをすること、そして遺産分割の際に家族間で争いが起きないように緩衝役になることなど、数値（節税）以外の重要な役割も税理士が担っているということです。

また、専門家として法律の知識や節税ノウハウなどのアドバイスを行うのは当然のことですが、当事務所がそれ以上に心がけていることは、お客様の想いを汲み取ったうえで、複雑な法律内容やお手続きを分かりやすくご提示することです。

私たちはご家族皆様の「想い」に丁寧に耳を傾けながら、数字だけでは測れない理想の相続を実現するために全力を尽くします。

相続専門の税理士の私たちに「想い」をぶつけてほしい

大増税が続く昨今、相続については節税対策に目が向きがちかもしれません。しかし、安易に考えてしまうのは危険です。税制にかかわる状況は常に変化し、課税庁による節税対策への監視の目も厳しくなっています。今現在、効果的な節税対策であっても、数年後には意味をなさなくなる可能性も大いにありえます。

大切なことは、お客様がどのような「想い」を持っておられるか、そしてそれを実現しつつ、税制上どんな手立てが考えられるのか、この2つを見失わないことです。

髙橋資産会計事務所は専門的な見地から、その具体的な指針を示す、その一端を担う専門家として、お客様をサポートしてまいります。ぜひ、相続専門の税理士である私たちに「想い」をぶつけてください。

事務所DATA

○**代表者** 高橋雄二
○**設立** 2018年10月30日
○**所属** 近畿税理士会 東京税理士会
○**職員数** 17人（有資格者5人）
○**所在地** 〒650-0021
兵庫県神戸市中央区三宮町3-7-6
神戸元町ユニオンビル6階
○**TEL** 078-335-2017
＜東京新宿支社＞
〒160-0023 東京都新宿区西新宿7-2-6
西新宿K-1ビル3階
TEL:03-6890-2241
○**URL** https://www.sou-zoku.info/

91

税理士法人野口会計事務所

最新制度を利用し最適な個別相続プランをサポート

資産状況・ライフスタイルもしっかりヒアリングして円満相続を目指す

代表社員

税理士・行政書士

野口泰弘

長崎県壱岐市出身。医業経営コンサルタントや認定経営革新等支援機関の代表も務める。相続で課題となっている認知症対策、「配偶者居住権」など新しい制度の活用アドバイス、争族を防ぐ生前コンサルティングなども行っている。モットーは「プラス思考で毎日を」。

奈良市で約40年の実績 相続・事業承継支援のプロ

税理士法人野口会計事務所は、奈良を拠点に、大阪、京都、兵庫など近畿圏を中心に活動しています。

大好きな奈良市に事務所を開いてから39年が経つなかで、多くのお客様の相続・事業承継のお手伝いをしてきました。お客様とは、財産や税金の話だけではなく、ライフスタイルや生きがいなどプライベートも含めた様々なお話をさせていただいています。

お客様の相続への想いを伺うことで、みんなが幸せになる円満な相続・事業承継、効果的な資産運用につながるサポートができると考えています。何でもご相談いただける事務所を目指しています。

最新制度を活用しながら負担を抑える相続プラン

実は、同じ相続内容でも相続税として納めるべき金額は、担当する税理士事務所によって異なることがあります。相続に慣れていない事務所の場合、相続財産の評価などで相続人に不利な選択をしてしまうことがあるためです。

私たちの事務所は、豊富な実務経験に裏打ちされた専門家集団なので、できるだけお客様の負担を抑える相続税プランをご提案します。さらに、弁護士や司法書士とのネットワークによって相続や事業承継にまつわるすべての業務をトータルにサポートする万全の体制を整えています。

最新の税制動向にも十分注意を払い、将来の相続に対する備えを万全にします。一般にはわかりにくい税金のルールや制度の内容もていねいに説明しますのでご安心ください。

遺言の作成助言で〝争族〟を事前防止

相続対策は、財産を残す人が元気でいるうちに準備を始めることが極めて重要です。私たちの事務所では、相続税対策はもちろんのこと、豊かな老後の実現、親族間の相続トラブル、いわゆる〝争族〟を生じさせないための対策をご提案します。

当事務所が支援したケースを紹介します。遺言書の内容がすべての相続人にとって納得できるものではありませんでした。

しかし、遺言を書いた本人は、遺産の分け方を見直す気がないとのことでしたので、当事務所では、「分割する理由や残される家族への想い」を付言として記すようにアドバイスしました。付言は遺言の法的効果とは無関係ですが、遺言を残す本人の考えを示す部分になるので、争族の防止につながります。

豊かな実務経験を有する相続支援のプロ集団。

事実、このケースでは相続発生後に相続人の1人は、「分割内容には正直、不満があった。でも父の想いを知ることができてよかった」と答えています。付言を記したことで分割に関する不満が緩和されているのです。いまでも親族間の仲は良好とのことです。

遺産には、「夢を現実のものとしたい」、「家族のより良い暮らしのため」といったいろいろな想いが込められています。お客様の遺産が相続によって必要以上に減ってしまわないようにしっかり守る、そして、ご家族や子孫に伝えていく、これが、当事務所の使命と考えています。

事務所DATA

○**代表者**　野口泰弘
○**設立**　2003年8月
○**所属**　近畿税理士会 奈良支部
○**職員数**　32人
（税理士5人、社会保険労務士1人）
○**所在地**　〒630-8241　奈良県
奈良市高天町21-2 野口高天ビル
○**TEL**　0742-26-1126
○**URL**　http://www.narasouzoku.com
○**関連法人**　有限会社メディカルサポート、株式会社NACサポート、株式会社NAC経営サービス

92

石井経営グループ／税理士法人石井会計

戦略的事業承継コンサルティングに特化

相続・事業承継から企業再生、M&Aまでサポート

代表

公認会計士・税理士
石井栄一

1959年11月生まれ、岡山県出身。（財）OHKスポーツ財団　監事、各社会福祉法人監事。（株）岡山M&Aセンター　代表取締役。青山財産ネットワークスと提携し、財産に関する総合的なソリューションを提供。モットーは「仕事を通じて人の役に立ち、人間として成長を続ける」。

中堅・中小企業の活性化を目指し幅広い支援業務に取り組む

石井経営グループは、「中堅・中小企業活性化アドバイザー」として、これまで数多くの中堅・中小企業支援業務に取り組んできました。

事業承継支援業務では「戦略的事業承継コンサルティング」に特化した事務所として、相続・事業承継対策コンサルティング、企業再編・企業再生コンサルティング等の経営改善や、企業の存続および発展を目的とした「友好的M&A」を提案しています。また、後継者不在でもハッピーリタイアのため、もしくは経営戦略として積極的なM&Aを考える地元企業も応援しています。

課題解決に導くためのスキーム作成を大切に

当グループは創業以来30年以上、「常にお客様のニーズに敏感である」「未来志向のサービスを提供する」「絶えずサービスを改良し続ける」「果敢に新たな仕事にチャレンジする」。この4つをポリシーに掲げ、変化する時代の潮流を読みながら、業務の改善改良と拡大を続けてきました。

相続・事業承継支援業務においては税務からの視点に偏ることなく、お客様の思いをしっかり受け止め応えるために、全体を把握して、課題解決に導くスキームや計画づくりを大切にしています。

事業承継は、自社株の承継がうまくいったとしても、継承後の経営がうまくいかなければ失敗です。私たちは事業承継支援の一環として「経営計画書」の策定支援を行うほか、「手探り経営」から「先見経営（PDCA）」への変化を起こすべく、経営改善アドバイスを行っています。

また、「後継者塾」など、後継者の方々に向けた各種セミナーを精力的に開講し、実践的な経営を学ぶ場も提供しています。

お客様それぞれに合った最適な解決方法をご提案

お客様が抱える相続・事業承継に関する課題は千差万別で、ご家族の問題にも深く関わります。スムーズに解決するためには早めの検討と、事前準備をしたうえで計画的に進めていくことが重要です。

当グループでは、会社や後継者様、ご家族に対する経営者様の思いや事業承継についての考えをうかがったうえで、個々に合ったご提案をしております。具体的なスキームはお客様のケースによって異なりますが、「気になっていた自社株承継のことを考えなくてよくなった」「経営に集中できるようになった」という共通の声をいただいています。

石井経営グループ
税理士法人 石井会計
株式会社 石井経営
株式会社 岡山M&Aセンター
石井公認会計士事務所

事務所はJR備前西市駅から車で5分、北長瀬駅から7分の場所にある。

事務所DATA

- ○**代表者**　石井栄一
- ○**設立**　1991年7月
- ○**所属**　中国税理士会 岡山西支部
- ○**職員数**　46人（公認会計士1人、税理士7人、科目合格者11人、宅地建物取引士1人、中小企業診断士1人）
- ○**所在地**　〒700-0975 岡山県岡山市北区今8-11-10
- ○**TEL**　086-201-1211
- ○**URL**　https://www.ishii-cpa.com
- ○**関連法人**　税理士法人石井会計、株式会社石井経営、株式会社岡山M&Aセンター、石井公認会計士事務所

相続税・贈与税、不動産の税金、税務調査についての入門書。著者が税務相談を受けてきた経験から、個別具体的な事項を中心に構成されている。

93

小野行政書士事務所

岡山南部を中心にお客様第一主義でサポート

家族信託や成年後見などシチュエーションに合わせてお手伝い

代表

行政書士

小野龍一

1984年岡山県生まれ。2016年7月に事務所設立。家族信託専門士として信託制度を活用した相続支援にも精通している。「一人ひとりに寄り添い、安心と満足を提供する」がモットーに、お客様とお客様のファミリーの笑顔のために全力サポートを心掛けている。

事前対策から事後サポートまで安心・安全な相続支援

私は、岡山県南部エリア（倉敷市、浅口市、井原市、笠岡市、矢掛町等）を中心に、地域密着のこまやかな相続サポートを行っています。

相続発生後の各手続きのサポートはもちろん、遺言書作成や家族信託の組成といった生前対策、遺言執行、成年後見（法人後見）など、お客様のスムーズな相続実現に向けて総合的にお手伝いしています。

当事務所は個人事務所のため、お請けできるお客様の数は限られてしまいます。その分、個人事務所だからこそのフットワークの軽さや相談のしやすさなどの長所があります。お客様の多くは、相続に関する目的が定まっていなかったり、あやふやだったりする状況です。また、目的が定まっていても、その手段が合理的でない場合も少なくありません。

お客様に対しては、カウンセリングこそが重視すべきことだと考えています。お客様の気持ちを第一に、相続の方法や手段、相続のあり方を一緒に考えて整理していきます。その結果、多くの方に納得したうえでご依頼をいただいております。

一人ひとりの悩みに寄り添う オーダーメイド相続サポート

遺言書の作成をサポートする際は、複数回の面談を実施してお客様との信頼関係を構築しながら、お客様の真意を深く汲み取ることに努めます。「相続への想い」に適った遺言書をご提案できるように心掛けています。

近年は認知症への不安を持つお客様も増えています。認知症対策として家族信託の活用も有効な手段の一つです。お客様によって状況や悩みは大きく異なり、長期間にわたる可能性が高いこともあって、信託の組成には慎重さが求められます。原則として家族会議を開き、依頼人ご本人のみならず、家族全体の理解、協力を得るために時間をかけて一人ひとりに向き合い、お話を伺います。ご家族のみなさんが安心して幸せになれる相続を目指し、それぞれのお客様にあったオーダーメイドの相続サポートをご提案します。

ご自身の安心のためにも 早めの相談が肝要

以前、障がいのあるお子様の親ごさん亡きあとの対策として家族信託のご相談に来られた依頼人がいらっしゃいました。制度の説明をする一方で、後見制度の利用などを含めたほかの選択肢もご説明したところ、依頼人は非常に悩まれました。そして、家族全体の問題として考えたほうがよいのではないかと伝え、家族会議を提案し、私も同席しました。

結果として、家族信託の利用はされませんでしたが、家族会議をしたことにより、家族が問題を我が事として認識・共有できたことと、不安点や各々の考えを話せたことで家族全員が同じ方向を向くことができたとたいへん喜ばれたことが印象に残っています。

相続対策は答えが一つとは限りません。選択肢が複数ある場合は、それぞれのメリットとデメリットを丁寧に説明します。また、ご依頼から、手続きが完了するまでのロードマップを示し、どの程度時間がかかるかの目安をお伝えし、現状報告を欠かさず依頼人の不安やストレスを軽減するように努めています。

お客様の安心を第一に考えているからこそ、漠然としたものであってもお悩みがある場合は、先延ばしにせずにご相談いただくことをおすすめします。それこそが、万全な対策と安心への近道なのだと考えております。

事務所DATA

○代表者　小野龍一
○設立　2016年7月
○職員数　1人
○所在地　〒710-0251
岡山県倉敷市玉島長尾2428
○TEL　086-525-3072
○URL　http://www.ono-gyosei.com/

94

株式会社広島銀行

相続・事業承継は充実したサポートの〈ひろぎん〉へ

個人・法人すべてのお客さまを「ソリューション営業部」がワンストップでサポート

「理想の相続」に向けて丁寧・迅速なサポート

当行は、相続・事業承継に関する不安や課題を抱える個人・法人、すべてのお客さまのサポートを目指しています。ワンストップでのサポートを実現するためソリューション営業部を設置しており、部内に専門知識を持つプロフェッショナルを多数配置しています。個人のお客さまの相続支援は個人ソリューション室、法人・企業オーナーさま向けの事業承継支援は法人ソリューション室で行っています。

みんなの幸せを目指す相続コンサルティング

個人ソリューション室では個人のお客さまの相続支援として、遺言の作成支援や、相続手続きに関するサポート業務等を行っています。

相続はいつ発生するか誰にもわかりません。そのため、円滑な相続を実現するためにも、早めの対策が重要です。当室は相続を考えるにあたりお客さまを取りまく状況や資産構成を把握した上で、お客さまの「相続への想い」をくみ取りながら、最適なソリューションを提案させていただきます。

相続対策は、現実に相続が起きてはじめてその真価が問われます。ご自身の想いだけでなく残される家族、親族のお気持ちや立場に配慮した相続対策を考えることが大切です。相続支援の経験豊富なプロフェッショナルがお客さまの「理想」を第一に課題やリスクを丁寧に紐解きながら、解決に向けた必要なアクションをサポートします。

相続には、聞き慣れない専門用語や、なじみのない手続きがたくさんあります。そのためお客さまとの面談では、誰にでも理解しやすい平易な言葉を使うことを心掛けています。当行のプロフェッショナルが相続対策の目的や具体的なソリューションをお客さまと共有しながら進めるので安心してお任せください。

お客さまが目指す「理想の相続」を経験豊富な当行の専任者がしっかりサポートします。

オーダーメイドの事業承継コンサルティング

　企業オーナーさまの経営課題の一つであり、相続の問題にもなりうる事業承継に関しては、法人ソリューション室に専任者を20名程度配置し、オーナーさまの事業承継を総合的に支援する「事業承継アドバイザリーサービス」を提供しています。本サービスでは自社株式の承継コンサルティングのほか、HD化など企業グループの組織再編コンサルティングも行っています。

　事業承継のご支援では、まずオーナーさまと現状把握を行います。会社の経営資源（ヒト・モノ・カネ）、関係者の意向、家族構成、資産背景などを分析し、具体的な課題を抽出します。それらを踏まえ、税理士等の専門家と連携するなか、オーナーさまに最適なオーダーメイドの事業承継計画を策定します。計画では承継後の安定経営を見据えた資本構成まで検討し、オーナーさま・後継者ともにメリットを感じていただけるような提案を心掛けています。

　事業承継を検討される過程で、外部環境や親族の状況等を踏まえ親族内での承継が難しいと判断された場合には第三者を含めた承継方法をワンストップで考えます。

　相続・事業承継に関する疑問やお悩みは、ぜひ〈ひろぎん〉へご相談ください。

事務所DATA

○**代表者**　代表取締役頭取　清宗一男
○**設立**　1945年5月（創業1878年11月）
○**職員数**　3,246人（2023年3月末現在）
○**所在地**　〒730-0031　広島県広島市中区紙屋町1-3-8
○**TEL**　082-247-5151（本部代表）
○**URL**　https://www.hirogin.co.jp/

95

石井達美税理士事務所

実体験に基づき相続・承継を親身にアドバイス

山口県を拠点にお客様の気持ちに寄り添ったアプローチ

代表

税理士・行政書士

石井達美

1953年千葉県出身。学生時代、AIロボットの研究チームに加わり、何ごとも諦めずに挑戦する精神力を培う。2001年から山口地方裁判所・調停委員。近年はセミナーや各種講演など、社会貢献活動も活発に行っている。

豊富な専門知識でお客様に寄り添った対応を

1995年に開業した石井達美税理士事務所は、相続と事業承継のスペシャリストとして、中小企業や個人事業主のお客様を中心に支援してまいりました。

当事務所の特徴は、弁護士や公認会計士など、他士業と密接な連携をとることで、相続や事業承継の相談に、ワンストップで対応できることです。私自身も民法や会社法の基本的な知識を持っておりますが、さらにブレーンには、資産税に関する国税局審理専門官出身のOB税理士も参加しています。また、コーチングや医療系、心理学系のカウンセリングも学んでいますので、相続のデリケートな相談や難しい問題にも、お客様の気持ちに寄り添ったアプローチが可能です。

最近の事例に基づいた的確な対応が強み

最近、雑誌やSNSなどに多くの税務情報が溢れています。その内容は綿密で、時に専門家も驚くほどです。しかし、十分な知識を持っていると過信したがために、相続がうまくいかなかったということも少なくありません。

たとえば、税務についていろいろと調べ、知識を持った長女（相続人）が母親（被相続人）から子（被相続人の孫）へ、5年間にわたって計画的に贈与をしていました。生前贈与で相続税対策になるはずでしたが、被相続人が認知症であったことで、贈与と認められず相続税が課税され、長女がたいへん失望していたというようなケースがありました。このような思いがけない状況にならぬよう私たちは専門家として適切な対応を提案しています。

相続についても、事業承継についても、法の改定が行われたり、税制が創設されたりと、環境は目まぐるしく変化しています。そのため、対策の仕方や選択肢が多岐にわたっています。だからこそ、的確な判断が必要とされています。そうした要望に応えられるよう、真摯にご対応いたします。

筋道を立てた進め方でお客様の負担を軽減する

相続や事業承継事案には、一つとして同じものがありません。私たちは『常にチャレンジングに取り組む』をモットーに、1人ひとり異なるお客様の事情に向き合いながら、いつも新たな気持ちで、ご依頼に粘り強く取り組んでいます。

そのなかでも重視するのはプロセスです。何事においてもプロセスは重要です。これはAIやロボットの研究にいそしんでいた理工系の学生時代から染みついている信条です。例えば事業承継の場合、まず承継日をゴールに据えスケジュールを組み、次に現時点での課題をお客様と一緒に探っていきます。そして大方針を決定し、ゴールから逆算し1つひとつ課題をクリアしていくのです。こうした筋道を立てることで、相続や事業承継に不慣れなお客様でも、いま何をすべきか理解しやすく、肉体的にも精神的にも負担が軽減し、最終的に円満な解決につながるのです。その間、不安やわからないことがあれば何度でも相談に応じます。期限までに約10回程度はお会いしているのではないでしょうか。

お客様から、こうした親身な姿勢に感謝の声をいただきますが、私自身、税理士の仕事とは「人助け」だと思っていますので、取り立てて苦労に思ったことはありません。無事に相続や事業承継を終えたお客様の安堵の笑顔が、我々の原動力となっているのです。

事務所DATA

○**代表者** 石井達美
○**設立** 1995年8月8日
○**所属** 中国税理士会、山口県行政書士会、TKC全国会
○**職員数** 9人
○**所在地** 〒751-0883 山口県下関市田倉689
○**TEL** 083-257-1888
○**URL** https://www.tatch15.jp/

96

株式会社伊予銀行

親しみやすく信頼できる相談相手であり続けるために

最適のソリューションを最適の専門家チームと共に提供

担当社員

法人コンサルティング部
担当課長
松本知大

1982年高知県生まれ。1級ファイナンシャル・プランニング技能士、宅地建物取引士試験合格者。モットーは「お客さまによりそい、ともに考え実行する」。

法人から個人資産家までを対象に幅広い提案を展開

株式会社伊予銀行は、法人・法人オーナー様から金融資産や不動産をお持ちの個人資産家の皆様まで、全てのお客様を対象に幅広い提案を展開しています。提供するアドバイスは法人の資本政策、事業承継、M&Aから、遺言や信託、遺産整理、不動産事業の法人化など多岐にわたり、お客様に最適のソリューションを最適の専門家チームとともに提供しています。

当行では、銀行ならではの日頃か

コンサルティング実績件数推移

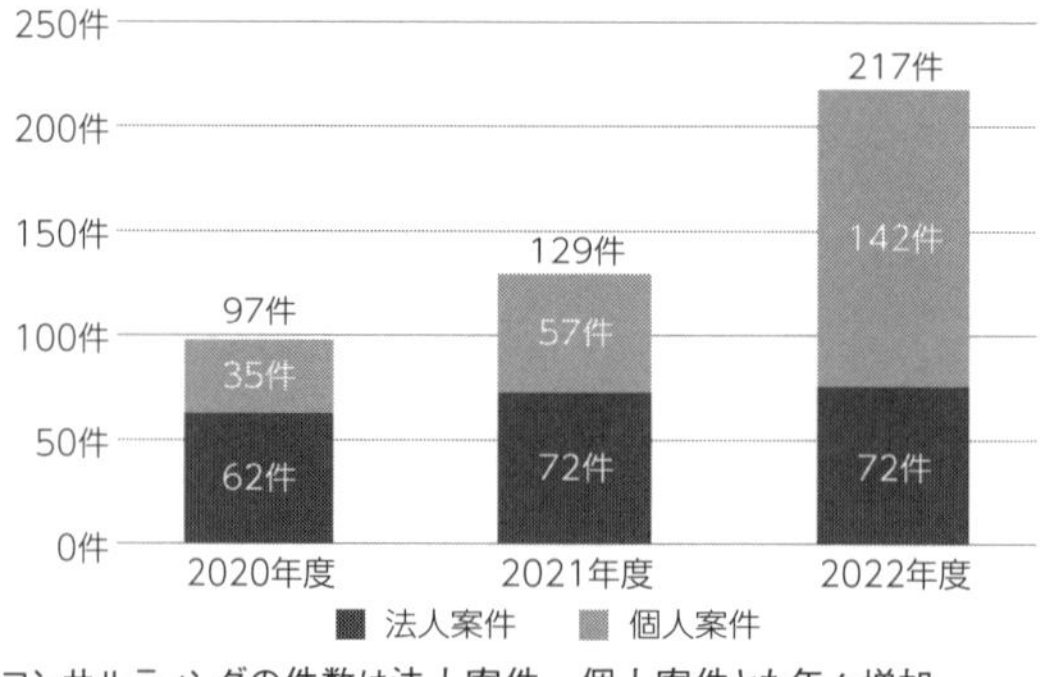

コンサルティングの件数は法人案件、個人案件とも年々増加。

伊予銀行

松山市南堀端町に構える伊予銀行本店。

らのコミュニケーション・リレーションをベースに、親しみやすい相談相手であり続けることを心掛けています。また親しみやすさだけではなく、蓄積した専門的な知識や経験、社内外の連携を活用した質の高い提案を継続することで、ワンストップで相談可能な信頼できるパートナーという理想を日々追求しています。

効果が高いと思われる提案でも説得するような対応はしない

日頃は触れることの少ない分野のお話には専門用語や数値シミュレーションなど、とっつきにくく思われる内容がつきものです。当行では、それらをそれぞれのお客様自身のお話として理解しやすい説明や提案に努めています。

相続や事業承継はお客様にとって人生に一度の大きなご判断に関与する業務であり、当行の責任はとても重いものだと認識しています。そこで、解決策を考える場合には、まずお客様の想いを起点とすることを心掛け、どんなに効果が高いと思われる提案でもお客様を説得するような対応はせず、しっかりとご理解した上で納得いただいた対策をまとめ上げています。それが最高の解決につながると信じているからです。

お客様の気持ちを起点としてその具体化と実現を目指す

相続・事業承継には唯一絶対の正解はありません。当行では、こうしたい、こうなればいいなというお客様の気持ちを起点としてその具体化と実現をともに目指し、結果として資産や事業をよりよい形で将来に遺し、成長させていくお手伝いが、相続・事業承継業務だと理解しています。いまはまだご自身のお気持ちがわからないというお客様でも、現状を整理してお話をさせていただくと、気づかなかった想いが見えてくる場合もあります。当社は、お客様にお気軽にご相談いただける存在であり続けられるよう、地域金融機関としての務めを今後も果たしていきます。

事務所DATA

○**代表者** 代表取締役頭取　三好 賢治
○**設立** 1878年3月15日
○**職員数** 3,044人（連結従業員数、臨時を除く）
○**所在地** 〒790-8514 愛媛県松山市南堀端町1
○**TEL** 089-941-1141
○**URL** https://www.iyobank.co.jp/
○**関連法人** （株）いよぎんホールディングス

毛利仁洋税理士事務所

生前対策・相続の5つのプランで万全の態勢

次世代を強くするための相続や贈与をお客様の立場で提案

代表

税理士・行政書士

毛利仁洋

1965年福岡県生まれ。同志社大学商学部卒。福岡の地で半世紀にわたり地元企業の経営サポート、企業オーナーの相続支援に注力してきた父・毛利弘税理士から2020年に事務所を承継。TKC福岡中央支部。英検1級。音楽鑑賞が趣味。モットーは「自助努力と愛」。

生前対策から相続後の諸手続きまでおまかせ

毛利仁洋税理士事務所は、中小企業のオーナー経営者や個人事業主を主なクライアント層とし、北部九州で広く相続支援業務を展開しています。

相続を円滑に進めるためには、さまざまな専門ノウハウが必要となります。当事務所は、弁護士・司法書士・行政書士・不動産鑑定士などの専門家と緊密なネットワークを有しているため、ワンストップサービスの提供が可能です。相続税申告はもちろんのこと、相続税の試算、相続税の負担軽減を見据えた生前贈与のご相談、自社株式の評価や贈与のご相談など、相続にまつわるさまざまな案件をおまかせいただけます。

相続ニーズに合わせて選べる5つのプラン

当事務所は、お客様のご要望や状況に合わせて、5つのプランをご用意しています。

〈生前対策プラン1〉比較的数多くの財産があり相続準備に時間的余裕がある方向け

〈生前対策プラン2〉自分自身で財

産の状況をある程度把握されている方向け
〈相続税ゼロプラン〉税制上の各種軽減措置等を適用すると相続税がかなり低くなると見込まれる方向け
〈フルサポートプラン〉生前対策から申告そして二次相続まで含めたサポートを必要とする方向け。
〈スタンダードプラン〉生前対策を行う間もなく相続が発生した方向け
長年にわたって蓄積してきた経験と事例を参照に、わかりやすく、ご納得いただけるようにご説明いたします。
また、いずれのプランも、お客様にご安心いただくため、料金体系を明確にしております。

地元福岡で地域に密着して相続や事業承継を支援しています。

スムーズな相続には本人の決意と行動が求められる

過去に、顧客の会社社長が突然とも思える廃業を決意されたことがありました。当事務所がお手伝いし、半年間で債務整理および決算申告を完了。従業員の転職のお世話もされて、会社の清算を終えました。その間に社長の病気が発覚し、会社解散の2カ月後に残念ながらご逝去なされました。相続についても明確にされていたため、手続きには大きな混乱は起きませんでした。相続は被相続人の決意と準備が大切なのだとあらためて思い知った事例です。

スムーズな事業承継・相続を実現するためには、事前準備に時間をかけることが重要です。当事務所では、そのお手伝いをしておりますが、過度な節税スキームは提案しません。できるだけ節税するとしても、適正な税金を納めることが、結果としてお客様の安心につながることが多いためです。
私どもは、「相続や贈与で次世代を強くする」というモットーを念頭に、お客様の立場に立ったご提案を心がけています。

事務所DATA

○**代表者** 毛利仁洋
○**設立** 2020年10月
○**所属** 九州北部税理士会 福岡支部
○**職員数** 3人（有資格者1人）
○**所在地** 〒811-1362 福岡県福岡市南区長住1-8-18
○**TEL** 0120-955-428（フリーダイヤル） 092-561-3231
○**URL** http://mouri-tax.com/ http://mouritax.com/（相続専用）
○**関連法人** 有限会社毛利会計センター

98

税理士法人TMサポート

争族問題対策・納税資金対策・節税対策を柱に

5つの税理士事務所の総合力で地域に密着したサービスを提供

代表

理事長・
代表社員税理士・
CFP
佐野康隆

FP系大手会計事務所を経て、佐賀市で事務所開設。地元メディアで税や相続、FPに関する解説、相談コーナーを担当するほか、幅広く研修、講演の講師を務めている。

相続に対する漠然とした不安解消に努める

相続対策には、相続発生前と相続発生後の2通りがあります。どちらも大切ですが、より重要なのが予防対策である生前対策です。

賢い相続対策のためには、より早く問題を認識することが大切ですが、現実には、相続全般に対して漠然とした不安や悩みをお持ちの方も多いと思います。事前準備を含めた円滑な相続のためにも、専門家を利用されることをぜひお勧めします。

特に保険や生前贈与は相続対策のキーポイントの1つですが、後の税務調査対応も含め誤解が多い分野でもあり、より丁寧にご説明しております。

相続関連業務は、単に節税だけすればよいわけではなく、主に遺産の整理・分割（いわゆる争族問題）対策、納税資金対策、節税対策の3本柱を中心に関連業務の検討を進めていきます。

キャッシュフロー表と家計バランスシートで現状把握を

まず現状把握のため、相続人の確認とライフプラン作成時にキャッシュフロー表と家計バランスシート（財産目録）を作成します。この２つの資料を基に、家族間で「相続」について話し合う機会をつくることから始めましょう。

代表社員
税理士
深町浩二
（税理士・CFP）

代表社員
税理士
吉村耕輔
（税理士・AFP）

代表社員
税理士
柿原剛人
（税理士・公認会計士）

社員
税理士
古賀大三
（元国税局税務相談官・元資産税特別調査官）

　現状を把握したうえで、継ぐ側、継がせる側の思いを反映した相続対策を検討することが大切です。そのために、私たちも相談者様と親身に向き合ったコミュニケーションを大切にしております。

　私どもは、それぞれの思いを十分に汲んだうえで、生前対策・実行援助および相続発生後の相続申告のお手伝いをいたします。子ども目線だけの相続対策や相続税対策ではなく、財産の持ち主とその配偶者のライフプランとマネープラン（生前の自分たちの取り分の確保）の設計を重視することが、相続対策の第一歩だと考えております。

皆様の良きパートナーとして多角的・継続的なサービスを

　私たち税理士法人ＴＭサポートは、佐野税理士事務所、深町税理士事務所、柿原税理士事務所、吉村会計事務所、古賀税理士事務所の５つの事務所が統合し、２０２２年１月に新たなスタートを切りました。お客様に寄り添っていきたいという想いは同じくし、互いの強みを活かして多角的・継続的な業務サービスを充実させています。特に、相続など資産税に関しては専門分野としての強みを持っています。地域に密着し、皆様にご満足いただけるような丁寧な税務サービスをご提供しております。

事務所DATA

○**代表者**　佐野康隆
○**設立**　2021年12月
○**所属**　九州北部税理士会 佐賀支部
○**職員数**　33人（有資格者5人）
○**所在地**　〒849-0937
佐賀県佐賀市鍋島2-2-13
○**TEL**　0952-31-1855
○**支所**　税理士法人TMサポート 柿原office
○**URL**　https://www.tmsupport-saga.com/

99

税理士法人宇都宮会計

事業承継実績で鹿児島県でトップクラス

実体験に裏打ちされた承継アドバイザリーに定評

代表社員 所長

税理士

宇都宮一崇

1980年鹿児島市出身。43歳と地方の税理士としては比較的年齢が若いため、気を遣わず話しやすいと定評。「プロとしての自覚を持って仕事および自己研鑽に取り組む」ことをモットーとする。

相続・事業承継にきめ細かな節税アドバイスを提供

今年で創業66周年を迎える税理士法人宇都宮会計は、九州エリアを幅広くカバーする税理士事務所です。中小企業および中小企業オーナーを主なお客様とし、相続税・贈与税申告、相続対策、事業承継対策、特例事業承継対策、M&A業務など、幅広い業務を行っています。

代表の大手税理士法人での経験を活かし、相続対策、事業承継対策について、様々な節税のアドバイスを行っており、相続税申告、非上場株式の相続税の納税猶予の特例における実績件数は鹿児島県ではトップクラスの実績です。また、非上場株式の相続税の納税猶予の特例については、鹿児島県では私たちが一番目に経験させていただきました。

顧客の多くが事業承継後の継続的な関与を希望

事業承継については、代表自身が事業承継の経験者であることから、成功事例の実体験を基に相談対応ができることが大きな強みとなっています。財産や株式を承継するための節税のアドバイスも得意としていますが、引き継いだ後の事業の継続と会社の発展が一番大切と考えており、継続的な後継者へのフォローも行っています。

私たちは資産税専門の税理士法人やコンサル会社とは違い、顧問業務、経営助言、資産運用助言も得意としており、相続、事業承継後のフォローも万全です。実際に相続や事業承継業務で関与させていただいたお客様のほとんどが私たちに顧問としての継続的な関与を求めてくださいます。

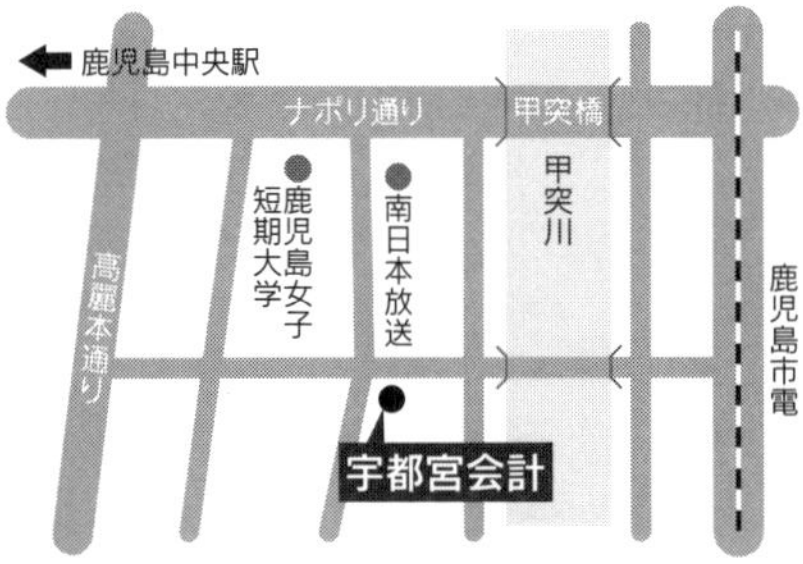

JR鹿児島中央駅よりナポリ通り沿いに徒歩10分。

親族内の事業承継については、引き継いだ後の事業の継続が一番重要です。そのためには、後継者への「教育」が大切だと考えます。

後継者は、しっかりと事業を創り上げてきた先代経営者への尊敬の想いを持ち、先代経営者は、時代の変化と既存事業のギャップを感じ、新しい変革を求めたがる後継者の気持ちをできるだけ理解し、双方で相手を否定するのではなく、理解することから始めることが大切です。

また、親族内承継だけではなく、金融機関等と連携を取りながら、M&A業務も活発に取り組み、数多くの実績を上げています。

残された家族が揉めにくい最適な相続の仕組みを提案

相続については、節税を行い、資産を守ることも重要ですが、一番大切なことは、残されたご家族が揉めにくい仕組みをつくることです。そのためには、遺留分を考慮した公正証書遺言の作成、生命保険の活用、生前贈与など状況にあわせて最適な対策をとることが必要です。それにより、話し合いを行わないで済むので「争族」になりにくいだけでなく、資産を渡す側の想いが残された家族に伝わるといった効果もあります。

事業承継対策、相続対策とも事前の対策が重要です。共に準備期間が長いほどよりよい結果が得られます。早めの準備と対策についてのご相談をお待ちしています。

事務所DATA

○**代表者**　宇都宮一崇

○**設立**　1958年3月（法人設立2015年5月）

○**所属**　南九州税理士会 鹿児島支部

○**職員数**　32人（有資格者数3人）

<鹿児島中央事務所>〒890-0051
鹿児島県鹿児島市高麗町14-1
TEL:099-251-2363

<光山事務所>〒891-0151
鹿児島県鹿児島市光山2-30-5
TEL:099-262-2675

○**URL**　https://utsunomiya.tkcnf.com

○**関連法人**　宇都宮承継コンサルティング株式会社

100

株式会社鹿児島銀行

鹿児島と宮崎で企業のライフサイクルをサポート

お客さまの状況を踏まえ、お一人おひとりに最適なご提案を

副調査役
M&Aシニアエキスパート
今吉 大

「為せば成る。為さねば成らぬ何事も。成らぬは人の為さぬなりけり」がモットー。

提携・地元税理士との連携で相続・資産承継、M&Aを強く支援

鹿児島銀行は、鹿児島・宮崎エリアで唯一、相続・資産承継に関する信託業務をすべて自行で行っており、幅広いお悩みにお応えできる体制を整えております。銀行本部には提携税理士が常駐しており、個人のお客さま・法人のお客さまの様々なご相談に、最新の税務見解やスキームを踏まえたうえで、迅速なご提案を提供しております。

また、地元税理士法人と強固な連携体制を構築し、地元企業へのより積極的なM&A支援を行っております。

2023年11月には投資専門子会社「株式会社かぎん共創投資」を設立し、同社が企業オーナーから株式を承継するといった、事業承継の新たな選択肢のご提案も可能となりました。

ニーズ想定・喚起力の向上で相談件数が年々増加

弊行の特長は、法人の事業承継からオーナー個人の資産承継のご相談までワンストップで対応できる体制を整えていることです。また、「お

信託業務取扱い状況

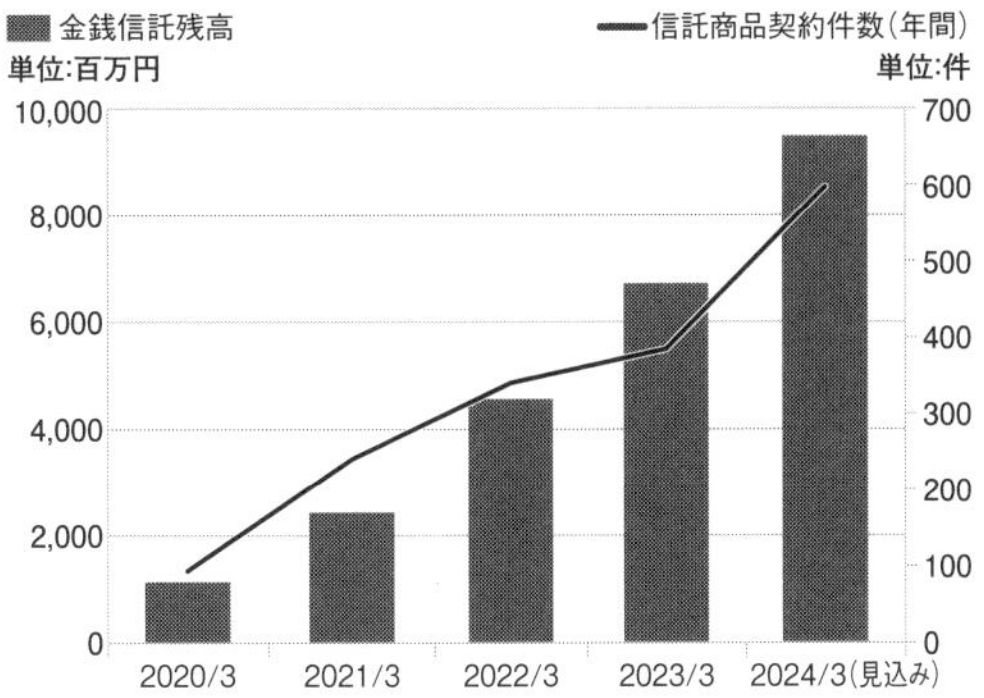

2020年から信託商品契約件数は約5倍に、金銭信託残高は8倍以上に急増している。

KAGIN KCI Co-Creation Investment

「株式会社かぎん共創投資」では、事業承継に取り組む企業への積極的な支援と地域経済の活性化に励んでいる。

客さま窓口」となる営業店行員への実践型研修に力を入れており、ニーズ想定、ニーズ喚起力の向上を図ることでオーナーが相談しづらい「M&A情報」の収集に力を入れております。

当行が地元金融機関として重視しているのは、様々なステークホルダーに不利益とならないような提案を行うことです。特に、M&Aでは譲渡企業のオーナーのみならず、その地域に根ざした従業員、取引先企業、譲受企業といった方々がいるため、常に高い視座を持ち、多面的に提案するように取り組んでおります。

心配ごとも含めたお客さまの状況を把握して解決法を提示

個人のお客さまの相続や資産承継においても、お客さま個人のお考えを尊重する姿勢に変わりはありません。まずは、お客さまの状況を理解するため、資産全般に関することのみならず、ご家族のことや不安に思っていることを把握し、一人ひとりにあった解決方法を提案いたします。

遺言書作成等による生前のサポートから、相続発生後のご家族とのやりとりに至るまで、お客さまに寄り添い、手続き負担軽減に努めます。

相続・資産承継を円滑に進めるため、早めに取るべき対策を一緒に考えていきましょう。

事務所DATA

○**代表者** 取締役頭取 郡山明久
○**設立** 1879年10月6日
○**職員数** 2,098人
○**所在地** 〒892-0828
鹿児島県鹿児島市金生町6-6
○**TEL** 099-225-3111（代表）
○**支所** 153カ店（本支店115、出張所18、代理店18、海外駐在員事務所2）
○**URL** https://www.kagin.co.jp/
○**関連法人** （株）かぎん共創投資

2024年版
相続&事業承継で頼りになる
プロフェッショナル
セレクト100

保険
保険

五十音順索引

【編者】
ダイヤモンド社
1913（大正2）年5月、「経済雑誌ダイヤモンド」の創刊とともに誕生し、2013年には創業100周年を迎えた。「ダイヤモンドのように小さくともキラリと光る」が創業の精神。現在、「週刊ダイヤモンド」「ダイヤモンド・オンライン」などの各種メディアで、タイムリーなビジネス情報を提供するとともに、社会科学の古典から経営書・ビジネス書、経済小説まで数々の書籍を出版している。

相続&事業承継で頼りになるプロフェッショナル 2024年版
——セレクト100

2024年4月23日　第1刷発行

編　者——————ダイヤモンド社
発行所——————ダイヤモンド社
〒150-8409 東京都渋谷区神宮前6-12-17
https://www.diamond.co.jp/
電話／03-5778-7235（編集） 03-5778-7240（販売）
装丁・本文デザイン——アーク・ビジュアル・ワークス（赤荻浩之）
レイアウト・DTP——エルグ（蟻田秋穂）
編集制作——————眞人堂（桐原永叔・土田修）、アーク・コミュニケーションズ、高橋明裕、河﨑恵弥、岸並徹
監修——————和田倉門法律事務所 税理士・原木規江
企画協力——————文化企画
製作進行——————ダイヤモンド・グラフィック社
印刷——————八光印刷（本文）・新藤慶昌堂（カバー）
製本——————本間製本
編集担当——————津本朋子

ISBN978-4-478-11990-7